sociología
y
política

traducción de
Maia Fernández-Miret

EL MUNDO ESTÁ DESENCAJADO

INTERPRETACIONES HISTÓRICO-MUNDIALES DE LAS CONTINUAS POLARIZACIONES, 1500-2000

por

IMMANUEL WALLERSTEIN
coordinador

colaboradores
ANA ESTHER CECEÑA ♦ ROBERTO PATRICIO
KORZENIEWICZ ♦ TIMOTHY PATRICK MORAN ♦ PETER
J. TAYLOR ♦ MICHAEL HOYLER ♦ DENNIS SMITH ♦
ERIC VANHAUTE ♦ HANNE COTTYN ♦ YANG WANG ♦
JORGE FONSECA ♦ RAVI SUNDARAM ♦ ATILIO A. BORÓN
♦ PALOMA NOTTEBOHM ♦ OLEKSANDR FISUN ♦
VOLODYMYR GOLOVKO ♦ LINDA CHRISTIANSEN-
RUFFMAN ♦ ARI SITAS ♦ SUMANGALA DAMODARAN ♦
WIEBKE KEIM ♦ NICOS TRIMIKLINIOTIS

siglo veintiuno
editores

grupo editorial
siglo veintiuno

siglo xxi editores, méxico
CERRO DEL AGUA 248, ROMERO DE TERREROS, 04310 MÉXICO, DF
www.sigloxxieditores.com.mx

siglo xxi editores, argentina
GUATEMALA 4824, C1425BUP, BUENOS AIRES, ARGENTINA
www.sigloxxieditores.com.ar

anthropos editorial
LEPANT 241-243, 08013 BARCELONA, ESPAÑA
www.anthropos-editorial.com

HC59
M85
2016   *El mundo está desencajado : interpretaciones histórico-
            mundiales de las continuas polarizaciones, 1500-2000 /*
            por Immanuel Wallerstein, coordinador ; colabo-
            radores, Ana Esther Ceceña [y otros veinte]; Maia
            Fernández-Miret, traductora. — México : Siglo XXI
            Editores, 2016.

            241 pp. (Sociología y política)

            ISBN 978-607-03-0790-4

            1. Capitalismo – Historia. 2. Historia social. 3.
            Historia económica. 4. Clases sociales. I. Wallers-
            tein, Immanuel Maurice – 1930- , editor. II. Ceceña,
            Ana Esther, colaborador. III. Fernández-Miret,
            Maia, traductor. IV. Ser.

primera edición, 2016
© siglo xxi editores, s. a de c. v.

isbn 978-607-03-0790-4

impreso en litográfica ingramex, s. a. de c. v.
centeno 162-1, col. granjas esmeralda, 09810, iztapalapa, df, méxico.

AGRADECIMIENTOS

Deseamos agradecer de forma colectiva la ayuda de la Fundación Calouste Gulbenkian, que hace posible las reuniones anuales de los coordinadores de los grupos de investigación. También queremos agradecerle a João Caraça, de la Fundación, por asistir a todas estas reuniones y por su útil participación en las discusiones que allí se sostienen.

1. INTRODUCCIÓN

IMMANUEL WALLERSTEIN

DEFINICIÓN DEL PROBLEMA INTELECTUAL

A lo largo de los dos últimos siglos la noción dominante en las ciencias sociales ha sido que el mundo moderno exhibe un patrón de desarrollo lineal en el que todas las tendencias positivas se incrementan de forma más o menos lineal (aunque a una velocidad incierta) y que, por lo tanto, con el tiempo, se remontan las discrepancias entre los líderes y los rezagados, lo cual termina por dar como resultado un mundo relativamente homogéneo. Al hablar de "líderes y rezagados" la mayoría de los analistas se refieren a los estados.

Esta idea, que podemos llamar "la expectativa de la convergencia final positiva de todos los estados", refleja la creencia ilustrada en el progreso como el patrón básico de largo plazo de la vida social; era compartida por la economía clásica y neoclásica, por lo que hoy llamamos la historiografía Whig, y por la mayor parte de la sociología y la antropología tradicionales. Dominó la actividad analítica del mundo durante varios años de los siglos XIX y XX.

Por supuesto hubo pensadores sociales conservadores que objetaron: algunos insistieron en que las jerarquías eran un rasgo inevitable (y también deseable) del comportamiento social humano. En la medida en que el mundo parecía avanzar hacia una situación más igualitaria, estos pensadores arguyeron que se trataba de una desviación temporal de la norma y que se vería un regreso cíclico a los patrones previos. Sin embargo, y en general, a partir de 1850 las objeciones conservadoras dejaron de tener relevancia en el naciente mundo de las ciencias sociales.

El marxismo clásico (u ortodoxo) ofreció sus doctrinas como una refutación del liberalismo y su *Weltanschauung*. Sin embargo, compartió la misma creencia en lo inevitable del progreso y en el patrón ascendente de los procesos sociales. Las diferencias entre el marxismo y el liberalismo consistieron, fundamentalmente, en una discusión sobre las fuerzas que daban impulso a esta progresión, así como sobre muchos de los detalles que se describían.

Esta visión compartida de la convergencia final de todos los estados cobró fuerza sin parar durante el periodo que transcurrió entre 1850 y 1950, y pareció alcanzar su apoteosis en el cuarto de siglo que siguió al final de la segunda guerra mundial. Durante este último lapso el problema fue que se acumulaba evidencia empírica que señalaba que la brecha entre los que por entonces se llamaban países "desarrollados" y "subdesarrollados" se ensanchaba, y no se cerraba como habría supuesto la teoría dominante.

Como consecuencia, durante la etapa que siguió al decenio de 1950 diversos analistas comenzaron a desafiar este modelo lineal, pero de una forma nueva, no empleando ya la versión de la oposición conservadora. El modelo del progreso lineal anticipaba que el mundo se encontraba en un proceso de homogeneización y, por lo tanto, en una superación de las brechas entre los estados o grupos de cualquier clase. Muchos científicos sociales comenzaron a argumentar, contra esta idea, que en el mundo moderno imperaba, por el contrario, uno de heterogeneización y polarización. Incluso dijeron que el patrón de polarización se intensificaba a lo largo del tiempo como resultado de la forma en la que estaba estructurado el mundo moderno.

El debate de homogenización contra heterogeneización se prolongó más allá de los confines de las ciencias sociales: bullía también en las ciencias naturales y en las humanidades. En el decenio de 1970 habían surgido dos movimientos intelectuales importantes que buscaban (re)abrir todos los supuestos epistemológicos básicos de la visión dominante. El movimiento que ocurrió dentro de las ciencias naturales terminó llamándose "estudios de la complejidad"; su rasgo central fue rechazar la ubicuidad de los modelos lineales dinámicos en el mundo físico. Sugería, por el contrario, exactamente lo opuesto: que los sistemas naturales se alejaban inevitablemente del equilibrio, y que en cierto momento entraban en una crisis estructural caótica y se bifurcaban.

Dentro de las humanidades el movimiento fue llamado "estudios culturales". La noción prevalente hasta el momento había sido que existen criterios objetivos de belleza, cánones o universales estéticos que podían conocerse y enseñarse, pero no modificarse. El mundo era homogéneo en este sentido. Los nuevos críticos insistieron en que los cánones no eran más que los criterios egoístas y justificatorios de un grupo particular, y en su lugar vieron que existían múltiples criterios estéticos basados en múltiples entornos y experiencias sociales, todos igual de legítimos. El mundo cultural era heterogéneo, y esto era muy deseable.

Al analizar el mundo social, los modelos lineal y polarizador del desarrollo histórico se convirtieron en un debate sobre si diversas regiones (o países) del sistema-mundo convergerían en un nivel de vida y en estructuras políticas y culturales más o menos iguales, o si con el tiempo se bifurcarían aún más dramáticamente.

Todos los investigadores que escribieron este libro comenzamos sintiendo inclinación por la hipótesis de la polarización, pero quisimos comprobar si un análisis cuidadoso de la evidencia empírica soportaba de manera rigurosa el argumento. Como es natural, sabíamos que encontraríamos algunas tendencias sociales que se han incrementado linealmente y otras que han sido polarizadoras. Lo que quisimos estudiar y evaluar fue qué tendencias eran lineales y cuáles polarizadoras, y en qué medida. Pensamos que una vez hecho esto podríamos valorar la mezcla total que ha creado el sistema-mundo: si, como han sostenido los "linealistas", se ha producido una reducción general en las diferencias o, como han afirmado los "polarizadores", han ocurrido procesos emergentes que ponen en duda el futuro mismo del sistema actual.

Para hacer esto sentimos que nuestro análisis empírico debía ser amplio en escala y largo en duración. El objeto de nuestro análisis fue el sistema-mundo real en su conjunto a lo largo de toda su existencia efectiva durante los últimos 500 años. Decidimos, pues, tratar de representar adecuadamente las realidades históricas del sistema-mundo; obtener una evaluación matizada sobre este debate teórico fundamental y ofrecer una base sobre la cual podamos no únicamente avizorar tendencias futuras sino también obtener conclusiones sobre las implicaciones políticas o normativas de nuestro trabajo.

LOS GRUPOS DE INVESTIGACIÓN

Tras considerar diversas formas posibles de emprender esta investigación decidimos que la estrategia óptima era dividir nuestro trabajo en una serie de grupos, cada uno de los cuales determinó un núcleo de investigación; pensamos que la suma de estos nos permitiría responder los tres objetivos que nos propusimos. Decidimos no emplear las categorías de los variables tradicionales: políticas, económicas, sociales, culturales, militares, etc. En cambio, escribimos una lista de los que consideramos nodos cruciales de actividad u organización social que con frecuencia cruzan de manera transversal estas categorías estándar. Por supuesto, dichos grupos no son entidades cerradas, pero cada uno ofrece un núcleo de actividad, y por lo tanto una perspectiva desde la cual evaluar los temas básicos: las tendencias linealistas contra las polarizantes. Los grupos que seleccionamos son los siguientes:

a] *La ecología y la geografía del capitalismo*: la colonización de la naturaleza y la subversión civilizadora: recursos naturales, energía e infraestructura.

b] *Desigualdad económica, estratificación y movilidad*: acceso a la riqueza y a ingresos durante toda la vida, movilidad y desigualdades intra e interestatales.

c] *Ciudades*: el crecimiento de múltiples tipos de ciudades y sus desigualdades geográficas, incluyendo puertos y flujo de mercancías, transporte, inmigración y el papel de la economía tanto formal como informal.

d] *Campesinos*: las trayectorias de la transformación de los campesinos; la erosión del papel central de las zonas rurales (desruralización) y su consiguiente impacto en la mano de obra rural (descampesinización y desagrarización), las estrategias de los hogares rurales, la migración saliente y el lugar que desempeña la economía informal.

e] *Grandes empresas y poder corporativo*: la operación de empresas legales y paralegales (la producción informal) así como ilegales (mafias), incluyendo la concentración y la monopolización.

f] *Propiedad intelectual*: patentes, *copyright*, piratería y el concepto de autor.

g] *Los estados*: la expansión del poder estatal: el ejército, la policía, la burocracia y el cobro de impuestos.

h] *Ciudadanía*: mecanismos de inclusión y exclusión; los reclamos en sus múltiples formas.

i] *Los espacios de las mujeres y un sistema patriarcal*: el estado de la mujer y de las normas que gobiernan las sexualidades, incluyendo los cambiantes conceptos de "normalidad" y los límites institucionales.

j] *Desviación:* el agrupamiento de personas (tanto identidades como instituciones): hogares, clases, grupos de estatus y grupos encarcelados o limitados.

Por supuesto no son los únicos grupos que podríamos haber escogido, pero creemos que este conjunto toca tantas realidades diferentes de la vida social que nos sentimos confiados en que es posible esbozar una imagen general a partir de su análisis.

MÉTODOS DE INVESTIGACIÓN

Conformamos un conjunto de investigadores individuales que fungirían como líderes de grupo; se eligió, deliberadamente, a personas ubicadas en diferentes partes del mundo. Cada uno acordó seguir y coordinar la investigación que requerían los grupos particulares. En la mayoría de los casos los líderes de grupo crearon un equipo de investigadores que participaron en el trabajo. Los diez líderes y el coordinador general constituyeron una red científica que se encontró para supervisar el proyecto entero.

Los líderes de grupo se dieron una tarea compleja: se le pidió a cada grupo que hiciera un análisis global que recorriera un tiempo histórico muy largo. En términos de espacio, le dejamos a cada grupo la decisión de analizar el planeta completo o sólo la parte que conformara la economía-mundo capitalista en diferentes momentos. En términos de tiempo, dejamos a su criterio la decisión de estudiar el abanico temporal que les resultara más útil y apropiado. Pedimos a los grupos que obtuvieran datos en múltiples momentos en el tiempo y que se remontaran varios siglos, en la medida de lo posible.

La red de líderes de grupo se reunió al menos una vez al año durante un lustro. El propósito principal de estas reuniones fue que el conjunto recibiera de cada líder de grupo un reporte que los actualizara sobre sus investigaciones y hallazgos. El grupo general discutía entonces estos reportes y debatía qué se había omitido o acentuado innecesariamente en el trabajo de cada grupo. El objetivo de estas discusiones fue asegurarse de que el trabajo de cada grupo permaneciese en el espíritu del proyecto general y que aportara así lo que le correspondía a la evaluación final.

Los métodos que se usaron para recopilar datos se adaptaron al tipo de datos de los que se disponía, y por supuesto cambiaron según el tema del grupo. En la mayor parte de los casos los datos que podían localizarse o crearse eran tanto cuantitativos como cualitativos, e inevitablemente tenían grados muy distintos de fiabilidad. Esperamos que el resultado que ofrecemos aquí permita explorar y señalar direcciones; de ningún modo sugerimos que es definitivo.

Consideramos que el proyecto es una unidad. Este libro no es una colección de artículos separados (y disparados) sobre los distintos grupos, pero cada grupo elaboró sus propias conclusiones. El último capítulo procura hacer una estimación general del mundo moderno con base en la evidencia que ofrecen los reportes de los distintos grupos.

No anticiparemos aquí lo que se dice en ese último capítulo más que para resumir el núcleo de la conclusión: la tesis de la polarización cuenta con las evidencias necesarias para ser tomada muy en serio por los científicos sociales históricos. Por lo tanto, en el último capítulo evaluaremos si en los datos generales hay tendencias visibles y si existen razones para creer que estas tendencias, en la medida en que puedan percibirse, podrían seguir funcionando en el futuro cercano (o indefinido). Para terminar, formularemos, a la luz de los patrones que hayamos discernido, algunas políticas posibles para impulsar los patrones sistémicos en las direcciones deseadas.

2. LA ECOLOGÍA Y LA GEOGRAFÍA DEL CAPITALISMO

ANA ESTHER CECEÑA

EL DIVORCIO CON LA NATURALEZA

La larga historia de la humanidad es un acontecer de encuentros y desencuentros. Con momentos de alta agresividad y otros de motivación creativa, se entreveran, se confrontan y se suceden sociedades de muy variadas configuraciones que en conjunto aportan todas las maneras de concebir el cosmos y sus expresiones infinitesimales, así como las de localizar y resolver desafíos.

De diversos modos, hasta en el de sus imaginarios religiosos, civilizaciones previas a los siglos xIV y xV se mostraban humildes frente a la grandeza de la creación, de la vida y del cosmos. Con variantes epistemológicas, se pensaba en un universo complejo en el que el ser humano era referenciado con respecto a la vida, la tierra y la materialidad existente.

La percepción de algunas civilizaciones orientales habla de la *vacuidad* o imposibilidad de los seres en aislamiento, puesto que un árbol es a la vez "la lluvia que cae sobre sus hojas, el viento que lo agita, la tierra que lo alimenta y lo sostiene, las estaciones, el clima, la luz de la luna, de las estrellas y del sol..." (Sogyal, 1996:19) y separado de todos estos elementos simplemente dejaría de ser.

Con esta conciencia de integralidad y complementariedad, de que la complejidad de la vida se constituye de todos sus elementos en una cierta proporción y distribución que además es variable, no hay separación jerárquica entre las distintas formas de vida o de existencia. Sociedad y naturaleza son una unidad que al ser violentada rompe la armonía del conjunto en perjuicio de todas sus partes, por lo que se busca más bien encontrar los mejores modos de acoplamiento, estableciendo circuitos de movilidad y de interacción de acuerdo con las visiones históricas correspondientes.

Los modos de organizar la vida en las culturas no antropocéntricas mostraban un respeto por la naturaleza que la cultura moderna calificó de supersticioso y precientífico, pero que en verdad llevó no sólo a *conservarla* sino a *desarrollarla*, y en algunos casos incluso a

[15]

producirla.[1] Árboles, plantas, animales y humanos formaban una totalidad interactiva creadora, no sin conflictos, que propiciaba en términos generales la diversificación y ampliación de la vida en la Tierra.

Durante millones de años la vida decurrió así hasta llegar a niveles altísimos de complejidad y refinamiento. Las especies se multiplicaron, ampliaron sus combinaciones y aumentaron sus abigarramientos. Y los humanos, de acuerdo con reiteradas evidencias, contribuyeron sistemáticamente a este enriquecimiento propiciando tanto el mejoramiento de las condiciones en que ocurría la creación como la búsqueda de diversificación y variabilidad de los propios seres vivos. Los casos de barbarie, que evidentemente los hubo, no llegaron a alcanzar niveles de destrucción que la propia naturaleza no pudiera absorber. La riqueza intrínseca de cada ecosistema se había extendido y diversificado, y en correspondencia las expresiones culturales de sus habitantes revelaban una gran acumulación de saberes y horizontes muy amplios de reflexión sobre el mundo y el cosmos.

Pero, aunque ésta parece haber sido la tónica general antes de la llegada del capitalismo y la modernidad, dentro de esa diversidad y riqueza se puede identificar dos grandes magmas civilizatorios, conviventes pero contradictorios entre sí a partir de su concepción de la vida y del sentido societario, correspondientes a visiones de realidad confrontadas que maduraron dentro de ese mismo universo. Se trata de civilizaciones autocentradas o descentradas, de naturaleza utilitaria o solidaria, generadoras de otredad o de complementariedad, con diferentes niveles de complejidad pero con una organización de vínculos tendientemente lineales –aunque polarizadores– en unos casos, y rizomáticos, circulares o reticulares en otros.

El punto de ruptura entre estos dos grandes campos de visión fue el reconocimiento del humano como ser superior a todos los otros y la consecuente deriva hacia la objetivación de la naturaleza. La

---

[1] Las investigaciones han probado que la extensión de la selva amazónica y su diversificación han sido generadas por la intervención de los seres humanos, mediante la *invención*, entre otros, de la *terra preta*, que permitió su gran expansión. Algunos de los más elocuentes ejemplos en este sentido incluyen la invención del maíz en Mesoamérica, planta que tiene una mutación que impide que sus semillas sean expulsadas de la vaina naturalmente, por lo que no puede sobrevivir si no es con la ayuda de un "vehículo" (en este caso el humano) que abra la vaina, y resiembre las semillas; o la multiplicación de variedades de papa en los Andes. Una buena síntesis puede ser encontrada en Mann (2006).

naturaleza fue escindida de la sociedad. El lugar del sujeto fue con-cedido en exclusividad a la especie humana y el resto fue relegado al lugar de los objetos: manipulables, apropiables, y sobre todo, ins-trumentalizables *en beneficio de la humanidad*. Esto era un sentido co-mún que empezó a flotar en el ambiente desde el siglo XV, pero Norbert Elías marca como parteaguas definitivo el siglo XVI, consi-derando el momento en que Galileo inicia sus mediciones de "los *hechos reales*, tangibles y objetivos" como el elemento fundante.

La innovación de Galileo, aunque él fuera caracterizado como *deviant* en su propio contexto,[2] representó un aporte esencial a la concepción objetivadora inmanente al *ethos* capitalista, y que se gestó pausadamente durante ese "largo siglo XVI" braudeliano (1450-1640), "durante el cual nuestro sistema-mundo moderno vio la luz como economía-mundo capitalista" (Wallerstein, 2005: 10).

La ubicación de la especie humana como superior a las otras, y como destinada a doblegarlas, rompió la lógica de organización social basada en las macrovisiones de las culturas orientales, africanas y amerindias anteriores, abriendo paso a esa gran transformación que fue la creación de un sistema-mundo realmente planetario, promotor del *progreso*, del *mercado mundial*, del *desarrollo* y del monopolio y que venía de la mano del antropocentrismo y del eurocentrismo.

Emergió una técnica al servicio del hombre, sustento creativo de la materialidad de un sistema-mundo expansivo y progresivo que engullía o avasallaba lo que encontraba a su paso. La relación sujeto-objeto, peligroso eje epistemológico de la modernidad, se introdujo en los entramados de la vida y la existencia marcando los rumbos de una nueva territorialidad no convivencial sino competitiva.

Si bien hay registro histórico de pueblos destructores antes de la emergencia del capitalismo, ninguno hasta ahora logró desestabilizar el planeta y poner en riesgo la vida misma porque su capacidad tec-nológica, apropiadora-transformadora, aun si era depredadora, se mantenía muy por debajo de las fronteras de la irreversibilidad.

El capitalismo es el primer sistema de organización social que logra colocar las fuerzas de la naturaleza en su contra a través de una tec-nología desproporcionada que busca explícitamente su dominio y corrección. La capacidad transformadora lograda es tan grande que

---

[2] Véase el capítulo 11. "Deviance", en este mismo volumen.

sus efectos son irreversibles. El capitalismo ha ido diseñando un planeta a la medida de sus apetitos inmediatos pero insustentable en un sentido histórico. Esto no había ocurrido nunca antes en la historia de la humanidad.

LA ASIMETRÍA ORIGINARIA

Fernand Braudel (1979: 352-353) insiste en la importancia de la asimetría como punto de partida del establecimiento de la economía-mundo capitalista. La asimetría otorga privilegios que los europeos aprovecharon mediante la exitosa combinación de una avanzada tecnología de navegación y el perfeccionamiento y uso de la pólvora con fines bélicos.

Es en este logro que hay que encontrar la clave de la supremacía europea en la expansión ultramarina y la conformación del mercado mundial. Los barcos chinos eran mucho mejores pero los chinos comerciaban; los árabes se movieron en un espacio de gran región pero no planetario; los europeos tenían unos barcos no tan buenos pero los castellanos tenían todo el poder de la Iglesia impulsando su despliegue por el mundo, urgencia para disminuir su brecha con el resto de Europa una vez lograda la unificación del reino y armas de fuego (cañones y arcabuces), las primeras en su clase, que marcarían la esencia de la modernidad y el progreso.

La racionalidad de la acumulación capitalista que empieza a fraguarse a través de los grandes mares, una acumulación creciente e imparable que conduciría a la irracionalidad, fue capaz de poner en marcha todas las fuerzas del conocimiento y de la habilidad humana para garantizar la mayor apropiación posible, en el menor tiempo y con el menor esfuerzo, desarrollando rápidamente las tecnologías de comunicación y de guerra de manera combinada.

Ganancia y poder, comunicaciones y armas, se alimentaban mutuamente en cada recorrido de las embarcaciones que alcanzaban *Las Indias* saqueando riquezas. De diferente manera pero con un propósito compartido, comerciantes, navegantes, guerreros y evangelizadores europeos, con el soporte y aval de las monarquías, irrumpieron en Asia, África y América en lo que sería el gran y definitivo acto de fundación del mundo moderno. La violencia y las armas de hierro fueron los elementos esenciales e imprescindibles para llevar adelante la tarea civilizatoria que se erigió sobre el primer gran genocidio de la historia conocida de la humanidad.

ASIMETRÍA Y DESPROPORCIÓN

La historia de los últimos 500 años, anunciada como la época del progreso de la humanidad, está marcada de origen por el despojo, la violencia y el saqueo. La capacidad humana para conocer y transformar la materia, el entorno y los propios seres vivos dio lugar al desarrollo de amplios y complejos instrumentos tecnológicos, al mejoramiento de la calidad y esperanza de vida de las poblaciones, pero en un marco profundamente contradictorio que genera bienestar en el mismo proceso que lo niega.

La conquista de América en combinación con la esclavización de África son el primer acto de construcción de una polarización que se profundiza incesantemente al ritmo del progreso. La tecnología de comunicaciones no ha dejado de perfeccionarse y sorprendernos, junto con la sofisticación y avances en la industria y el diseño de la guerra.

Los mecanismos usados en esa época se repetirán incesantemente: avasallamiento cultural (destrucción, discriminación y construcción de *otredades*), destrucción de población, negación de la historia (borramiento de la memoria por múltiples vías), acaparamiento de riqueza y de las condiciones de reproducción de la vida, creación y profundización de las asimetrías y una ofensiva desproporcionada (de "conmoción y pavor") que busca disuadir cualquier intento de resistencia frente a las ambiciones y procedimientos de los invasores.

La estrategia, para entrar a tierras donde florecían otras grandes civilizaciones, desconocidas en geografía y costumbres, consistió en dar un golpe de fuerza que los colocara en posición de superioridad: aprovechando o creando una desproporción a su favor.

No venían a descubrir el mundo; su aventura se inspiraba en la imaginaria promesa de riquezas y poder, que se confirmó ni bien aparecieron los hombres de pieles bronceadas y adornados con oro que se describen en las crónicas. No bastaba que los recibieran como mandatarios o grandes señores, que estaban lejos de serlo. Lo importante era liquidar, desde un inicio, cualquier otro espacio o entidad de poder, del tipo que fuera:

La estrategia militar del momento de la primera expansión, tanto como la de ahora, es la del sobredimensionamiento, la de la despro-porción avasalladora, la de conmoción y pavor como medida inicial de disciplinamiento y estructuración de jerarquías y dinámicas socia-les. La estrategia tecnológica fue la de ir construyendo las herramien-tas para hacer posible esa desproporción y ese avasallamiento.

Europa, y más adelante Estados Unidos, se convirtió en centro generador y beneficiario de un proceso en el que todo el planeta, con todos sus componentes (naturaleza y sociedades), se iría ponien-do —voluntariamente o no—, a disposición del capital, único sujeto reconocido de esta historia.

Fueron creados así el centro y los márgenes, y las condiciones para imponer una división internacional del trabajo que los reproduciría como mecanismo de funcionamiento inmanente del sistema, am-pliando incesantemente y en todos los espacios la desproporción original que se establece, principalmente, mediante 1] el disloca-miento de las dimensiones del intercambio convirtiéndolo en un comercio a gran escala; 2] el exterminio masivo que cimbró las es-tructuras societales que debían ser derrotadas; 3] la deslocalización y desestructuración de pueblos enteros, con la consiguiente desadap-tación o pérdida de saberes y tecnologías.

El capitalismo desarrolló, junto con los procesos industriales, la *cultura de la desproporción* o *cultura del desborde,* y reclamaba cada vez más productos. Muchos más que los ofrecidos inicialmente en los mercados. La idea de progreso rompe la circularidad compensatoria de las relaciones sociedad-naturaleza para instaurar una dinámica de crecimiento ilimitado apropiativo que tiene que apelar a las guerras como herramienta de control y que va minando y desestructurando las construcciones societales en las que irrumpe y la ecología.

Los inmensos territorios que habían aportado oro y plata desde los inicios del proceso, producidos con mano de obra esclava o tri-butaria, eran llamados constantemente a incrementar su aportación. Las nuevas fuentes de riqueza ya no eran sólo los metales preciosos sino los minerales, las fibras y otros elementos naturales que por virtud del avance de la técnica capitalista devenían *materias primas* de los procesos de generación de mercancías. La *naturaleza* se transfor-maba en *recurso* y los *pueblos* en *trabajadores.*

Se inaugura así el uso lineal, abusivo y desequilibrado de la naturaleza bajo todas sus formas, que ha conducido al planeta a una catástrofe de grandes proporciones desde el momento en que el nivel del saqueo y de la expoliación humana superaron su capacidad de recuperación. Las fuerzas destructivas del capital han demostrado ser mucho mayores que sus fuerzas constructivas o generadoras –como mostró Marx–,[3] y conducen a producir frutos comiéndose las raíces y las semillas.

Se inicia la construcción de una nueva territorialidad que modifica radicalmente las relaciones sociales y la concepción de intersubjetividad con la que se forja el ambiente. Se pasa de las interacciones sujeto-sujeto a las sujeto-objeto.

EL GENOCIDIO FUNDACIONAL

> ...antes de 1492 [América era] un lugar próspero, de asombrosa diversidad, con un tumulto de lenguas, con un comercio nutrido, con cultura notable [...] Buena parte de este mundo se volatilizó después de Colón, barrido por las enfermedades y por su sometimiento a los extranjeros. Ese borrado fue tan completo que, al cabo de pocas generaciones, ni conquistadores ni conquistados eran conscientes de que tal mundo había existido.
>
> CHARLES MANN, 2006: 51

A pesar del fascinante y creciente comercio con el Oriente, lo que hoy es América fue sin duda el espacio más relevante en la construcción del mercado mundial. No sólo aportó enormes cantidades de bienes valiosos sino que el oro y la plata venidos de la Nueva España sirvieron de soporte al incremento del intercambio con el Oriente.

---

[3] Además de Marx, muchas voces críticas han abundado sobre la naturaleza predatoria del capitalismo. Las contribuciones en las ciencias sociales, la literatura y las artes son muchas. Entre ellas están las de Charles Fourier (1772-1837), William Morris (1834-1896), Robert Owen (1771-1858) y, más recientemente, André Gorz (1923-2007) y John Bellamy-Foster.

La importancia de las riquezas de estas regiones para el desarrollo general del sistema y el establecimiento de relaciones culturales jerárquicas y discriminatorias (o incluso incriminatorias), sirvieron como elementos de legitimación de la violencia original y de la implantación de relaciones tutelares, que se repetirían después sin cesar en todos los procesos de sojuzgamiento de poblaciones que eran en el mismo acto negadas. Es aquí donde parece estar el sentido fundamental de una descripción del mundo en que la dominación es presentada como hazaña civilizatoria sobre la base de la creación simbólica de los *márgenes*, especie de vacíos sociales que deberían ser rescatados o llenados, y que cargarán hasta ahora con la culpa de su diferencia. Pueblos, culturas y geografías fueron colocados en posición de inferioridad o exterioridad para ser sojuzgados: el exterminio físico se combinó con el exterminio moral y cultural para ser eficaz.

Contrariamente a lo que muchos historiadores afirman acerca de Europa como espacio de gestación del capitalismo, nos parece pertinente arriesgar la hipótesis de que es el nudo geográfico-social conformado por la articulación violenta y conflictiva entre Europa, América y África donde se crea el complejo escenario de constitución del capitalismo como sistema de organización planetaria. Es ahí donde se crea la relación perversa entre centro y márgenes o periferias, y donde se fragua la polaridad que permite crear los circuitos dobles de expoliación llevándose las riquezas e imponiendo el consumo de los productos con ellas fabricados.

El primer magno episodio de sacudimiento ambiental con el que se funda el sistema-mundo capitalista acontece cuando los europeos arriban a lo que después se llamaría América, y coincide con el primer genocidio de la mundialización sistémica.

El componente más relevante de ese sacudimiento o terremoto ambiental es el arrasamiento de las poblaciones autóctonas, ya sea por los operativos de conmoción y pavor de la época, por el uso abusivo de sus energías de trabajo, o por una guerra biológica soterrada, y en este caso no planeada, que llegó con las bacterias y virus portados por los conquistadores y las ratas que los acompañaban, y que significó la reducción súbita de una de las especies que contribuía al desarrollo y creación del ambiente: de los aproximadamente 60 millones de habitantes que se calcula había en América en 1492 se eliminó a las dos terceras partes en los primeros 50 años.

La ruptura de las dinámicas ambientales que sigue a este genocidio no se restablecerá jamás porque en esas matanzas, en las quemas de libros y elementos culturales que contenían los registros de los conocimientos acumulados sobre la naturaleza y el cosmos, se perdió buena parte de la historia y la experiencia relacionadas con el conocimiento y cuidado del medio ambiente.

Tenochtitlan, centro de una floreciente civilización que controlaba un amplísimo territorio y alojaba 25 millones de habitantes según los estudiosos, pasó en muy pocos años a alrededor de entre 6 y 8 millones. Cuando la escasez de población autóctona obliga a su remplazo nuevamente se desestructuran las dinámicas ambientales. La implantación de poblaciones con otras experiencias de vida, provenientes de otras condiciones ambientales y con conocimientos diferentes que no eran tan fácilmente adaptables al nuevo entorno provocó nuevos desajustes en todos los niveles.

El segundo componente de este sacudimiento ambiental, aunque de un carácter distinto, se refiere a la vertiginosa voracidad con que los conquistadores arrancaban las riquezas del territorio americano. La ávida extracción sobre todo de oro y plata pero también de especias, plantas, animales, tintes naturales, y tantas otras maravillas que América brindó al mundo, no se detenía ante los daños colaterales, que desde entonces expresaban los costos de la objetivación de la naturaleza y que fueron rediseñando el ambiente.

La enorme extracción de oro y plata –alrededor de 100 mil toneladas de plata y 50 mil de oro (Garner, 1998; Macleod, 1990)–, sin demeritar su fuerza, dejó espacio para percibir otro tipo de riquezas que poco a poco se irían incorporando a las rutas del mercado mundial. La impresión de los invasores frente a los esplendorosos lugares encontrados no dejaban duda de la grandeza cultural de los pueblos de América y de la exuberancia del ambiente, cuestión que se repetiría, con sus especificidades, en los otros continentes.

Mientras más impactantes las ciudades que se encontraban, más agresiva y tramposa era la llegada. La introducción de los europeos en América coincidió con la conversión del arte de la guerra en fría tecnología bélica, y se hizo a través de engaños, armas de fuego y una tremenda inmoralidad que se combinaron con un conjunto de enfermedades desconocidas en este lado del Atlántico, que ayudaron a debilitar a las sociedades más aguerridas creando una nueva asimetría, no totalmente prevista, en beneficio de los invasores.

Se destruyó la población y la naturaleza, y también se destruyó la tecnología que permitía a estos pueblos enriquecer el ambiente. La relación creativa con la naturaleza; el manejo de los microclimas y diversidades ecológicas; la construcción de chinampas para ganarle terreno a los lagos y crear una agricultura flotante para el abastecimiento de ciudades como Tenochtitlan u otras de ubicación similar; la red de acueductos que se observa tanto en las zonas mesoamericanas como andinas; el uso medicinal, alimenticio y ornamental de plantas y animales; las terrazas para asegurar una agricultura no depredadora y economizadora de agua; el trabajo de los metales, las cerámicas y los tintes, que ni se conocían en Europa; la construcción de canales para navegación interna; el conocimiento de los astros; las matemáticas y muchísimos otros descubrimientos que generaron un complejo tecnológico muy diferente del que trajeron los europeos y que, en general, partía de la idea del cuidado de la Madre Tierra o la Pachamama que contiene a los seres humanos y a todos los otros seres, no mereció casi la atención de los conquistadores. Lo que se buscaba era construir un estatus en tierras lejanas a América, en una Europa arrogante o ignorante, que no tenía condiciones de aprender.

La sensación de abundancia y la prisa de la apropiación ilegítima implantaron la lógica del saqueo en todos los niveles. Arrancar las riquezas de la tierra, hacer de la naturaleza –incluida la humana– un objeto de enriquecimiento, impidió valorar los beneficios de una tecnología de complementariedad con ella, que no rinde tantos frutos en el corto sino en el largo plazo.

La reorganización poblacional promovida por los conquistadores, que llevó al agrupamiento o concentración de los pueblos para poderlos controlar, y que los hizo abandonar las prácticas seminómadas que les permitían adecuarse a las diversas condiciones del entorno y a los cambios estacionales mientras iban transformando o adecuando las condiciones ambientales, fue un componente adicional que tributó en contra del ambiente. La relación con la naturaleza cambió, se rompieron los ciclos anuales, la extracción empezó a ser devastadora por la desproporcionalidad con que se realizaba y se empezó a perder la relación intersubjetiva que permitía que sociedad y naturaleza se crearan a sí mismas en el decurrir de este proceso. La introducción del "ganado" fue en este sentido un golpe fuerte al ambiente, que se volvió corrosivo tanto en términos reales como simbólicos. Se empieza a gestar la unidimensionalidad y el sujeto único junto con *la especialización* de los territorios. Los territorios se *profesionalizaron* convirtiéndose en mineros, agrícolas o ganaderos, sin versatilidad. Esto propició un desgaste ambiental no sólo mayor sino más acelerado.

La imagen mental es la de un territorio descuartizado, desintegrado, que volverá a articularse por virtud del mercado, de las vías de comunicación y de la geopolítica, en una integración *controlada, disciplinada* y *dirigida.*

LA GEOGRAFÍA DE LA DOMINACIÓN PLANETARIA

La conquista de América se acompaña de un proceso gemelo en África que, sin embargo, por cuestiones de historia, de geografía e incluso de geopolítica, sucedió de manera distinta.

Las dificultades para entrar en territorios africanos derivan en gran medida de lo espeso de las selvas y lo implacable de los desiertos, pero además de la difícil navegabilidad de sus grandes ríos. Los exploradores tardaron tiempo en determinar el curso de los ríos o en descubrir sus trampas naturales y eran atacados misteriosamente sin que al inicio descubrieran desde dónde les disparaban las flechas o supieran defenderse de los venenos que éstas contenían. A esto hay que agregar la fuerte disputa por las costas y territorios africanos entre portugueses, ingleses, franceses, belgas y españoles, por sólo mencionar los europeos.

Durante un buen tiempo los europeos debieron conformarse con el secuestro de los africanos cercanos a las costas. La venta de esclavos se convirtió en un gigantesco negocio, asociado al saqueo de América, que facilitó el avasallamiento de los pueblos del llamado Nuevo Mundo. La trata de esclavos africanos fue uno de los vehículos principales de la destrucción-desestructuración de las civilizaciones previas en África y América. Los registros del explorador Stanley indican que por cada 50 mil africanos esclavizados otros 33 mil fallecían (Forbath, 1977).

La dimensión del comercio de esclavos fue incrementándose hasta alcanzar su punto máximo en el siglo XVIII. La esclavización fue el negocio complementario al de los metales preciosos. El oro negro de la época estuvo conformado por millones de africanos sacrificados en este proceso. Se estima que la población de África oscilaba alre-

dedor de 60 millones, misma cantidad que en América aproximadamente. Los cálculos del daño varían entre uno y dos tercios, contan-
do los que morían en la cacería o en el trayecto. América recibía un
promedio de entre 27 mil y 40 mil esclavos africanos anualmente
(James, 1963).

LA DOMINACIÓN DE ESPECTRO COMPLETO

El descubrimiento de la redondez del planeta confirmó su abarcabi-
lidad. No hay un *más allá* indefinido o imposible. Todo puede ser
conocido y controlado; es cuestión de crear las herramientas tecnológicas apropiadas para lograr la gran utopía capitalista: la *dominación
de espectro completo*, el sometimiento de toda la materialidad del planeta a las improntas de la ley del valor y del poder total.

A los medios de comunicación interoceánicos, después de prohibir
la navegación de los pueblos sojuzgados, siguieron los de penetración
terrestre, aérea, submarina y espacial. Una vez que los barcos alcanzan todas las costas, la urdimbre capitalista se construye sobre vías
férreas abriendo las venas de todos los continentes, para llevar la
savia hacia los centros de procesamiento y de poder. Los territorios
se trazan con una nueva lógica, vuelven a ser diseñados con criterios
funcionales jerárquicos, las relaciones sociales se reordenan sobre la
base de las nuevas espacialidades, se parten los continentes para
construir canales para el comercio, la reproducción del capital se
sobrepone a la de la vida, la subsume, y todo en el mundo se torna
abstracto y adquiere la forma de un valor que fluye hacia *el centro*.

La guerra se transforma en industria. No es más un espacio extremo de las relaciones entre pueblos o entre grupos sociales sino una
impronta vertebradora de la expansión de las relaciones capitalistas
y uno de los pilares de su fuerza transformadora. El mundo se incor-
pora al progreso arrastrado por la violencia original que se repite y
se reproduce en todos los ámbitos y en todos los niveles, tanto como
la relación centro-márgenes.

El espectacular desarrollo de las fuerzas productivas y de las capacidades de producción logrado por el capitalismo lo convierte en el
articulador de todos los procesos de producción de la vida material
que son incorporados por esta vía a la dinámica de la reproducción

ampliada. Se rompen una y otra vez los límites. Pero el florecimiento capitalista que propicia el desarrollo de las ciencias y el aumento y diversificación de la producción y las comunicaciones se apoya en pies de barro. Devora a la gallina de los huevos de oro; destruye sus fuentes de vida; es un Rey Midas.

Las enormes escalas de producción-apropiación-objetivación alcanzadas, orientadas a dominarlo todo, desproporcionadas con respecto a la capacidad de la naturaleza para regenerarse o del propio ser humano para contribuir a crearla, son a la vez y paradójicamente componentes del auge y la declinación histórica del primer sistema-mundo planetario.

Si en el siglo XVI se conformó la geografía del capitalismo, llegando al XIX se trastocó definitivamente la base productiva mundial profundizando y haciendo irreversibles las líneas de avance del sistema dentro del propio sistema. Las revoluciones industriales abrieron caminos de crecimiento y de abundancia, mejoraron la esperanza de vida, permitieron penetrar el cosmos y el microcosmos, pero condujeron a una carrera suicida, o a lo que la WWF (Fondo Mundial para la Naturaleza, 2010) llama una "translimitación ecológica".

El capitalismo fue llegando a la madurez tecnológica y se propuso la apropiación en gran escala de la naturaleza. El territorio se había convertido en objeto, en simple base de esa apropiación, y para ello fue fragmentado, reticulado y desmenuzado: se procedió a una ponderación individualizada de cada uno de sus componentes, potenciales mercancías o *materias primas*, para tasarlos y ordenarlos, como paso previo a su explotación masiva. Así también se desmenuzan a finales del siglo XX las estructuras internas de la vida que son transformadas en secuencias de genes manipulables individualmente, llegando al extremo de intentar convertirlos en propiedad privada.

El trazado de vías férreas, la transformación del hierro en maquinaria de comunicación y transformación, se constituyó en el esqueleto de metal sobre el cual avanzaron los capitales y su propuesta civilizatoria. La extracción minera en gran escala y la industria metalmecánica eran el soporte y a la vez los beneficiarios y las palancas de uno de los momentos de mayor fuerza en el desarrollo capitalista, y eran a la vez el círculo secuencial que marcaba las pautas del progreso: extraer más metales para producir más máquinas para extraer más elementos de la naturaleza y transformarlos en herramientas de nuevas apropiaciones o en alimentos baratos para el ejército de trabajadores que fabricaban las máquinas. Todo mediado por la succión de energías, nervios y cerebros de los seres humanos negros, indios, amarillos... y blancos.

Pero el problema no es el hierro sino el capitalismo. Cuando el hierro va siendo sustituido por plásticos, cerámicas, polímeros, cuando las carreteras se hacen de fibra óptica, cuando las grandes máquinas se convierten en circuitos integrados y cuando las nanotecnologías aligeran el peso industrial, el capitalismo no se vuelve menos nocivo: multiplica la depredación y los daños. Si bien es un proceso acumulativo cuyas raíces se encuentran en el terremoto ambiental de 500 años atrás, mientras más madura el modo capitalista de hacer y disponer más allá de su materialidad específica, apoyado por la ciencia y las nuevas herramientas bélicas, el daño a la vida y al ambiente se torna más peligroso.

A pesar de la creación de las supuestas tecnologías limpias, el periodo de 1950 a la fecha ha sido catastrófico. Considerando que 41% de las emisiones de CO_2 proviene de la generación de energía según el Earth Policy Institute, es importante notar el incremento de 342% en el consumo de electricidad entre 1965 y 2008, mientras que la producción de petróleo aumentó 822% entre 1950 y 2008 (Intergovernmental Panel of Climate Change, 2009a: 39).

De acuerdo con el Global Footprint Network (2009), "Desde los años setenta la humanidad se encuentra en translimitación ecológica, con una demanda de recursos que excede lo que la Tierra puede regenerar anualmente" (trad. AEC).

El daño ecológico creció exponencialmente en este mismo periodo. En su estudio sobre el comportamiento climático de 2011, la Beverly Earth Organization confirma una peligrosa y quizá irreversible tendencia al calentamiento global, con todas las secuelas ecológicas que la acompañan. Sus registros permitieron elaborar la gráfica 2.1, que muestra con gran elocuencia el ritmo acelerado del calentamiento y su relación con el proceso de industrialización, con el sobreuso energético y con el modo de vida moderno. Es interesante observar en la gráfica el notable descenso de la temperatura de la Tierra en los periodos de posguerra (la Guerra Civil de Estados Unidos, la primera y segunda guerras mundiales, la de Corea y la de Viet Nam), coincidiendo con la destrucción de una buena porción de la estructura productiva del planeta. Después de su reconstrucción, se observa nítidamente un acelerado y peligroso repunte.

GRÁFICA 2.1 TEMPERATURA PROMEDIO DE LA SUPERFICIE TERRESTRE, DECENIOS

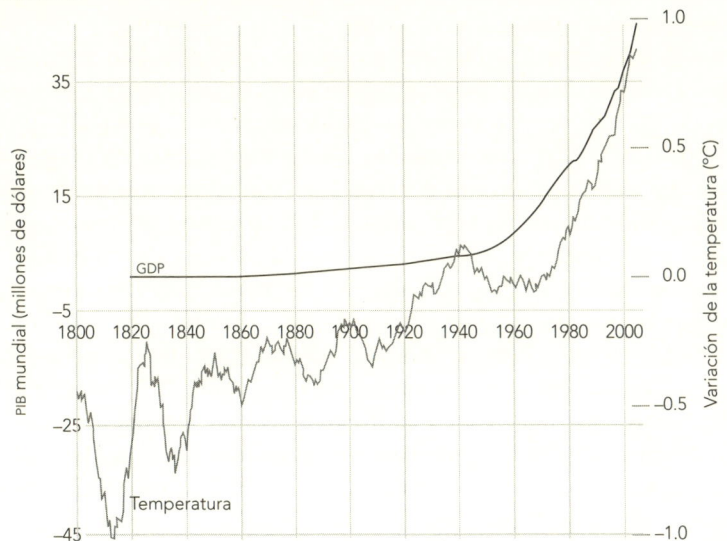

EL HISTÓRICO CAMBIO CLIMÁTICO

El mundo se ha ido convirtiendo en un absurdo ecológico que adquirió carácter crítico en la medida que *progresaba*. Su lógica interna ha sido cuidadosamente estudiada por James Scott (1998), quien demuestra en sus investigaciones cómo el capitalismo descompone la naturaleza para ordenarla otra vez a su manera; destruye bosques enteros para volverlos a montar pero ya *racionalizados*, administrables y alienados. Se eliminan las especies *inútiles* desde una perspectiva productivista y se refuerzan las especies rentables definidas como útiles, ignorando que las especies que a simple vista aparecen como nocivas son en muchos casos las que marcan los límites del crecimiento y ayudan a mantener la proporcionalidad del conjunto.

La naturaleza ha sido recreada, conservada y protegida con un sentido predatorio-utilitario que termina paradójicamente por destruirla puesto que se unilateraliza el comportamiento natural cancelando sus dinámicas complejas, a pesar de los esfuerzos científicos por recuperar la complejidad.

La translimitación ecológica inicia en los años setenta, cuando "la humanidad en su conjunto traspasó el punto en el que la huella ecológica y la biocapacidad anual de la Tierra estaban equiparadas. Es decir, la población humana empezó a consumir recursos renovables más rápido de lo que pueden regenerar los ecosistemas y a liberar más CO_2 de lo que los ecosistemas pueden absorber" (wwf, 2010). De hecho, el sobredimensionamiento productivo se gesta en el periodo comprendido entre las dos guerras, con la introducción del *fordismo*, y se expande mundialmente después de la segunda guerra mundial, con la generalización del *americanismo* y la producción en masa.

En los últimos decenios del siglo xx los daños ecológicos crecieron tan exponencialmente como la producción. Si antes se podían contar por siglos o por decenios, ahora se cuentan por años o incluso por meses. Tal es el caso de la situación de riesgo en que se encuentra la selva amazónica, mayor yacimiento genético del planeta, que pierde anualmente, sólo en la parte brasileña, alrededor de 20 mil hectáreas.

En 2007 la huella ecológica excedió en 50% la capacidad de recuperación de la Tierra (wwf, 2010). El glaciar Gangotri, que proporciona 70% del agua del Ganges, está decreciendo 35 metros anuales, dos veces más rápido que hace 20 años; el Kilimanjaro perdió 80% de su área glaciar en las dos últimos decenios, y 33 % de eso fue de 1989 a 2000; los glaciares de Perú y Bolivia perdieron un tercio de su superficie entre 1970 y 2006 (epi, marzo de 2008). Entre 1990 y 1997, se perdieron 5.8 ± 1.4 millones de ha de bosques tropicales húmedos del mundo, con otro 2.3 ± 0.7 millones de ha de bosques visiblemente degradados (Achard, Hugh *et al.*, 2002). Madagascar, que es biológicamente una de las áreas más ricas de la Tierra, perdió la mitad (3.8 millones de ha.) de bosques lluviosos entre 1950 y 1985 (de 7.6 millones de ha existentes en 1950 y de una extensión original de 11.2 millones antes de la llegada del hombre occidental). En conclusión, la tasa de deforestación promedio fue de 111 000 ha por año (Green y Sussman, 1990). Y, de acuerdo con los expertos, cada año se pierden en promedio 700 mil ha de bosques y selvas.

Las poblaciones de especies silvestres de vertebrados decreció en promedio casi un tercio (31%) a nivel mundial entre 1970 y 2006; la disminución fue especialmente marcada en los trópicos (59%) y en los ecosistemas de agua dulce (41%) (cdb, 2010).

Las especies de todos los grupos cuyas tendencias se conocen están, en promedio, cada vez más al borde de la extinción; los anfibios son los que corren más peligro y los corales constructores de arrecifes de aguas cálidas muestran el deterioro de estado más rápido [por su cercanía con los yacimientos petroleros entre otros]. De ciertos grupos seleccionados de vertebrados, invertebrados y plantas, entre 12 y 55% de las especies corre peligro de extinción en la actualidad. Las especies de aves y mamíferos utilizados en la alimentación y en la medicina corren, en promedio, más riesgo de extinción que aquellas especies que no se usan con esos fines. Las evaluaciones preliminares indican que 23% de las especies vegetales está amenazada (CDB, 2010).

En menos de un siglo el capitalismo está logrando revertir lo que el planeta fue creando a lo largo de millones de años. Esto sin duda habla de la enorme potencia alcanzada por la ciencia y la tecnología pero mucho más de la perversión original con la que este sistema entiende y confronta la naturaleza.

Siendo los trópicos los lugares de mayor concentración, diversidad y variabilidad genética, la translimitación ecológica los ha hecho disminuir en 60 % en menos de 40 años (WWF, 2010). Los estudios recientes sobre la Amazonia dan cuenta de su acelerado deterioro. Anunciando la llegada del progreso a esa región se construyen carreteras, vías de ferrocarril y plantas de generación de energía hidroeléctrica, mientras se extienden las áreas de ganadería y monocultivos. Entre 2000 y 2010 este proceso de *desarrollo* destruyó 240 000 km^2 de selva. Si los planes económicos continúan como está previsto, se estima que en 25 años quedará sólo 45% de la selva que existe en la actualidad (Red Amazónica, 2012).

No obstante esta enorme devastación, se insiste en que el mayor daño o huella ecológica se registra en América del Norte y Europa, que ya ahora están siendo subsidiadas por la biocapacidad del resto del mundo (Global Footprint Network, 2009: 37).

...si todas las personas del mundo vivieran como un ciudadano medio de Estados Unidos o los Emiratos Árabes Unidos, se necesitaría una biocapacidad equivalente a más de 4.5 planetas Tierra para poder mantener el consumo de la humanidad y las emisiones de CO^2. Contrariamente, si todo el mundo viviera como un ciudadano medio en India, la humanidad utilizaría menos de la mitad de la biocapacidad del planeta (WWF, 2010: 38).

Nunca antes en la historia el capitalismo había desarrollado las capacidades tecnológicas que tiene hoy. Nunca la ciencia había registrado tantos y tan importantes avances. Y paradójicamente nunca antes se había encontrado ante la incapacidad de resolver la perdurabilidad de la vida y del mismo planeta, al que ha colocado al borde de una catástrofe terminal.

Es el modo de vida del capitalismo, conocido mundialmente como el *american way of life*, el que contiene el germen de la destrucción. El capitalismo ha operado la *desvivificación* del planeta. La catástrofe está instalada. El sentido de la competencia, la objetivación y la negación del *otro* lo han llevado a la insustentabilidad.

La serpiente se ha mordido la cola.

EL DESAFÍO SISTÉMICO

La insustentabilidad del sistema ha conducido a una permanente e irresoluble crisis que, al ir mostrando todas sus caras, ofrece una confusa imagen de fenómenos independientes y aislados, ocultando su conexión interna y su integralidad. La inestabilidad sistémica, manifiesta en el carácter avasallante y multidimensional de la crisis, es señal a la vez de la incapacidad del capitalismo para restablecer sus condiciones de posibilidad y de la capacidad de las alternativas sistémicas para debilitar y superar al capitalismo.

Aunque el capitalismo está irremediablemente declinando, es todavía suficientemente fuerte para destruir cualquier otro intento de organización social que se atraviese en su camino. La evidencia acerca de la contradictoria apoptosis del sistema es abrumadora, pero la evidencia de emergencia de otro sistema de organización social de la vida es más bien escasa y sólo incipientemente visible. Aun así, es posible reconocer algunos diversos, dispersos y tímidos intentos de dislocar las bases epistemológicas prevalecientes en la sociedad dominante global y de crear o recrear otros modos organizacionales no-capitalistas.

Las relaciones capitalistas son la fuerza cohesiva del actual sistema-mundo pero ninguna sociedad es homogénea. Es siempre una reunión de pareceres disímiles que encuentra circunstancialmente un modo de ordenarse de forma colectiva aun si, la mayoría de las veces, es el de quienes detentan el poder. Todas las sociedades contienen en sí impulsos contradictorios que provienen de concepciones y prácticas históricas distintas y, con frecuencia, confrontadas entre sí. Con amplias diversidades, con imaginarios no-estatistas sino más bien descentrados como podrían ser los que se vislumbran en las propuestas de los Estados plurinacionales (que implican pluriculturalidad y multisocietalidad), reconociéndose como parte de una totalidad que las trasciende y las abarca, las otras visiones del mundo, 500 años subsumidas, han cobrado fuerza política y visibilidad ante el absurdo suicida en que el capitalismo ha colocado al planeta.

Polarizadas y enviadas en gran proporción a los llamados márgenes, tanto por la precariedad general creciente a la que el capitalismo condena a los *dominados* del planeta, como por la terquedad de sus imaginarios pachamámicos, hoy son la punta de lanza de una posible e impostergable bifurcación social civilizatoria con múltiples facetas. Estas incipientes potenciales alternativas sistémicas arrastran las contradicciones de la modernidad dentro de la cual se forjaron. Pero tienen la fuerza de su nuevo sentido de la vida y su pertinencia ecológica. La modernidad, y no sólo el capitalismo, está siendo cuestionada.

Algunas de las más relevantes experiencias de potencial bifurcación puede percibirse en los procesos de transformación en curso en América Latina, con un amplio espectro de propuestas y posibilidades. El movimiento zapatista, apuntando a la reconstrucción de la politicidad social, postula el "mundo en el que caben todos los mundos"; el Suma Qamaña y el Sumak Kawsay desarrollados en Bolivia y Ecuador, reconceptualizan las relaciones sociales y biológicas, entendiendo todos la totalidad como un complejo integrado en el que los humanos no son superiores sino una pieza más del concierto general. En estas propuestas, el concepto central es complementariedad. La acumulación no tiene cabida en un tiempo circular en el que los criterios de la producción material están sometidos a los de la reproducción integral de la vida.

El planeta se encuentra en un momento de crisis mayor y de oportunidad histórica. Sus claves no son lógicas sino históricas. Hay certeza de que el desastre ecológico actual no tiene arreglo sin una reformulación de la relación entre humanidad y naturaleza, transformando las formas de vida. La civilización material moderna, a pesar de sus grandes descubrimientos científicos y de la espectacularidad de sus logros, no es sustentable por sus limitaciones epistemológicas.

Hay múltiples indicios de la inminencia de una nueva civilización material, en la que sociedad y naturaleza interactúen y se complementen, basadas en relaciones distintas que las de dominación o de poder. No obstante, no se trata de una deriva teórica. La posibilidad real de una apuesta de esta complejidad y carácter sólo puede forjarse en el proceso histórico.

En este sentido, no hay razones para suponer que esta nueva civilización material realmente pueda abrirse paso y que el capitalismo vaya a ser reemplazado por un nuevo modo de organización de la vida. Lo que sí se puede afirmar es, simultáneamente, que la actual civilización material ha alcanzado sus límites de posibilidad y se (nos) encamina hacia la destrucción de la vida, y que, al mismo tiempo, las luchas por la supervivencia, cada una a su modo, avanzan por senderos epistemológicos que subvierten los fundamentos de la modernidad. Es ahí donde estriba su pertinencia. En todo caso, la complejidad de la vida, que incita a la creatividad de supervivencia, mantiene abierta la búsqueda y posibilidad de moverse hacia horizontes civilizatorios más promisorios.

3. DESIGUALDAD ECONÓMICA, ESTRATIFICACIÓN Y MOVILIDAD

ROBERTO PATRICIO KORZENIEWICZ
y TIMOTHY PATRICK MORAN

La mayoría de los estudios acerca de desigualdad, estratificación y movilidad suponen que las fronteras nacionales delimitan las unidades relevantes de análisis y después sacan conclusiones universales a partir de patrones que se encuentran en áreas muy específicas del mundo, con más frecuencia (tal vez hasta en 90% de los casos) en países ricos. Añadido a esto, los supuestos metodológicos que subyacen a esta bibliografía, generalmente les impiden ocuparse en forma seria de un tema teórico, o incluso empírico: ¿cuál, cómo y por qué ha sido la relación entre la globalización y la desigualdad que han experimentado a lo largo del tiempo distintas poblaciones del mundo?

Por supuesto, si buscamos ocuparnos de este problema desde una perspectiva histórica-mundial nos enfrentamos al obstáculo de que con frecuencia se carece de información empírica adecuada. Los datos relevantes en las distribuciones mundiales del ingreso no son fáciles de obtener. Incluso los datos contemporáneos sobre ingreso son recolectados fundamentalmente por organismos estadísticos que suponen que las fronteras nacionales delimitan la única unidad posible de análisis. Además, estos datos de ingreso casi nunca se recolectan a lo largo de periodos suficientemente largos de tiempo. La recolección sistemática de los datos es, en gran medida, un fenómeno posterior a 1945, e incluso así limitado, en su mayor parte, a los países ricos.

Con estos obstáculos en mente trataremos de desarrollar, a partir de una perspectiva histórica-mundial, nueve proposiciones que, creemos, pueden ayudar a hacer una teoría sobre la estratificación social, la movilidad y la desigualdad. Hemos desarrollado algunos de estos argumentos en *Unveiling inequality: A world-historical perspective* (Korzeniewicz y Moran, 2009), donde pueden encontrarse análisis empíricos más extensos de los datos sobre ingreso mundial y desigualdad que guían las proposiciones que planteamos en el presente trabajo. Argumentamos que la desigualdad debe entenderse como un fenómeno histórico-mundial. Las explicaciones sobre desigualdad que se centran en poblaciones específicas del mundo pierden de vista las interacciones globales que producen este fenómeno, incluso dentro de esas poblaciones concretas.

PRIMERA PROPOSICIÓN

Durante los últimos cien años los niveles de desigualdad intra-nacionales se dividen en dos grupos. Algunas naciones se han caracterizado por una desigualdad relativamente alta y otras por una relativamente baja.

Los datos contemporáneos indican que la mayor parte de los países se ubican en alguno de los dos grupos: uno se caracteriza por niveles relativamente bajos de desigualdad, con coeficientes de Gini por debajo de 0.340. El segundo grupo tiene coeficientes de Gini por arriba de 0.500, es decir, niveles significativamente más altos de desigualdad. El grupo de países con altos ingresos y baja desigualdad ha incluido, en la historia reciente, toda la Europa occidental, Japón y, con frecuencia, Estados Unidos. Buena parte de Europa oriental entra también en este grupo, así como diversos países de Asia del este, que en las últimas décadas han experimentado altas tasas de crecimiento. Los países con bajos ingresos y alta desigualdad tienden a estar ubicados en América Latina, África y Asia. La composición de ambos grupos ha permanecido notablemente estable, incluso durante las décadas recientes de "globalización".

Por supuesto no todos los países entran cómodamente en uno de los dos grupos. Hay varios casos "híbridos" (como el de Argentina) y existen ejemplos de países que han entrado y salido de su grupo (como Estados Unidos). Sin embargo, prácticamente no existen ejemplos de países que cambien, a lo largo del tiempo, de un grupo al otro.

SEGUNDA PROPOSICIÓN

El origen de los patrones de alta y baja desigualdad dentro de las fronteras geográficas nacionales actuales puede rastrearse al menos hasta épocas anteriores al siglo XVIII.

En áreas caracterizadas por una alta desigualdad los arreglos institucionales que excluyen selectivamente a amplios sectores de la población del acceso a la riqueza y al poder fueron impuestos, históricamente, por la élites europeas que se beneficiaban de dichos arreglos y, por lo general, implicaba jerarquías dentro de los grupos —lo que Tilly (1998) denomina "categorías delimitadas"— que se organizaban alrededor de las características raciales que se le atribuían a cada uno. Fredrickson (1982) ha resumido estos arreglos como regímenes de "supremacía blanca". Durante los últimos dos siglos la supremacía blanca funcionó como uno de los contextos más poderosos para justificar, mantener y defender los arreglos institucionales característicos de la alta desigualdad en los países.

En las áreas con baja desigualdad que (más adelante) se caracterizaron por altos niveles de ingreso, tales como Nueva Inglaterra y otras áreas de los asentamientos europeos, se encuentra un patrón temprano muy diferente. Según una línea de interpretación la diferencia principal entre estas áreas y aquellas en las que prevaleció la alta desigualdad tuvo que ver con las dotaciones. De Ferranti *et al.* (2004: 110) observan, por ejemplo, sobre Nueva Inglaterra, que "la tierra era barata y la mano de obra, cara. Estas circunstancias fueron radicalmente distintas de las que imperaban en cualquier otra región del hemisferio, y favorecieron un grado notable de igualdad".

En el caso de los países de altos ingresos los arreglos institucionales pueden rastrearse, por lo general, hasta la esclavitud. Resulta menos claro hasta dónde podemos rastrear los orígenes institucionales de la baja desigualdad de la Europa continental o la importancia relativa de los cambios en la desigualdad que sucedieron en estas últimas áreas antes del siglo XIX. La bibliografía histórica disponible básicamente no discute, como tampoco lo hacen los estudios contemporáneos sobre desigualdad y estratificación, las tendencias y los patrones de la distribución del ingreso desde una perspectiva histórico-mundial, sino que limita su enfoque a conjuntos específicos de naciones (que vuelven a ser, con mayor frecuencia, naciones ricas).

TERCERA PROPOSICIÓN

La persistencia de patrones tan característicos de desigualdad en los países durante un periodo tan largo de tiempo sugiere situaciones de equilibrios en los que se contraponen fuerzas opuestas. Los llamamos Equilibrios de Alta Desigualdad (EAD) y Equilibrios de Baja Desigualdad (EBD).

No buscamos afirmar que los arreglos de EAD y EBD estén afianzados en arreglos institucionales inmutables; tienen muchas capas y estructuras cambiantes de solidaridades, escisiones e identidades sociales que desafían continuamente estos arreglos. Sin embargo, si bien estos desafíos a veces logran inducir cambios, por lo general los suceden contragolpes y transformaciones institucionales que provocan continuidades de largo plazo en las distribuciones del ingreso.

CUARTA PROPOSICIÓN

Si bien buena parte de la bibliografía concibe que las situaciones de alta y baja desigualdad representan caminos institucionales independientes, una perspectiva de sistemas-mundo dirige la atención hacia las maneras en las que la EAD y la EBD son relacionales e interactúan a lo largo del tiempo.

Desde una perspectiva de sistemas-mundo las eventuales ventajas competitivas de las instituciones involucradas en los arreglos de los Equilibrios de Baja Desigualdad emergieron a partir del siglo XIX precisamente como reacción a cierta rigidez que se volvió característica de las instituciones coercitivas comunes en los Equilibrios de Alta Desigualdad.

Debemos rechazar el prejuicio de que los arreglos institucionales de los EAD han estado inseparablemente vinculados a formas ineficientes de organización de la producción y de los mercados. De hecho, tras la colonización europea y hasta el siglo XIX las áreas caracterizadas por EAD (por ejemplo, América Latina y el Caribe), donde los arreglos de trabajo forzado (como la esclavitud o el reclutamiento forzoso de poblaciones indígenas) se usaron en actividades de alto rendimiento (como la agricultura comercial y la minería) constituyeron en su momento un epicentro mundial para la creación y la acumulación de riqueza.

Las estrategias coercitivas de control laboral, que incluyen pero no se limitan a las plantaciones, representaron en su momento lo que Joseph Schumpeter (1942) caracterizaría como actividades innovadoras que producían niveles extraordinarios de riqueza. Las "instituciones extractivas" asociadas con los EAD ofrecieron ventajas competitivas cruciales a las élites que se beneficiaban de estos arreglos. Además, proporcionaron simultáneamente una base muy efectiva para la maximización de la riqueza y el crecimiento económico durante varios cientos de años.

En contraste, muchas de las áreas que contuvieron en sí mismas el tipo de arreglos que hoy consideraríamos parte de los EBD (particularmente las del continente americano) eran relativamente marginales y en su momento se consideraban más bien pobres. Tal vez a causa de estas dificultades las actividades de emprendimiento que se desarrollaron en estas áreas buscaron explotar los intersticios que dejaban los arreglos mercantilistas, tales como el contrabando y la explotación de nichos, que los imperios comerciales no podían ocupar fácilmente.

Así pues, desde una perspectiva comparada es importante no extrapolar la lógica de los arreglos económicos que más adelante se convertirían en criterios exitosos de racionalidad (criterios que sencillamente no estaban en operación en esta época) para evaluar los EAD y los EBD. Más que evaluar en forma retrospectiva "el diseño" según un estándar que hizo su aparición siglos más tarde, nos encontramos en terreno más seguro si consideramos distintas rutas institucionales hacia el resultado de los procesos de conflicto y negociación entre fuerzas sociales que obtuvieron distintos niveles de poder de negociación, y si notamos que las consecuencias de las rutas institucionales específicas han cambiado a lo largo del tiempo precisamente a causa de su interacción.

QUINTA PROPOSICIÓN

La desigualdad internacional se puede entender mejor si se analiza como parte de un EAD durante, al menos, los dos últimos siglos.

El nivel general de desigualdad entre las naciones —expresado por un coeficiente de Gini que mide la dispersión del producto interno

bruto (PIB) inter-nacional— ha sido extremadamente alto y constante durante los últimos doscientos años. Los datos empíricos disponibles sobre los ingresos nacionales muestran que en el siglo xx la
desigualdad entre naciones es más alta que la desigualdad que exhibió cualquier estado-nación. De hecho, si dibujáramos un mapa
global de la desigualdad que mostrara dónde se ubica cada hogar en
relación con todos los demás en el mundo (es decir, combinando
información de la desigualdad intra e inter-nacional) la situación
relativa de cada hogar o individuo estaría determinada de manera
primordial por su ubicación en un país rico o pobre; es decir, por la
desigualdad entre naciones.

La gráfica 3.1 muestra dos cálculos diferentes de desigualdad inter-
nacional en población ponderada durante los últimos dos siglos.
Usamos PIB ajustado alternativamente por paridades de poder adquisitivo (PPP) y tasas de cambio (FX).[1]

GRÁFICA 3.1. DESIGUALDAD NACIONAL ENTRE LAS TENDENCIAS
POBLACIONALES PONDERADAS

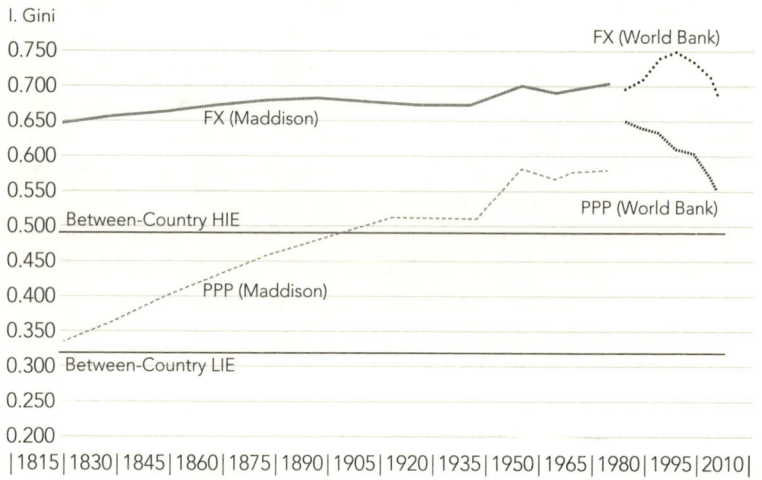

FUENTE: cálculos elaborados por los autores con base en dos ejemplos; 1820-1975,
Madisson (19955) y 1980-200, Banco Mundial (2008).

---

[1] Para más referencias, véase el apéndice estadístico al final de este capítulo.

Según ambos estimados la desigualdad inter-nacional continúa estando sobre los límites que delimitan el EAD intra-nacional. Además, los datos basados en las tasas de cambio ubican a los países con mayor desigualdad inter-nacional por arriba de los que tienen la desigualdad intra-nacional más alta observada.

Durante el periodo de 1820 a 2007 ocurrieron grandes cambios en la organización de la producción y el consumo, el auge y el declive de muchos patrones distintos de interacciones Estado/mercado, dos guerras mundiales y cambios revolucionarios entre grandes franjas de la población mundial. A pesar de los cambios turbulentos que implican estas transformaciones, que los observadores esperarían que tuvieran un impacto significativo, la desigualdad general inter-nacional, como resultado de la interacción, global demostró tener una notable estabilidad. Esta estabilidad indica una equilibrio de alta desigualdad similar al tipo de equilibrio que establecimos al respecto de los patrones de desigualdad intra-nacional.

Por supuesto, decir que las interacciones inter-nacionales han constituido un sistema que alcanzó el equilibrio a lo largo de la mayor parte de los siglos XIX y XX no es lo mismo que afirmar que las trayectorias de todos los países individuales mostraron rigidez y estabilidad. Sabemos que durante el mismo periodo hubo un considerable grado de movilidad para los estados individuales (por ejemplo, desde Canadá y Estados Unidos en el siglo XXI, hasta China e India hoy). Pero a lo largo del tiempo estos casos de movilidad ascendente "exitosa" estuvieron acompañados por la presencia continuada de una alta desigualdad entre nacionales, similar al EAD que caracteriza los patrones divergentes de desigualdad intra-nacional.

SEXTA PROPOSICIÓN

El EAD que caracteriza la distribución actual de riqueza inter-nacional emergió, gradualmente, antes del siglo XIX.

Los datos empíricos que existen son bastante escasos y se requiere mucho más trabajo para llegar a conclusiones sólidas, pero la evidencia sugiere que hasta el siglo XVIII la brecha generalizada entre las poblaciones ricas y las pobres no era tan pronunciada como llegaría a serlo en los siglos XIX y XX. En muy buena medida esto ocurrió porque la vasta mayoría de las personas enfrentaban condiciones similares. En un extremo del espectro social, "entre los siglos XV y XVIII el mundo estaba formado por un amplio segmento de campesinos; entre 80% y 90% de la población vivía de la tierra y de nada más" (Braudel, 1981: 49). El grado de disparidad que existía entre esta gran mayoría de personas (por ejemplo entre esclavos africanos o campesinos en la Europa continental) probablemente no era muy pronunciado. Además, las diferencias de salario no eran muy considerables ni siquiera para los trabajadores calificados y no calificados.

En el otro extremo de la distribución, Braudel describe para el siglo XVIII (1982: cap. 5) una pequeña oligarquía (con frecuencia menos de 1% de la población) en la que se concentraban la riqueza y el poder. Pero el control relativo de la riqueza que ejercía esta pequeña élite probablemente no variaba significativamente entre diversas áreas de la economía-mundo. Como notamos antes, buena parte de la producción de materia prima que se realizaba bajo formas coercitivas de organización laboral le aportaba a las élites altos niveles de riqueza.

Entre los siglos XV y XVIII comenzó a desarrollarse una capa intermedia entre la pequeña aristocracia y el campesinado, con frecuencia llamada burguesía. Braudel (1982: 76) calcula que incluso en Francia esta burguesía (*honorables hommes*, tales como comerciantes, abogados y notarios, doctores, boticarios y otros profesionales) conformaban aproximadamente 8% de la población. Las áreas coloniales tenían, una vez más, su propio equivalente de este estrato en forma de funcionarios de gobierno y burócratas, profesionales y comerciantes. En muchas áreas los trabajadores calificados eran un componente adicional de este estrato.

Para evaluar el nivel relativo de desigualdad anterior al siglo XIX, en el cuadro 3.1 presentamos coeficientes de Gini para el periodo de 1500-1820. Como era de esperarse, los datos de los ingresos nacionales per cápita y la distribución intra-nacional del ingreso prácticamente no existen, por lo que nos vimos obligados a desarrollar un ejercicio usando cifras muy especulativas. A pesar de estas advertencias los datos estilizados presentados en dicho cuadro nos permiten señalar algunos puntos importantes sobre la relación de las distribuciones inter e intra-nacionales para el periodo estudiado.

El primer escenario del cuadro 3.1 muestra los coeficientes de Gini que se calcularon con base en el promedio de los ingresos per cápita estimados por Maddison (2006) para 31 regiones del mundo. Como ya se hizo notar, estos coeficientes de Gini son bastante bajos, pues van de .095 en 1500 a .155 en 1820. Este patrón es compatible con la idea de que la desigualdad generalizada inter-nacional aún no era muy pronunciada durante el periodo estudiado. Los ingresos per cápita promedio de varias áreas de la economía-mundo aún no se distanciaban mucho entre sí, y sólo comenzaron a polarizarse de manera notable en el siglo XIX.

CUADRO 3.1. COEFICIENTES DE GINI HISTÓRICOS QUE MIDEN LA DESIGUALDAD MUNDIAL

ESCENARIO 1

> desigualdad intra-nacional

1500	0.095
1600	0.103
1700	0.119
1820	0.155

ESCENARIO 2

> (a) Asumiendo una distribución altamente polarizada en la distribución en áreas no nucleares

1600	0.342
1700	0.351
1820	0.372

> (b) Asumiendo una distribución altamente polarizada en áreas no nucleares pero no en India o en China

1600	0.264
1700	0.269
1820	0.303

ESCENARIO 3

>Asumiendo una distribución altamente polarizada en todas partes

1600	0.364
1700	0.373
1820	0.393

FUENTE: cálculos del autor con base en Maddison (2001) y Braudel (1981, 1982).

En las otras tres secciones del cuadro 3.1 hemos calculado los coeficientes de Gini para varios escenarios hipotéticos que combinan datos de las distribuciones intra e inter-nacionales. Para hacer esta combinación usamos los datos de Maddison de las distribuciones inter-nacionales y los cálculos de Braudel de los patrones de estratificación intra-nacionales.[2] El nivel general de desigualdad es bajo en cualquiera de los escenarios relevantes; va de entre .264 y .364 en 1600 a un máximo de entre .303 y .393 en 1820, según los supuestos de cada uno de los tres escenarios. Esto indica que la mayor parte de la desigualdad que existió durante el periodo de estudio reflejó los patrones que se encuentran en las distribuciones intra-nacionales más que en las inter-nacionales.

Hasta cierto punto esto es consecuencia del volumen relativamente pequeño de excedentes que se producían por arriba del nivel de subsistencia. Milanovic, Lindert y Williamson (2007) sostienen que mientras este excedente y el tamaño de la población de élite sean relativamente pequeños, la suma de las medidas de desigualdad se moverá dentro de un rango más estrecho que cuando alguno de ellos, o ambos, experimente un crecimiento significativo.

En resumen, durante buena parte del periodo que va del siglo XV a finales del XVIII las fronteras nacionales de los estados aún no se convertían en los criterios cruciales que organizaban la desigualdad categórica. Ejemplificamos estos patrones, en la gráfica 3.2,[3] con una representación estilizada de las tres poblaciones que eventualmente se convertirían en el Brasil, el Portugal y los Estados Unidos actuales.

La idea básica que se representa en la gráfica 3.2 es que, de manera temprana, los estados-nación sólo funcionaban como marcadores incipientes de desigualdad, como se ilustra en el cuadro por medio de la línea punteada que representa las fronteras nacionales. Las fronteras estatales sólo se volvieron cruciales con el tiempo, esto se ilustra en la gráfica 3.2 por medio del grosor de la línea que delimita las fronteras estatales nacionales a lo largo de los tres "momentos" que se representan. Por el otro lado, distintas fronteras (ciudades y pueblos en un "momento" o la expansión de imperios en otro) probablemente fueron marcadores de desigualdad más significativos en los primeros "momentos", como ilustran las líneas gruesas que representan estas fronteras en la gráfica. Estas fronteras no estatales se volvieron relativamente menos significativas con el tiempo, lo que se muestra con la atenuación o incluso la desaparición de las líneas que representan estilísticamente estas fronteras en la gráfica 3.2.

GRÁFICA 3.2. TENDENCIAS HISTÓRICAS ESTILIZADAS DE LA DESIGUALDAD, 1600-1800

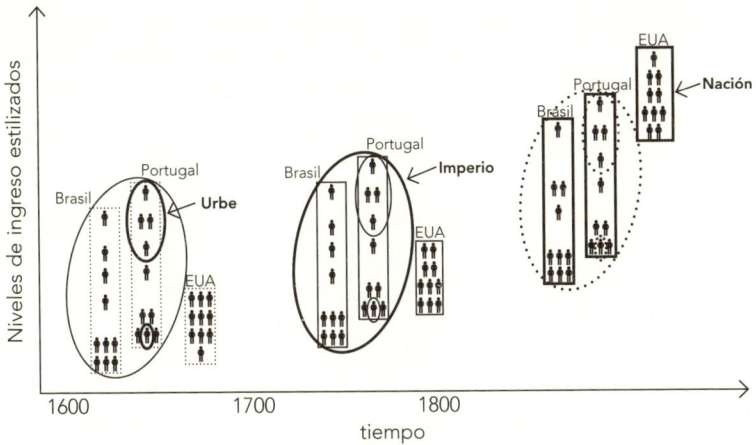

† = Deciles de ingreso estilizados por país.

Las tres distribuciones del ingreso en cada "momento" son representaciones estilizadas de lo que eventualmente se convertirá en Brasil, Portugal y Estados Unidos.

SÉPTIMA PROPOSICIÓN

A lo largo de los últimos dos siglos el establecimientos de EBD intra-nacionales y la aparición de EAD inter-nacionales no son dos procesos separados. Por el contrario, son el resultado de los arreglos institucionales sobre los que descansa la desigualdad mundial.

Los arreglos institucionales de exclusión selectiva y desigualdad categórica, los rasgos característicos más sobresalientes del EAD, son igualmente cruciales para el desarrollo y la permanencia del EBD.

En el EAD los arreglos institucionales fomentan las oportunidades económicas para las élites al mismo tiempo que limitan el acceso de grandes sectores de la población a diversos tipos de oportunidades educativas, políticas o económicas. Las oportunidades privilegiadas para las élites y el limitado acceso de las mayorías están en relación. La exclusión selectiva sirve para reducir la competencia entre las élites mediante arreglos institucionales que al mismo tiempo promueven presiones competitivas entre las poblaciones excluidas en aquellos ámbitos o mercados a los que se ven condicionadas. En el Equilibrio de Alta Desigualdad esta exclusión selectiva funciona básicamente *dentro* de las fronteras nacionales.

El papel de la exclusión selectiva es menos evidente en situaciones de Equilibrio de Baja Desigualdad. De hecho, los arreglos institucionales característicos del EBD parecen ser distintos de los EAD precisamente en el grado en el que promueven un acceso más amplio a las oportunidades educativas, políticas o económicas para su población general. Mientras que los países de EAD se caracterizan de manera más evidente por la exclusión, la atribución y la desigualdad categórica, los países EBD afirman ser la encarnación misma de las oportunidades universales que favorecen la posibilidad de que los individuos tengan éxito gracias a sus logros individuales.

Sin embargo, los arreglos institucionales que actualmente caracterizan el EBD en efecto restringen el acceso a las oportunidades para grandes sectores de la población, pero estas poblaciones excluidas hoy se ubican, primordialmente, fuera de las fronteras nacionales. En el caso del EBD la exclusión selectiva opera fundamentalmente mediante la existencia misma de fronteras nacionales, que reducen las presiones competitivas dentro de ellas y fomentan las presiones competitivas entre las poblaciones excluidas fuera de esas mismas fronteras en los ámbitos o mercados a los que estas poblaciones están condicionadas.

Cuando sólo nos concentramos en los países ricos en efecto parece que los arreglos institucionales se caracterizan fundamentalmente por la inclusión, y el crecimiento económico y los mercados parecen constituir círculos virtuosos en los que las ganancias son, fundamentalmente, un resultado del esfuerzo. Desde esta perspectiva el éxito parece ser el resultado del logro individual, medido según criterios universales, mediante un acceso relativamente irrestricto a la educación y a los mercados laborales.

La relación entre esta inclusión virtuosa y los procesos de exclusión selectiva pueden observarse únicamente cuando modificamos nuestra unidad de análisis para abarcar el mundo en su conjunto. Este giro revela que en los países ricos actuales la prevalencia de características "adquiridas" se ha conseguido mediante procesos inter-nacionales que ocultan de qué formas los arreglos institucionales característicos del EBD restablecen al mismo tiempo privilegios basados en la exclusión y las características "atribuidas".

Así, si bien el EBD se considera incluyente en contraste con el EAD, los derechos políticos y de propiedad, característicos del EBD, tienen su origen en una imposición, con frecuencia violenta, sobre otros arreglos que podrían haberse caracterizado por una desigualdad aún menor. La creación misma de estados nacionales en "naciones de reciente ocupación europea" exigía la subordinación o eliminación de poblaciones indígenas. El EBD en áreas como Estados Unidos o Canadá se desarrolló, eventualmente, mediante dos tipos de transformaciones: se abolieron algunos arreglos institucionales incompatibles con el EBD, tales como la esclavitud en el sur de Estados Unidos y se puso fin, a la fuerza, a otros arreglos que implicaban una desigualdad aún mayor, como es el caso de las poblaciones indígenas en las "fronteras abiertas" de las áreas de asentamientos recientes, o de grupos análogos en los casos de China e India durante el siglo XIX.

El proteccionismo y las restricciones para la inmigración hacia los países ricos que se impusieron a finales del siglo XIX y principios del XX tuvieron un efecto similar, y fueron clave para revertir el alza en la desigualdad intra-nacional en muchos de los países más ricos. El "contragolpe" a los mercados globales a principios del siglo XX y las respuestas a la desigualdad intra-nacional en los países ricos en las décadas siguientes tuvieron como eje el fortalecimiento del estado-nación como plataforma para organizar las diferencias categóricas. Las limitaciones a la migración y el ascenso del estado de bienestar implicaron la consolidación de identidades que se construyeron alrededor del estado-nación y la ciudadanía (Wright, 2006).

Los arreglos institucionales del EBD y las regulaciones nacionales para la migración internacional redujeron, en el siglo XX, las presiones competitivas entre los trabajadores de los países ricos y contribuyeron así, en su época, a la reducción en la desigualdad de ingresos en los países ricos. Pero los arreglos institucionales y los mecanismos de mercado que habían servido para reducir la desigualdad en los países ricos generaron o fortalecieron, al mismo tiempo, restricciones que acentuaron las desigualdades inter-nacionales. Las restricciones para la migración internacional, por ejemplo, acentuaron las presiones competitivas en los mercados laborales de otras partes del mundo, y en el proceso eliminaron, durante buena parte del siglo xx, la posibilidad de reducir la brecha de ingresos entre los países mediante la transferencia de poblaciones desde países pobres a países ricos.

En resumen: en el EBD las instituciones operan de maneras que limitan las presiones competitivas intra-nacionales al excluir selectivamente de algunos mercados a sectores importantes de la población de otros países y al incluirlos en otros. A lo largo del siglo xx las restricciones a la migración o el comercio internacional han sido formas centrales de exclusión. Paralelamente, los mismos arreglos institucionales tendieron a presionar para ser incluidos en otros mercados, como ocurre con la propiedad intelectual; los que subyacen el EBD disocian los logros y los desfases de maneras diferentes que el EAD. En los países de Equilibrio de Baja Desigualdad los arreglos fomentan que la población general de un país tenga acceso a mejoras mediante la exclusión de poblaciones que viven fuera de él, con lo que cualquier desfase inherente se desvía a otras partes del mundo en el proceso. Si la raza se convirtió en un criterio de atribución central para mantener el Equilibrio de Alta Desigualdad intranacional, la identidad nacional y la ciudadanía constituyeron el criterio de atribución central que dio forma al EAD inter-nacional.

OCTAVA PROPOSICIÓN

El medio más inmediato y efectivo de movilidad social global para las poblaciones de casi todos los países del mundo ha sido la migración.

Especialmente durante los dos últimos siglos, y dado el papel crucial de la nacionalidad en la conformación de la estratificación global, "saltarse" categorías al pasar de un país más pobre a uno más rico se convirtió en una estrategia de movilidad muy efectiva (gráfica 3.3).

GRÁFICA 3.3. MIGRACIÓN INTERNACIONAL Y MOVILIDAD SOCIAL

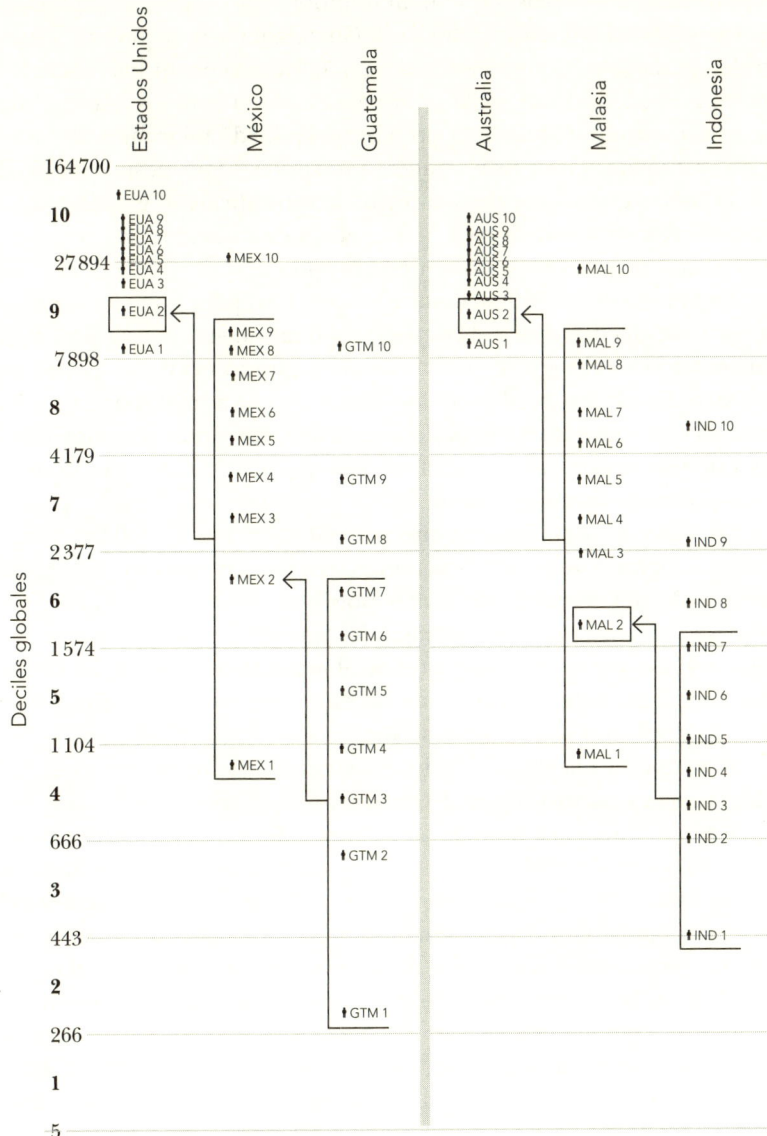

La gráfica 3.3 considera el estatus global relativo de los deciles nacionales de seis países que tienen importantes flujos de migración entre sí: Estados Unidos, México y Guatemala a la izquierda y Australia, Malasia e Indonesia a la derecha. México es un país receptor de migrantes de Guatemala y un país emisor a Estados Unidos, del mismo modo que Malasia es un país receptor de migrantes de Indonesia y un país emisor de migrantes a Australia. El propósito principal de la figura es mostrar de qué forma la estratificación global produce poderosos incentivos para la migración de individuos o grupos de personas en países relativamente más pobres.

En el caso de Guatemala, por ejemplo, cualquiera que pertenezca a los siete deciles más pobres lograría una movilidad ascendente si tuviera acceso al ingreso promedio del segundo decil más pobre de México. En el caso de México, los incentivos son aún más destacables, puesto que todos, excepto el decil más rico, lograrían una movilidad ascendente si tuvieran acceso al ingreso promedio del segundo decil más pobre de Estados Unidos.

En Indonesia cualquiera que pertenezca a los siete deciles más pobres lograría movilidad ascendente si tuviera acceso al ingreso promedio del segundo decil más pobre de Malasia. En el caso de Malasia, en relación con Australia, los incentivos son aún más notables, puesto que todos, excepto el decil más alto de Malasia, lograrían movilidad ascendente si tuvieran acceso al ingreso promedio del segundo decil más pobre de Australia.

Por supuesto la migración no es exclusivamente producto de los diferenciales en incentivos de ingreso. Emprender la migración requiere tener acceso a numerosos recursos, desde los que se necesitan para cubrir los costos de transporte y entrada a un país extranjero hasta aquellos que tienen que ver con redes sociales que facilitan el acceso al alojamiento y los empleos, y estos recursos no están igualmente disponibles para cada población en un país particular. En añadidura, las decisiones de migrar también se basan en consideraciones más generales relativas a la seguridad, el bienestar y los lazos personales. Pero la migración, si bien con frecuencia requiere gran determinación y valor, tiende a ofrecer beneficios inmediatos y seguros en términos de mejora económica. Al cruzar estas fronteras los migrantes revelan que los límites de la estratificación son globales.

NOVENA PROPOSICIÓN

La tendencias recientes en globalización, caracterizadas por una disminución en las desigualdades inter-nacionales, puede constituir un desafío a las formas imperantes de exclusión categórica.

El éxito mismo del EBD intra-nacional en los países ricos a lo largo del siglo XX condujo, eventualmente, al surgimiento de retos muy importantes para los patrones establecidos de exclusión selectiva en el EAD inter-nacional. Estos retos han girado en torno al rasgo institucional clave que vincula el EBD intra-nacional con el EAD inter-nacional —la exclusión que hacen los países ricos del trabajo de los países pobres— y ha adoptado dos formas: un incremento en la migración (con y sin documentos) y el ascenso de India y China.

El crecimiento mismo de la desigualdad inter-nacional durante la mayor parte de los dos últimos siglos se ha convertido en una fuerza impulsora para la migración de trabajo y capital. Las crecientes disparidades en el ingreso inter-nacional a lo largo del tiempo ha generado poderosos incentivos (por ejemplo salarios drásticamente menores en los países pobres) tanto para la migración de trabajadores a mercados con salarios superiores como la subcontratación de trabajos calificados y no calificados a los países periféricos. Ambas tendencias funcionan como un atajo de mercado que, de hecho, anula las limitaciones institucionales del siglo XX en los flujos de trabajo que caracterizaron el desarrollo del EBD. Estos son los procesos en cuestión en la reciente reducción de la desigualdad inter-nacional que se sugirió antes, en la gráfica 3.1.

Como hemos notado, la desigualdad inter-nacional siempre se ha caracterizado por la movilidad de países individuales, como sucedió con Suecia a finales del siglo XIX, con Japón en la época inmediatamente posterior a 1945 y con Corea del Sur en los años setenta y ochenta. Pero, como hemos mostrado, en el pasado la movilidad ascendente de los países individuales ocurrió en un entorno en el que la desigualdad sistémica se mantuvo, o se hizo aún más pronunciada. Las grandes poblaciones de China e India están escribiendo una historia diferente, pues su movilidad efectiva, incluso si se encuentra limitada a cualquier de estos dos países, implica un cambio posiblemente dramático en los patrones de desigualdad inter-nacional.

Los patrones actuales de estratificación social, movilidad y desigualdad pueden transformarse en el futuro como consecuencias de
las mismas oportunidades que produce el aumento de las desigualdades inter-nacionales a lo largo de buena parte del siglo xx; por
otro lado, los intereses que se ven desafiados por dicha transformación pueden adoptar el tipo de reacción de protección que experi-
mentaron en la primera parte del siglo xx (aunque el tamaño de
India y de China, sumado a sus vínculos con otros países en Asia y
otros continentes, puede contribuir a producir resultados muy distintos que en este siglo). Qué fuerzas se vuelven más importantes, y a
qué ritmos, es más difícil de predecir.

APÉNDICE ESTADÍSTICO

Gráfica 3.1
Medimos la desigualdad con la medida más popular, el índice de
Gini. Esta medición sintética ofrece una sola estadística que busca
capturar la fluidez del ingreso a lo largo de toda la distribución. El
índice de Gini va de cero (cuando una distribución es completamente igual y todas las unidades comparten la misma cantidad de ingresos) a uno (cuando una distribución tiene una desigualdad total y
una unidad tiene todo el ingreso). Los coeficientes que se muestran
aquí son para poblaciones ponderadas.

Las tendencias históricas en la desigualdad inter-nacional se basan
en los cálculos que hicimos empleando dos conjuntos de datos. Para
la serie 1820-1975 calculamos la desigualdad entre 24 países usando
la población y el PIB per cápita en Maddison (1995). Los datos de
Maddison se presentan en forma de dólares PPP, así que para obtener
cifras FX comparables indexamos la línea de tendencia de Maddison
a un año base (1992) y aplicamos PIB per cápita, datos del método
Atlas (Banco Mundial, 2008). Maddison indexa su propia línea de
tendencia a datos ajustados a un año base PPP, así que nuestro pro-
cedimiento esencialmente es el mismo que el suyo. Para la serie
contemporánea 1980-2007 calculamos la desigualdad entre 107 países
usando la población y el PIB per cápita, nuevamente con datos del
método Atlas publicado por el Banco Mundial (2008).

Existen viejos debates sobre las ventajas relativas de convertir las monedas nacionales de ingreso a medidas comparables, y en específico sobre el uso del tipo de cambio (FX) *vis-à-vis* los datos de paridad de poder adquisitivo (PPP). Si bien resulta atractivo intuitivamente porque prometer capturar mejor las diferencias inter-nacionales en su acceso al bienestar, los datos de PPP tienen serios problemas que no suelen reconocer sus usuarios; en otros textos hemos debatido a profundidad muchos aspectos técnicos que ocasionan que estas medidas sean menos precisas de lo que suele asumirse (Korzeniewicz y Moran, 2009).

A pesar de nuestras salvedades acerca de los datos de PPP (en particular al usarlas para detectar tendencias longitudinales) y las consideraciones teóricas que usamos para justificar nuestra decisión metodológica de privilegiar las conversiones de FX a lo largo del capítulo, reportamos ambas líneas de tendencia histórica en el cuadro.

Gráfica 3.2
Esta gráfica emplea cálculos muy estilizados de las distribuciones de ingreso dentro y entre las ubicaciones relevantes, tal como se desprenden de los argumentos que se desarrollan con mayor detalle en Korzeniewicz y Moran (2009).

Gráfica 3.3
Los procedimientos para conceptualizar la estratificación y la movilidad globales emplean los porcentajes nacionales de ingreso a partir de datos de deciles de población que provienen de un amplio conjunto transversal de países (n = 85 países) que reunimos (Korzeniewicz y Moran, 2009). Para cada país calculamos "deciles nacionales": el PIB ingreso promedio per cápita acumulado en cada grupo de 10%. Por ejemplo, el porcentaje de ingreso que acumula el 10% más rico en Estados Unidos (EUA 10) es 27.6%, que se traduce en un ingreso promedio para el decil de 127 517 dólares con base en el PIB per cápita para Estados Unidos en Estados Unidos. Luego clasificamos estos deciles nacionales de pobres a ricos para establecer deciles globales (es decir, cada uno con 10% de la población incluida), sus niveles de ingreso y su composición. Por ejemplo, en la figura los ingresos promedio de EUA, MEX 10 y AUS 10 se encuentran todos en el decil más rico globalmente (G10), mientras que los ingresos promedio en GTM 10 y MAL 10 se encuentran en el segundo decil más rico (G9).

Es difícil llevar a cabo este ejercicio de estratificación y movilidad globales porque carecemos de datos de ingreso comparables adecuados para personas y hogares de todo el mundo. Si bien reconocemos plenamente las deficiencias de estos procedimientos, los de incluir el uso del PIB per cápita como *proxy* para el ingreso "promedio" de las personas en un país dado, nuestra meta es dar inicio a una discusión empírica sobre la reconceptualización de la estratificación y la movilidad como un fenómeno global. Como hemos notado, un enfoque de naturaleza más histórico-mundial a estos asuntos requerirá que se recopilen datos realmente globales de ingreso y de distribución.

4. CIUDADES

PETER J. TAYLOR, MICHAEL HOYLER y DENNIS SMITH

EL INICIO DE LAS CIUDADES

La transición hacia un sistema-mundo moderno durante "el largo siglo XVI" (c. 1450-1640) puede interpretarse como una transformación social en las relaciones entre los grupos políticos dominantes y los grupos económicos comerciales. En sistemas-mundo anteriores los dos grupos estaban claramente delimitados y ordenados por jerarquías, con el comercio en un segundo plano. Wallerstein (1979) define estos sistemas anteriores como imperios-mundo. El sistema-mundo actual es un intruso en estos mundos políticos. Se basa en un *modus operandi* entre los grupos dominantes y los comerciales que Wallerstein llama "una economía-mundo". En este sistema los poderes relativos de los grupos políticos y económicos se encuentran más equilibrados: existe una reciprocidad que no se encuentra en los imperios-mundo. En general, se habla de este cambio como el ascenso del mercantilismo en los siglos XVII y XVIII, durante los cuales los estados emprendieron políticas comerciales y económicas para acrecentar sus políticas militares y territoriales.

El mercantilismo se manifestó de muchas formas, y puede medirse en términos de los distintos equilibrios que se establecieron entre lo económico y lo político. Las Provincias Unidas se ubicaban en una extremo de esta escala. Este "estado de comerciantes" se basaba en una "economía urbana de alto voltaje" (Braudel, 1984: 180) que creó el "siglo de oro neerlandés", durante lo que fue, para el resto de Europa, "la crisis del siglo XVII". Con un nivel excepcionalmente alto de urbanización, este primer "milagro económico" desarrolló una filosofía política republicana que cantaba las loas de la actividad comerciales y que, por lo tanto, asignaba un valor particular a los beneficios económicos de las redes urbanas. Esto se expresa claramente en *Verdadero Interés y Máximas Políticas de la República de Holanda*, de Pieter de la Court (1972), que publicó en 1662, como una guía para los dirigentes holandeses. De la Court pensaba que las ciudades neerlandesas estaban "entrelazadas unas con otras" (p. 30), de modo

que, según Braudel (1984: 180) "juntas formaban un bloque de poder". Una de las máximas claves de De la Court era que "el derroca-
miento de las ciudades magníficas y prósperas puede atribuirse a
monarcas y príncipes de todas las épocas, pero nunca a las repúblicas"
(p. 4); "de aquí se sigue, entonces, que el deber de los gobernantes
de las repúblicas es hacer grandes ciudades, y volverlas tan pobladas
y fuertes como sea posible" (p. 5). Aun sin conceder que esta máxima
sea históricamente veraz, queda claro que De la Court reconocía que
la producción y la productividad de las ciudades era indispensable
para el éxito y el futuro de Holanda, y que consideraba que los estados monárquicos rivales —al principio los herederos ideológicos
modernos de los imperios-mundo— derrochaban la riqueza que
creaban las ciudades por la "gloria" egoísta del rey (Taylor, 1999: 72).
De la Court ha sido llamado "un Adam Smith un siglo antes de *La
riqueza de las naciones*" (Caton, 1988: 233), pero su énfasis precoz en
la forma en la que las ciudades en crecimiento producen nuevo trabajo (De la Court, 1972: 57-59) hace que suene más como Jane Jacobs, tres siglos antes de *La economía de las ciudades* (1969). En este
análisis seguimos la economía política centrada en las ciudades de
De la Court.

Usamos el concepto "grupo urbano" de la investigación moderna
para indagar la polarización espacial que representa la estructura
núcleo-periferia del sistema-mundo moderno. El énfasis se pone sobre las ciudades dentro de este sistema y sobre cómo están implicadas
en la evolución y la reproducción de este desarrollo económico desigual. Nuestro enfoque tiene una ventaja muy importante: tenemos
cálculos sobre el tamaño de la población de las ciudades para todas
las épocas y espacios del sistema-mundo moderno. Esto nos ofrece
la oportunidad de producir medidas cuantitativas exhaustivas del
cambio social y de llevar a cabo un análisis comparativo de cada una
de las ciudades. El supuesto inicial es que una ciudad en rápido crecimiento es una ciudad exitosa en términos económicos y que, por
lo tanto, la demografía puede cartografiar este éxito a lo largo de
los horizontes espaciales y temporales del sistema-mundo moderno.

Comenzamos por describir la metodología que empleamos para
alcanzar este objetivo. La demografía es de enorme utilidad, pero hay
que interpretarla cuidadosamente para poder relacionarla con la
polarización. Por lo tanto, seguimos con una discusión conceptual
sobre los procesos urbanos en la creación de núcleos y la subsecuen-

te creación de periferias. Saltamos desde la época de De la Court hasta los avances recientes en teoría urbana para presentar siete procesos básicos que ayudan a comprender la geohistoria de las descripciones demográficas del crecimiento de las ciudades. Más adelante discutimos los resultados de este ejercicio en términos de polarización contra convergencia a largo plazo (por ejemplo, de los años 1500 a 2000). Si se analizan superficialmente, los datos demográficos parecen sugerir una convergencia urbana conforme las ciudades en zonas no nucleares crecen para convertirse en "megaciudades" y las tasas de urbanización están alcanzando las del núcleo. Pero nuestros procesos urbanos indican que está sucediendo algo mucho más complejo. Para terminar, una breve conclusión indica de qué modo nuestros hallazgos tienen relación con el pensamiento de los sistemas-mundo en general.

METODOLOGÍA: CAMBIOS DEMOGRÁFICOS URBANOS, 1500-2000

Aquí ofrecemos una síntesis básica de nuestra metodología, que se describe y se justifica con detalle en Taylor *et al.* (2010). Nuestro propósito es crear un inventario de los crecimientos urbanos acelerados para todo el tiempo y el espacio del sistema-mundo moderno. Debimos tomar algunas decisiones arbitrarias para hacerlo de modo que resultara fácil de manejar. Los resultados no incluyen necesariamente todo el crecimiento urbano, pero sí ofrecen un conjunto razonablemente completo y representativo de ciudades exitosas en el sistema. Para nuestros propósitos es de especial importancia identificar un gran número de ciudades. Pudimos encontrar e inventariar con éxito 342 casos de ciudades en rápido crecimiento.

Estos fueron los pasos que tomamos para lograrlo:

1. Usamos De Vries (1984) para poblaciones de ciudades europeas hasta 1800 y Chandler (1987) tanto para las ciudades europeas después de 1800 como para todas las ciudades desde 1800 hasta el periodo más reciente, para el cual usamos Brinkhoff (2007).
2. Examinamos las poblaciones urbanas de cinco siglos: 1600, 1700, 1800, 1900 y 2000.
3. En concordancia con el modelo de Wallerstein sobre la expan-

sión del sistema-mundo moderno sólo incluimos ciudades de Europa y América en 1600 y 1700. Se añadieron ciudades indias, otomanas y rusas de 1800 en adelante. Se añadieron ciudades chinas, japonesas y algunas otras de 1900 en adelante.

4. Se elaboraron listas de ciudades para estas fechas promediando la población de las tres ciudades más grandes e incluyendo posteriormente todas las ciudades con 10%, más o menos este promedio. Esto se hizo para mantener comparable el número de ciudades a lo largo del tiempo y para tener una cifra que resultara manejable. Estas cinco listas se muestran en la primera fila del cuadro 4.1. El universo de ciudades en el estudio es de 373.

5. A continuación se reunieron las poblaciones adicionales de las ciudades listadas para 1500 y los puntos a mitad de siglo: 1550, 1650, 1750, 1850 y 1950. Debe hacerse notar que, siguiendo a Wallerstein, las ciudades indias, otomanas y rusas sólo se incluyeron a partir de 1750, y las chinas y japonesas a partir de 1850.

6. Se calcularon tasas anualizadas de cambio en intervalos de 50 años para cada una de las cinco listas de ciudades. Por ejemplo, usando la lista de 1600 se encontraron cambios demográfico para los intervalos 1500-1550 y 1550-1600. Esto arrojó 746 mediciones de crecimiento urbano en diez listas, una para cada periodo de 50 años.

7. Todos los cambios demográfico de 1% anual y superiores se catalogaron como ciudades de rápido crecimiento. Se agregaron a las sumas de los siglos, como se muestra en la segunda fila del cuadro 4.1. Nótese que las ciudades enumeradas pueden aparecer dos veces como ciudades de rápido crecimiento si han crecido más de 1% anual en los dos medios siglos que incluye la lista (por ejemplo Birmingham en 1700-1750 y 1750-1800). El resultado es un inventario de 342 ciudades de rápido crecimiento a partir del total de 746 mediciones de crecimiento urbano. Este inventario es la base empírica de lo que resta del análisis.

En el cuadro 4.1 la crisis del siglo XVII puede verse claramente como la única irregularidad descendente en los datos. Por lo demás, existe una tendencia hacia el incremento de ciudades a lo largo del tiempo, lo que indica tanto un cambio intensivo (más y nuevas ciudades en un mismo territorio) como uno extensivo (la incorporación de nuevos territorios). La tendencia se acelera enormemente en el siglo XX. Este rasgo se refleja en particular en la cuarta fila del cuadro

4.1, donde se indican las ciudades que experimentan tasas de crecimiento de más de 5% anual. Estas ciudades de muy rápido crecimiento sólo se multiplican dramáticamente en número en el siglo XIX, y se normalizan en el XX. Esta última característica se discutirá con cierto detalle una vez que nos hayamos ocupado de las herramientas conceptuales que usamos para interpretar variaciones en lo que ocurre en nuestro inventario de 342 ciudades de rápido crecimiento.

CUADRO 4.1. CIUDADES INCLUIDAS EN EL ESTUDIO A LO LARGO DEL TIEMPO

CLASIFICACIÓN DE CIUDADES	1500-1600	1600-1700	1700-1800	1800-1900	1900-2000	TOTAL
Lista de ciudades para cada siglo	72	39	60	49	153	373
Mediciones de cambios urbanos para cada medio siglo	144	78	120	98	306	746
De las cuales: la suma de las ciudades de rápido crecimiento para cada medio siglo	29	16	30	70	197	342
De las cuales: ciudades con tasas de crecimiento superior al 5% anual	0	2	6	30	161	199

LAS CIUDADES EN LA CONFORMACIÓN DE CENTROS
Y LA CONFORMACIÓN DE PERIFERIAS

Las especificidades de las ideas de Wallerstein sobre el centro y la periferia (1979) se manifiestan de dos formas principales. Para empezar, considera que el centro y la periferia son procesos —conformación de centros, conformación de periferias— que se prolongan a todo lo largo del sistema pero que son enormemente diferentes en sus concentraciones geográficas. Así pues, existe una polarización espacial en zonas nucleares y zonas periféricas. En segundo lugar, Wallerstein añade una nueva categoría, la semiperiferia, que no es en sí misma un proceso sino una consecuencia de aquellos lugares en los que ambos procesos opuestos se encuentran relativamente equilibrados. En estas circunstancias algunos estados particulares pueden controlar procesos de conformación de centros como parte de una búsqueda por convertirse en zonas centrales. Este es el mecanismo político que usan los estados semiperiféricos para ascender (o desplomarse, si el intento fracasa) en la jerarquía espacial de la economía-mundo capitalista. Esta forma de pensar puede privilegiar una especialidad territorial del sistema-mundo moderno, lo que Castells (1996) llama los espacios de lugares. Al concentrarnos en las ciudades privilegiamos una red de espacialidad del sistema-mundo moderno, los espacios de flujo de Castell. Así usamos las ciudades como vehículo para comprender el centro y la periferia del sistema-mundo moderno a lo largo de sus 500 años de existencia. Basamos nuestras ideas en los trabajos fundamentales de Jacob (1969) y de Castells (1996); ambos interpretan las ciudades como proceso.

¿Cómo se relaciona este característico proceso humano con el proceso sistémico de Wallerstein? Llevar las ciudades al primer plano en el análisis de los sistemas-mundo resulta problemático porque Wallerstein (1984) ha creado un argumento hermético y riguroso sobre las clases, los estados, las etnias (naciones, razas) y los hogares, con sus movimientos políticos asociados.

En este análisis de los sistemas-mundo no hay lugar para las ciudades, excepto en su carácter de sitios en los que ocurren cosas. Aunque Wallerstein es sensible a la importancia del espacio en sus procesos sociales (de aquí que hable de centro-periferia), en particular en lo tocante al tiempo (lo que llama TiempoEspacio) no le presta atención a esos lugares especiales que son las ciudades. La urbanización se considera un resultado de los procesos económicos, políticos y culturales que socavan el mundo rural (Wallerstein, 1984a). Si bien durante la mayor parte de la historia de los sistemas-mundo modernos estos procesos han generado grandes cantidades de ciudades importantes en zonas centrales, con pocas o nulas ciudades en las zonas de la periferia, en el argumento de Wallerstein las ciudades son básicamente inertes. El proceso de formación de centros no depende de las ciudades. Su postura contrasta con una bibliografía sobre las ciudades que con creciente frecuencia las interpreta como las generadoras clave del cambio económico. Como afirma Jacbos (1969) las ciudades son el proceso fundamental mediante el cual se expanden las economías. Pongamos a prueba, brevemente, este argumento. Como forma de asentamiento humano las ciudades exhiben varios rasgos únicos. Ivan Turok (2009: 14) las presentó de forma muy clara y concisa en un texto reciente:

Las ciudades son sistemas adaptativos complejos compuestos por una multitud de actores, empresas y otras organizaciones que forman relaciones diversas y que evolucionan juntas. El frecuente contacto cara a cara y otras interacciones de cooperación o competencia permitieron, gracias a su cercanía, incrementar los conocimientos y las habilidades de la gente, mejorar su capacidad para responder en forma creativa a los retos económicos y desarrollar productos, procesos y servicios nuevos y mejores. Estas condiciones no pueden replicarse fácilmente en otros lugares.

Si aceptamos esta postura podemos añadir una dimensión más: las ciudades están conformadas como redes interconectadas de comercio e intercambio (Taylor, 2004). Estos vínculos crean una rotación incesante de actores no locales que participan en los procesos que describe Turok. La efectividad de la densidad de interacciones que él identifica se ve enormemente incrementada por la naturaleza cosmopolita de los habitantes y los visitantes de una ciudad. Así, la complejidad de las ciudades incluye vínculos tanto internos (grupos/aglomeraciones) como externos (redes/conectividad). Esta combinación es la que hace que las ciudades sean tan especiales.

Este carácter especial —las ciudades como proceso, según Jacobs— es el mecanismo primario de la conformación de centros. Jacobs (1969) describe el proceso urbano como una forma genérica, pero sostendremos que en los sistemas-mundo modernos tiene un impulso específico (Taylor, 2013). La forma en la que opera este proceso en los imperios-mundo resultaba evidente, pero limitada por la prioridad que se daba a los grupos políticos en el poder. Ganar dinero no podía convertirse en un fin básico en sí mismo, sólo un medio para otros fines (políticos). Pero con las relaciones más equilibradas que existen en el sistema-mundo moderno entre los grupos políticos y económicos se redujeron las limitaciones a la capacidad de crecimiento comercial de las ciudades durante el desarrollo de una economía-mundo capitalista cuyo objetivo primario era la acumulación interminable de capital. El dinero se había convertido en un fin básico en sí mismo. Esto es lo que Pieter de la Court comenzaba a entender sobre Holanda y lo que en los dos siglos que siguieron se expresaría como la relación íntima entre urbanización e industrialización, los procesos gemelos de la modernización.

La primera gran comparación estadística de las ciudades inusualmente grandes de la modernidad fue la que hizo Adna Weber en su estudio de 1899 sobre el crecimiento de algunas grandes ciudades del siglo xix. El estudio de la asociación de los sistemas-mundo modernos con ciudades aún más grandes continúa bajo condiciones de globalización económica en forma del análisis de ciudades globales (Sassen, 2001) y redes mundiales de ciudades (Taylor, 2004). Las ciudades son la punta de lanza económica, que reproduce continuamente la zona central de la economía-mundo. Llamamos a esto el proceso económico dominante.

Sin embargo, el proceso económico de Jacob no es el único mecanismo de formación de ciudades en el sistema-mundo moderno. En los imperios-mundo las ciudades más grandes eran aquellas en las que se encontraba el poder político: las capitales. Así, las tres ciudades no modernas que alcanzaron sin lugar a dudas una población de al menos un millón de habitantes eran los centros de grandes imperios-mundo con enormes poderes redistributivos: la Roma imperial, el califato de Bagdad y el Pekín de la dinastía Qing.

En el sistema-mundo moderno este poder político soberano está dividido entre las políticas de un sistema inter-estatal que se definió legalmente, en un inicio, en el Tratado de Westfalia de 1648. Fue la culminación de las centralizaciones políticas de la gobernanza fragmentada de la Europa medieval en su transición hacia el sistema-mundo moderno. Las capitales de estos nuevos estados territoriales atrajeron riquezas, y por lo tanto poblaciones, hasta convertirse en auténticas grandes ciudades. Llamaremos esta constante importancia de la política en el proceso de formación de ciudades en el sistema-mundo moderno el proceso de privilegio político.

Como centros de consumo, muchas grandes ciudades políticas desarrollaron frecuentemente funciones comerciales importantes, entre ellas una cuantiosa producción para satisfacer necesidades políticas y militares. Esta es una categoría importante de la ciudad moderna que tiene que ver con un mercantilismo en el centro que llamaremos el proceso competitivo económico/político mixto, puesto que incluye funciones políticas y económicas más o menos equilibradas en el sistema inter-estatal.

Las ciudades modernas poseen otro proceso de economía política: el poder de moldear, según las exigencias de sus mercados particulares, entornos económicos distantes. Jacobs lo describe (1984) como parte de las "cinco grandes fuerzas" que crean economías simples y dependientes que llama "grotescos económicos". Pueden presentarse en distintos formatos: desde la agricultura de las plantaciones para proveer de azúcar a las ciudades europeas hasta la agricultura campesina que proporciona el cacao o el café para acompañar el consumo del azúcar. Otros sectores económicos primarios (regiones con recursos como petróleo o minerales), los sectores económicos secundarios (las industrias trasplantadas: la "nueva división internacional del trabajo") y los sectores terciarios (servicios de gestión interna) pueden conformar grotescos económicos.

Lo que importa no es lo que se produce sino la relación entre estas actividades económicas y las ciudades centrales. La fluctuación en las demandas de las ciudades de las zonas centrales controlan el "éxito" de estas economías frágiles. Existen sitios urbanos que sirven para facilitar la transmisión de la producción de la riqueza hacia el centro, los puertos y los centros políticos locales, pero a fin de cuentas estas ciudades terminan por reabastecer las ciudades de las zonas centrales, no la economía local. En términos de sistemas-mundo esto es teoría de la dependencia. El proceso del "desarrollo del subdesarrollo" de Andre Gunder Frank (1969) vincula lo que llama el "metropolo" (la zona central de las ciudades) con los "satélites" (sitios facilitadores dependientes) mediante los cuales se merma la riqueza de la periferia. Lo llamamos "el proceso económico periférico dominante". Pero existe un proceso más que ocurre en las ciudades capitales de los estados no centrales que combina, a su vez, procesos económicos y políticos. Cuando los estados son indispensables para concebir estrategias semiperiféricas (tales como el proteccionismo) esto puede conducir al crecimiento de una estructura urbana primaria con una inmensa centralización económica en la capital. Hemos bautizado este mercantilismo de la periferia "el proceso de desarrollo económico/político mixto".

Para terminar, hay dos procesos urbanos que tienen una relación directa con la expansión geográfica de la economía-mundo, uno que expande la periferia y otro que expande el núcleo. En primer lugar, algunos de los imperios-mundo que se han incorporado al sistema-mundo moderno tenían ya ciudades tanto política como económicamente prósperas. Por lo tanto, ha ocurrido un proceso de herencia por incorporación en el cual las ciudades importantes que crecieron fuera del sistema-mundo moderno se volvieron parte de este sistema. Muchas decayeron en las nuevas circunstancias (por ejemplo como resultado de la política británica de desindustrialización de India en el siglo XIX) pero otras prosperaron en forma relativa (por ejemplo

algunos puertos comerciales chinos que recibieron un impulso económico).

En segundo lugar, ha habido asentamientos europeos capaces de
reproducirse a sí mismos en regiones escasamente pobladas de otros
continentes. Belich (2009: 70) describe el ejemplo más exitoso como
la "revolución de los colonos" anglófonos que sucedió a partir de
1800 y se manifestó en dos movimientos: la expansión de Estados
Unidos hacia el oeste y la "gran expansión británica" hacia sus dominios, "la parte blanca y no coaccionada del Imperio británico". En
añadidura, muestra (p. 85) que estas expansiones de los anglos "se
multiplicaron con una asombrosa tasa de crecimiento demográfico,
de la mano de un crecimiento económico igual de impresionante".
Para 1920 el oeste de Estados Unidos tenía 62 millones de pobla-
res, y los dominios británicos 24 millones. Ambos tenían "en promedio las mayorías blancas más ricas del mundo". Estas múltiples expansiones tuvieron como base muchas "ciudades bonanza": "la
germinación precoz [...] de las ciudades de asentamiento del siglo
xix" (p. 2). Esta revolución de los colonos giraba en torno a las ciudades e implicaba la "transferencia masiva" de tecnologías de transporte, instrumentos financieros, información, habilidades técnicas y
conocimientos, así como gente, de modo que los anglos fueron capaces de "reproducir [...] su propia sociedad" en estas nuevas tierras
(p. 127). El resultado es "una nueva forma de asentamiento" que
Belich llama "colonización explosiva" y describe como "la forma de
reproducción social más rápida en la historia humana" (p. 183).
Llamaremos esta creación múltiple de ciudades de bonanza el proceso de expansión de centros-frontera. Estos siete procesos urbanos
se resumen en el cuadro 4.2 en su contexto de sistemas-mundo.

En el sistema-mundo moderno los siete procesos de formación de
ciudades son responsables del enorme incremento en los tamaños y
las cantidades de ciudades que representan este sistema. En el cuadro
4.3 enumeramos las tres ciudades con las tasas de crecimiento más
altas para cada uno de los diez periodos de 50 años con el propósito
de ejemplificar los procesos mediante casos extremos de cada uno;
tenemos, así, ejemplos clásicos de cada proceso. Por ejemplo, la lista
para el periodo moderno temprano (1500-1700) muestra Amberes,
Augsburgo y Ámsterdam como centros económicos dominantes;
Potosí como economía periférica dominante; Lisboa y Londres como
centros competitivos mixtos, y Berlín y Dublín como lugares de pri-

vilegio político. El proceso de herencia por incorporación está representado por Lucknow, y el primer ejemplo de desarrollo periférico mixto es Filadelfia en sus inicios. A finales del siglo XIX las dos ciudades de crecimiento más acelerado son Chicago y Melbourne, que coinciden con las ciudades que Belich (2009: 1-2) utiliza a comienzos de su libro para ejemplificar esta colonización explosiva. Esta expansión del centro-frontera se prolonga hasta principios del siglo XX, cuando es reemplazada por el proceso de economía periférica dominante en el último periodo de 50 años. Pero para comprender estas tendencias en su totalidad necesitamos considerar el inventario completo de las 432 ciudades de rápido crecimiento.

CUADRO 4.2 . PROCESOS URBANOS QUE PRODUCEN Y REPRODUCEN LA ECONOMÍA-MUNDO CAPITALISTA

PROCESOS URBANOS	PROCESOS DEL SISTEMA-MUNDO
A. Económico central dominante B. Económico periférico dominante	Se trata de los dos procesos básicos que han producido y reproducido la economía-mundo capitalista como una estructura centro-periferia, con metrópolis comerciales en el centro (A) y facilitadores urbanos dependientes en la periferia (B).
C. Privilegio político D. Competitivo central mixto E. Desarrollo periférico mixto	La centralización temprana de los estados creó importantes ciudades capitales como núcleos de poder político en el centro (C). En ocasiones la centralización se combinó con funciones comerciales básicas, lo que produjo un equilibrio entre poderes políticos y económicos que se volvió cada vez más común (D). Más recientemente esta mezcla se ha producido fuera del centro; en esos casos la centralización del Estado es indispensable para una estrategia de desarrollo semiperiférica (E).
F. Herencia por incorporación G. Expansión centro-frontera	Se trata de dos procesos históricos específicos. Allí donde la economía-mundo capitalista se expandió hacia imperios ricos en ciudades, las ciudades exitosas se incorporaron en un inicio (F). En contraste, donde la economía-mundo capitalista se expandió hacia territorios carentes de ciudades los asentamientos urbanos de gran escala crearon ciudades frontera (G).

CUADRO 4.3. LAS CIUDADES DE CRECIMIENTO MÁS ACELERADO
Y SUS PROCESOS URBANOS

CIUDAD	PERIODO	PORCENTAJE DE CAMBIO ANUAL	PROCESO URBANO
Lisboa		4.53	Competitivo central mixto
Sevilla	1500-1550	3.20	Económico central dominante
Amberes		2.50	Económico central dominante
Augsburgo		2.50	Económico central dominante
Potosí		3.24	Económico periférico dominante
Londres	1550-1600	3.00	Competitivo central mixto
Roma		2.67	Privilegio político
Dublín		4.80	Privilegio político
Ámsterdam	1600-1650	3.38	Económico central dominante
Leiden		3.36	Económico central dominante
Berlín		7.17	Privilegio político
Dublín	1650-1700	5.06	Privilegio político
Copenhague		4.09	Competitivo central mixto
Liverpool		5.33	Económico central dominante
Birmingham	1700-1750	4.86	Económico central dominante
Cádiz		3.22	Competitivo central mixto
Lucknow		7.60	Herencia por incorporación
Manchester	1750-1800	5.78	Económico central dominante
Filadelfia		5.19	Desarrollo periférico mixto
Nueva York		18.48	Económico central dominante
Baltimore	1800-1850	11.00	Económico central dominante
Filadelfia		10.53	Económico central dominante
Chicago		120.64	Expansión centro-frontera
Melbourne	1850-1900	25.71	Expansión centro-frontera
Buenos Aires		19.78	Desarrollo periférico mixto
Los Ángeles		72.50	Expansión centro-frontera
Houston	1900-1950	29.82	Expansión centro-frontera
Yakarta		23.25	Desarrollo periférico mixto
Lagos		69.98	Económico periférico dominante
Daca	1950-2000	52.83	Económico periférico dominante
Jartum		43.78	Económico periférico dominante

LA CRECIENTE COMPLEJIDAD DE LA RELACIÓN CENTRO-PERIFERIA

En el cuadro 4.4, los 342 ejemplos de ciudades de rápido crecimiento se ordenan por siglo y por proceso. Esto resume los hallazgos cuantitativos básicos de esta investigación. Para facilitar la interpretación se presentan los resultados de la formación de centros (procesos económicos centrales dominantes, competitivos mixtos, de privilegio político y de expansión centro-frontera) y formación de periferias (procesos de herencia por incorporación, económicos periféricos dominantes y de desarrollo periférico mixto). La interpretación se realiza en dos etapas: primero se describen los patrones generales y luego se emplean para abordar la pregunta sobre si prima la polarización o la convergencia en la estructura de centro-periferia del sistema-mundo moderno. Como veremos, ese análisis basado en ciudades no ofrece una respuesta clara a dicha pregunta. La creciente complejidad hace que el problema permanezca curiosamente abierto.

CUADRO 4.4. PROCESOS DE CRECIMIENTO URBANO, 1500-2000

PROCESOS DE CRECIMIENTO URBANO	1500-1600	1600-1700	1700-1800	1800-1900	1900-2000
Proceso de centro económico dominante	16	7	12	30	54
Proceso de privilegio político	4	6	9	4	0
Proceso de expansión de centros-frontera	7	3	1	15	17
Proceso económico mixto/competencia política	0	0	0	4	4
Total de formación de centros	27	16	22	53	75
Proceso económico periférico dominante	1	0	2	5	75
Proceso económico mixto/desarrollo político	1	0	1	8	47
Herencia por incorporación	0	0	5	4	0
Total de formación de periferias	2	0	8	17	122
Total de expansión demográfica	29	16	30	70	197

Lo primero que debe hacerse notar es que, en términos generales, en el cuadro 4.4 la tendencia de mediados de milenio, que puede verse en las filas 5 y 9, es hacia la convergencia entre los procesos de formación de centros y los de formación de periferias. A principios del sistema-mundo moderno (los dos primeros siglos en el cuadro 4.4) el crecimiento urbano es casi inexistente fuera de la zona central. Las dos excepciones son Potosí, con su montaña de plata, y la Ciudad de México, con sus funciones de administración colonial.

El crecimiento de ciudades no centrales a la mitad del siglo (1700-1800) se debe primordialmente a la herencia de ciudades a partir de la incorporación de India y de los imperios-mundo otomano y ruso. Se trata de una categoría "geográficamente mixta" de crecimiento a lo largo de pares de sistemas-mundo, pero inaugura el ascenso de las ciudades en la formación de periferias en el sistema-mundo moderno. Tanto la formación de centros como la formación de periferias aumenta enormemente en el siglo XIX. Esta característica se acentúa aún más en el siglo XXI, cuando los procesos de crecimiento de ciudades mediante formación de periferias exceden por primera vez los de formación de centros, y por un amplio margen. Así, para el siglo XX se encuentran ciudades de rápido crecimiento en todas las zonas del sistema-mundo moderno. Dado que la zona de la periferia siempre constituye la mayor parte de la población de la economía-mundo podemos afirmar que la distribución de las ciudades de rápido crecimiento ha terminado por reflejar aproximadamente los patrones demográficos generales del sistema-mundo. Así pues, en este nivel de análisis no puede haber un ejemplo más claro de convergencia centro-periferia.

Pero el papel de las ciudades en el sistema-mundo moderno no es tan sencillo. Podemos enriquecer el análisis tanto en detalles como en complejidad. Para ocuparnos de los detalles primero podemos notar las interesantes variaciones que se presentan entre las tendencias de los siete procesos en forma individual. Ya mencionamos el proceso de herencia por incorporación, que sucedió únicamente en los siglos XVIII y XIX, cuando el sistema-mundo moderno experimenta dos importantes crecimientos.

En añadidura, podemos ver que los procesos políticos en la formación de centros se concentran en los siglos XVII y XVIII. El siglo XVII es el único momento en el que los procesos económicos dominantes no representan la mayoría de los procesos de formación de centros. El ascenso de Madrid como la nueva capital de Castilla/España y de Berlín como la capital del creciente poder de Prusia son dos ejemplos clásicos de ciudades de rápido crecimiento político de la época.

Sin embargo, durante los últimos doscientos años los procesos políticos se han visto supeditados a los procesos económicos; en el siglo XX hay 75 casos en los que los procesos económicos periféricos dominantes son el rasgo más destacable. Pero también hay 47 ejemplos de procesos de desarrollo mixto, con ciudades como Buenos Aires y Ciudad de México como centros primarios de poderosos estados semiperiféricos. En otras palabras, los procesos de crecimiento urbano de formación de periferias son los que han dominado el siglo XX, y con tasas de crecimiento anual extremadamente altas.

En el cuadro 4.5 ampliamos las tres principales ciudades correspondientes a 1950-2000 del cuadro 4.3 para mostrar la 50 ciudades de más rápido crecimiento durante este periodo. Esto confirma tanto la concentración de estas ciudades fuera de la zona central de la economía-mundo como sus altas tasas de crecimiento. Las únicas cuatro ciudades de la lista que pertenecen a una zona central están en Estados Unidos (Phoenix, Miami, Dallas y Atlanta) y reflejan la inclusión del sur de Estados Unidos en la categoría de centro a través de sus ciudades de múltiples formas. Pero las ciudades de rápido crecimiento verdaderamente interesantes son las otras 46 que se encuentran en países más pobres. Esto representa un *crescendo* de urbanización en el sistema-mundo moderno reciente y requiere una reflexión específica.

CUADRO 4.5. CINCUENTA PRINCIPALES CIUDADES DE RÁPIDO CRECIMIENTO, 1950–2000

CIUDADES DE RÁPIDO CRECIMIENTO	CAMBIOS EN LA POBLACIÓN POR AÑO	CIUDADES DE RÁPIDO CRECIMIENTO	CAMBIOS EN LA POBLACIÓN POR AÑO
Lagos	69.98%	Guadalajara	18.95%
Dacca	52.83%	Istanbul	18.25%
Khartoum	43.78%	Porto Alegre	17.89%
Kinshasa	41.32%	Manila	17.79%
Phoenix	33.54%	Atlanta	17.28%
Surat	29.43%	Baghdad	17.18%
Fortaleza	28.84%	Jaipur	16.95%
Chittagong	28.53%	Cali	16.92%
Belo Horizonte	28.09%	Kaoh-siung	16.90%
Delhi	27.13%	Jakarta	16.49%
Karachi	26.13%	Taiyuan	16.37%
Shantou	24.94%	Bangalore	16.03%
Seoul	24.73%	Poona	15.88%
Taipei	24.37%	Algiers	15.69%
Bogotá	23.25%	Guangzhou	15.47%
Ankara	22.02%	Medan	15.46%
Medellín	22.00%	Tel Aviv-Jaffa	15.32%
Lahore	21.49%	Addis Ababa	14.98%
Rawalpindi	20.84%	São Paulo	14.47%
Kabul	20.79%	Pyongyang	14.36%
Izmir	20.08%	Lima	13.93%
Tehran	19.71%	Bangkok	13.81%
Miami	19.51%	Damascus	13.43%
Monterrey	19.32%	Chengdu	13.02%
Dallas	19.24%	Ibadan	12.64%

La gran ventaja de pensar en términos de procesos es que podemos trabajar con el hecho de que en el mismo lugar siempre operan simultáneamente múltiples procesos. Así, la investigación de procesos admite complejidades. Vimos antes que Wallerstein usó esta facilidad para definir la semiperiferia como procesos de centro y de periferia dentro de los estados. Esta situación se repite en los procesos urbanos y las ciudades. Los procesos dominantes de formación de centros y formación de periferias pueden ocurrir en forma simultánea —y de hecho sucede así— como componentes importantes de las ciudades contemporáneas que se encuentran fuera de la zona central. Por ejemplo, Bombay, Ciudad de México, Caracas, Johannesburgo y Bogotá aparecen entre las principales 50 ciudades en términos de conectividad de negocios en la red mundial de ciudades de 2008, que es una medida del proceso económico central dominante (Taylor *et al.*, 2011). Davis (2006: 28) también indica que estas ciudades son sede de las "mayores megaciudades perdidas" en una lista de 2005, el epítome de un proceso de ciudad periférica.

En estas ciudades operan en forma simultánea dos procesos muy distintos. De hecho, esto es típico de las ciudades que se encuentran fuera de la zona central. Estas ciudades son lo suficientemente importantes en términos económicos como para estar vinculadas con la red urbana mundial pero también las agobian grandes poblaciones en pobreza. Esto último es resultado de niveles sin precedentes de migración rural-urbana en el siglo XX, conforme los procesos de formación de centros basados en las ciudades han reorganizado el paisaje económico global según sus necesidades de alimentos y recursos.

Las altísimas tasas de crecimiento poblacional consiguiente, que se representan en el cuadro 4.5, han producido esta nueva categoría de ciudad que suele llamarse megaciudad y que en los países más pobres tiene dos componentes demográficos. Hasta una cuarta parte de la población está económicamente integrada en la red urbana mundial y su vida está tan orientada hacia el consumo como lo está para todos los que se ganan la vida mediante procesos económicos centrales. Al mismo tiempo, tres cuartas partes de la población viven en la más abyecta pobreza; son los residentes de las megaciudades perdidas de Davis. Por lo tanto, en una ciudad como la Ciudad de México su población está dividida en forma muy desigual: aproximadamente cinco millones en los procesos del centro y 20 millones en los procesos de la periferia. A causa de este último proceso Ciudad de México tiene aproximadamente la misma importancia que Ámsterdam y Zúrich en el proceso de redes urbanas mundiales (Taylor *et al.*, 2011). Este último grupo hace que México sea enormemente diferente de sus pares en la red de zonas centrales. Los resultados de esta ciudad son visiblemente semiperiféricos. La idea de una semiperiferia multimodal en crecimiento no sustenta nuestra interpretación inicial de la convergencia centro-periferia. Por el contrario, parece que en el sistema-mundo moderno reciente la polarización espacial está sana y salva, si bien revestida de una geografía más compleja.

CERRAR EL CÍRCULO

Tal vez resulte irónico que en un inicio Wallerstein (1974b) derivara parte de su análisis del sistema-mundo moderno de una serie de debates marxistas, en uno de los cuales (el de la transición del feudalismo al capitalismo) las ciudades eran el tema principal de discusión. En el debate Dobb-Sweezy (Hilton *et al.*, 1978) las dos posturas eran 1] que el feudalismo era socavado por sus propias contradicciones de clase y 2] que era socavado por el crecimiento de las ciudades burguesas en su interior. Wallerstein se decanta por esta última postura porque ofrece un enfoque sistémico para la transición más amplio que la interpretación nacional de clase. Pero no se convence por completo del importante papel que desempeñan las ciudades y que hemos seguido de Pieter de la Court en adelante.

Sin embargo, con el reciente *crescendo* en la urbanización que terminó por convertir a la mayor parte de la humanidad en habitantes de las ciudades, y con esta urbanización continua que probablemente conduzca a que tres cuartas partes de la población viva en ciudades a finales del siglo XXI, este periferia multimodal que está emergiendo en el sistema-mundo moderno requiere que le prestemos especial atención.

Hay dos interpretaciones básicas sobre la mezcla contemporánea de procesos de formación de centros y formación de periferias de las megaciudades que están vinculados con la polarización o la convergencia material. Para Mike Davis (2006) las ciudades son lugares de divergencia creciente. En su *Planet of slums* hace énfasis en la desesperación que sufren estas ciudades tan gravemente desiguales y la posible inestabilidad, en el futuro, de un "proletariado urbano informal" nuevo y desafiliado. En contraste, para Robert Neuwirth (2006) las ciudades son lugares de convergencia potencial. En su *Shadow cities* subraya la creatividad social de los residentes de las megaciudades en su lucha por sobrevivir. En esta descripción, más optimista, a pesar de una economía central dominante en la práctica pero que no da resultados a causa de algunas limitaciones severas, las ciudades siguen siendo espacios de oportunidad. Este desacuerdo nos dice que el sistema-mundo moderno está entrando en decadencia a causa de la aparición de nuevas políticas urbanas de polarización y convergencia en ciudades de la semiperiferia. Apenas comenzamos a ver esbozos y a comprender esta "revolución urbana" en la que, según Brugmann (2009), tanto el proletariado central como el campesinado periférico del pasado están siendo suplantados por los desposeídos urbanos globales como los posibles agentes progresistas del cambio. Una cosa es segura: esta gran ola de urbanización que concentra a miles de millones de personas en espacios reducidos está creando procesos cada vez más complejos de poderes, flujos, legitimidades, entrelazamientos y creatividades que dan forma al mundo. Entre la agitación de las polarizaciones y las convergencias existe la posibilidad de una nueva política progresista que ocurra gracias a las ciudades, tal como asegura Pilon (2010: 5): "No sólo se trata del derecho a los recursos urbanos, sino del derechos de cambiarnos a nosotros mismos al cambiar la ciudad: el tipo de ciudad que tenemos está relacionada con el tipo de seres humanos que estamos dispuestos a ser". Esto significa cambiar el enfoque de las políticas urbanas progresistas, desde promover la inclusión (extender las formas actuales de vida) hasta hacer la transición a nueva forma de vivir juntos.

5. EL CAMPESINADO

ERIC VANHAUTE, HANNE COTTYN y YANG WANG

PREGUNTAS DE INVESTIGACIÓN Y ESTRATEGIA

Cualquier análisis comparativo global de la posición de las sociedades campesinas dentro el sistema-mundo en expansión entre los años 1500 y 2000 debe ocuparse de tres preguntas globales distintas pero vinculadas entre sí: la desagrarización, la desruralización y la descampesinización.[1] En este texto procuramos entender los diferentes caminos que recorrió esta transición mediante un diseño de investigación comparativa con el cual buscamos trayectorias de transformación campesina tanto similares como divergentes, en el espacio (zonificadas dentro de la economía-mundo) como en el tiempo (fases de incorporación). Para ello nos concentramos en tres casos: el noroeste de Europa (la cuenca del mar del Norte), la costa este de China (el delta del río Yangtsé) y América Latina (el altiplano central de los Andes). Lo analizamos mediante cuatro instantáneas sucesivas: *circa* 1600, 1800, 1900 y 2000.

La selección de estas tres regiones refleja la división zonificada que existe en el sistema-mundo moderno.

- · · *Cuenca del mar del Norte (Inglaterra y Países Bajos):* una región predominantemente central desde la baja Edad Media en adelante en el sistema interestatal (de la Europa occidental) y la economía-mundo capitalista (incorporación mediante procesos de formación de centros).
- · · *Altiplano central de los Andes (el sur del Perú moderno y las áreas*

---

[1] Nuestro análisis se basa en un proyecto más amplio, *The end of peasant societies? A comparative and global research into the decline and disappearance of peasantries and its impact on social relations and inequality, 1500-2000* (¿El fin de las sociedades campesinas? Una investigación comparativa y global sobre el declive y la desaparición de los campesinos y su impacto en las relaciones sociales y la desigualdad, 1500-2000), un proyecto de investigación que coordina Eric Vanhaute y que patrocina la Fundación Nacional de Ciencia de Flandes. El proyecto se encuentra resumido en Vanhaute (2008, 2011). El análisis que hacemos aquí esboza la estructura general del proyecto.

occidentales de Bolivia): desde el centro de un sistema-mundo andino (el imperio Inca) hasta una región incorporada y crecientemente periferizada del sistema-mundo a partir del siglo XVI (incorporación mediante procesos de formación de periferias).

· · *Costa este de China (el delta del río Yangtsé)*: de una región central en el sistema-mundo del este de Asia a una zona primero periférica (a finales del siglo XIX) y semiperiférica después (finales del siglo XX) en el sistema-mundo moderno (incorporación por herencia).

Hay tres dimensiones interconectadas que conforman las trayectorias de transformación de estas zonas rurales: a) la (re)constitución de las sociedades campesinas: la organización de los hogares, los sistemas de aldeas, las redes regionales; b) las relaciones entre estas zonas rurales y estructuras sociales más amplias: las redes de intercambio y comercio, los sistemas fiscales, el poder y las relaciones de propiedad, y c) la transformación de estas sociedades y los efectos que tiene en sus relaciones sociales, su supervivencia y sus niveles de ingreso. Para entender la interacción entre estas dimensiones analizamos tres temas de investigación vinculados: la organización política y económica y las relaciones de poder; la regulación y el acceso al trabajo, la tierra y los recursos naturales, y los hogares y las estrategias de las aldeas.

Un análisis integrado de estos temas nos permite abordar las siguientes preguntas: ¿Cuáles fueron las trayectorias de incorporación de las zonas rurales en el sistema-mundo capitalista? ¿De qué manera afectó esta incorporación los espacios y los contornos de los sistemas de subsistencia campesinos? ¿Estos procesos de transformación campesina crearon, y siguen creando, un mundo más homogéneo o alimentan nuevas tendencias de heterogenización?

HIPÓTESIS Y DEFINICIONES

El capitalismo histórico se ubica en el núcleo de la (re)creación permanente y de la marginación de las sociedades campesinas. Definimos *campesinos* como miembros de hogares rurales y agrícolas que tienen acceso directo a la tierra y a los recursos naturales. Están organizados en grupos familiares y comunidades aldeanas que satisfacen gran parte de sus necesidades de subsistencia (la producción, el intercambio, el crédito, la protección) y que administran comunalmente distintas formas de ingreso provenientes de la tierra, el trabajo y el intercambio. Son gobernados por otros grupos sociales que extraen un excedente mediante rentas, transferencias (desequilibradas) de mercado o el control del poder estatal (impuestos). Los temas analíticos clave son el grado de autonomía de los hogares y las comunidades, las estrategias flexibles de gestión comunal de los ingresos, las estructuras aldeanas basadas en los hogares y la extracción de excedentes que está fuera del control local.

El largo declive de la centralidad de las zonas rurales se ha entendido en el marco de estos tres conceptos interrelacionados: desruralización, desagrarización y descampesinización. La desruralización se refiere a la disminución de espacios rurales y al aumento de zonas urbanizadas. La desagrarización se refiere a la reducción de la dependencia de la agricultura como la fuente principal de subsistencia. La descampesinización se refiere a la erosión de las bases familiares de la subsistencia y la mercantilización de la subsistencia (véase, entre otros, Bryceson, 1999; Johnson, 2004; Bernstein, 2010; Vanhaute, 2011).

El uso común de la descampesinización como un vector unilineal de modernización es erróneo, puesto que ignora los efectos diversificados de la expansión capitalista en las sociedades rurales. Los campesinos como grupo social son, en sí mismos, procesos sociales dinámicos; son "el resultado histórico de un proceso de trabajo agrícola que se ajusta constantemente a las condiciones que lo rodean, ya sean fluctuaciones en el clima, los mercados, las exacciones estatales, los regímenes políticos o bien innovaciones tecnológicas, tendencias demográficas y cambios ambientales" (Bryceson *et al.*, 2000: 2-3). Esto implica que los procesos de descampesinización y recampesinización son el resultado de las cambiantes estrategias de los campesinos para diversificar su subsistencia. Como ha argumentado Van der Ploeg, la reaparición de los campesinados en el siglo XXI sigue los mismos patrones históricos de supervivencia ("autoaprovisionamiento") y autonomía ("distanciamiento"), si bien en entornos sociales diferentes: "Los campesinados actuales responden activamente a procesos que de otro modo los destruirían, los rebasarían o los atraparían" (Van der Ploeg, 2010: 2, 21).

El proceso de largo plazo del desarrollo capitalista ha ampliado (expansión) y profundizado (intensificación) las relaciones de mercantilización. La mercantilización se refiere a la comercialización de bienes que se venden o compran a mercados externos. Sin embargo, la tendencia central del capitalismo hacia la producción general de bienes de consumo no significa que todos los componentes de la existencia social se mercantilicen obligatoria y exhaustivamente (Bernstein, 2010). Con el tiempo, la incorporación desigual ha ido creando nuevas zonas fronterizas en las que a la mercantilización de los bienes de subsistencia les sigue una creciente diferenciación social y espacial.

La incorporación gradual de grandes zonas rurales ha subyugado, transformado y a veces (re)creado campesinados. Ha incrementado la presión sobre las bases de su existencia mediante la alteración del acceso de los campesinos a los medios esenciales de producción: la tierra, el trabajo y el capital. En general, los márgenes de supervivencia de los pequeños sistemas agrícolas diversificados y comunitarios, que alguna vez fueran mayoría, han menguado significativamente.

Sin embargo, no podemos comprender la posición en la que se encuentran las zonas rurales en el sistema-mundo moderno en forma unívoca. Los campesinados de todo el mundo han seguidos distintas trayectorias y han desarrollado diferentes repertorios de adaptación y resistencia. A lo largo de su historia la expansión del sistema-mundo capitalista ha estado impulsada por la creación de nuevas zonas fronterizas sociales y ecológicas, espacios que generaron nuevas fuentes de tierra accesible, de trabajo y de recursos naturales (Hall, 2000; Moore, 2010).

Los campesinados siempre han sido una zona fronteriza vital. El proceso de incorporación creó flujos de extracción de excedentes sin desposeer necesariamente a los productores rurales de sus tierras y de otros medios de producción. Estas zonas dinámicas de mercantilización desigual llevaron a nuevas formas de lucha y resistencia. Por eso las tendencias de homogenización en un nivel macro pueden generar nuevas formas de heterogenización en el nivel micro. La expansión de la división global del trabajo detonó distintas rutas de descampesinización y recampesinización. Estas diferencias son consecuencia de diferentes equilibrios entre dinámicas internas (los procesos de cambio interno) y presión externa (cambios provocados por actores que están fuera de la sociedad local) o entre modos campesinos de extracción (explotar el trabajo familiar) contra modos de producción capitalista (crear relaciones capitalistas de trabajo) (McMichael, 2009).

Los tres casos ejemplifican los tres modelos básicos de transformación del campesinado en los últimos cinco siglos: como zonas fronterizas internas en el centro del sistema-mundo moderno (la incorporación mediante procesos de formación de centros); como zonas fronterizas recientemente incorporadas a la periferia del sistema-mundo moderno (incorporación mediante formación de periferias) y como zonas externas al sistema-mundo moderno (incorporación por herencia). En la región del mar del Norte la expansión de zonas de agricultura capitalista dio inicio a poderosos procesos de diferenciación regional y social. La violenta incorporación de los pueblos andinos creó nuevas relaciones intrarregionales e interregionales como parte de un proceso de periferización. En el muy comercializado delta del río Yangtsé la tendencia al aumento en la diferenciación se vio desacelerado por la persistencia tanto de un sistema estatal redistributivo como de grupos de parentesco y redes de clanes.

SIGLO XVI: INCORPORACIONES REGIONALES

El siglo XVI marcó el inicio de divergencias fundamentales en las trayectorias de desarrollo. En vísperas del siglo XVI encontramos un mundo policéntrico con prósperas civilizaciones agrícolas a lo largo del planeta: desde el este de Asia, India y Oriente Medio hasta Europa, África occidental y central y América del Sur (Marks, 2007). La mayor parte de estos sistemas-mundo regionales estuvieron interconectados en redes suprarregionales. Durante miles de años dichas regiones estuvieron caracterizadas por cambios cíclicos en el clima y la población vinculados con transformaciones de largo plazo en la organización política y social, en la producción económica y en las condiciones de vida.

Este *ancien régime* biológico era orgánico. Dependía de la energía solar para sus cultivos y de la madera como combustible. El progreso general estaba restringido por los límites físicos de estas sociedades agrícolas basadas en la energía solar; ésta es la razón de que los sistemas agrícolas de todo el mundo vivieran más o menos al mismo nivel. Este mundo de cerca de 450 millones de personas era casi unánimemente rural; entre el 80 y el 90% de sus habitantes vivían como campesinos. Casi todos se encontraban en un puñado de civilizaciones que ocupaban una pequeña proporción de la superficie de la Tierra. Estas civilizaciones o imperios, y en particular las élites gobernantes, sobrevivieron mediante la extracción de los excedentes de quienes trabajaban la tierra, y que se obtenían básicamente mediante las rentas que cobraban los terratenientes y los impuestos que cobraban los estados.

Tres de los sistemas regionales más importantes fueron el interestatal europeo (occidental), el imperio Inca y el imperio Chino. En vísperas del siglo XVI las áreas centrales de estos sistemas regionales (la cuenca del mar del norte, el altiplano central de los Andes y el delta del río Yangtsé) se expandían económica y demográficamente y aumentaban sus interconexiones suprarregionales. En las tres regiones la autonomía regional se combinaba con una continua integración en redes comerciales cada vez más amplias. ·Desarrollaban sociedades complejas, con redes urbanas elaboradas, una avanzada agricultura intensiva y crecientes redes de intercambio.

En la cuenca del mar del Norte esta expansión estuvo vinculada con los acelerados procesos de integración de mercados y de formación de estados (Dyer, 2005; Hoppenbrouwers y Van Zanden, 2001; Thoen, 2001; Van Bavel, 2010; Van Bavel y Hoyle, 2010; Vanhaute *et al.*, 2011). Históricamente Inglaterra y los Países Bajos conformaron el área central de la cuenca del mar del norte, que a partir del siglo XII y hasta el XIII fue el área de las transformaciones estructurales en la economía (comercialización), la demografía (urbanización) y la política (formación de estados). Estas regiones estaban, en términos relativos, densamente pobladas y muy urbanizadas. Contaban una fuerte agricultura comercial, con un sistema de intercambios interregionales e intercontinentales en crecimiento y con una producción industrial intensiva. La transformación de las sociedades rurales produjo una fuerte diferenciación regional: en las regiones que colindan con el mar del Norte se desarrollaron zonas con una agricultura capitalista dominada por granjas comerciales y trabajo pagado y delimitadas por dos tipos de sociedades campesinas. La primera combinaba pequeñas granjas familiares con una protoindustria en expansión, lo que creó una economía de subsistencia comercial. Más alejadas, pero aún integradas en una división regional del trabajo, había zonas campesinas más autárquicas con un importante excedente laboral.

Cuando llegaron los conquistadores españoles los altiplanos y los valles intermontañosos de los Andes centrales, con poblaciones relativamente densas, constituían la región central de un mundo-imperio Inca en expansión. En respuesta a la zonificación altitudinal, más que los mercados fueron un sistema de "control ecológico vertical" directo (dispersión de colonos) e indirecto (comercio de larga distancia) y rasgos comunitarios recíprocos los que estructuraron el acceso de las comunidades a los recursos complementarios (Larson y Harris, 1995; Lehmann, 1982; Masuda *et al.*, 1985; Mayer, 2002; Murra, 1975; Hirth y Pillsbury, 2013). Los incas, que dependían mucho de los desarrollos previos, consiguieron unificar un terreno irregular alrededor de una burocracia central y una división redistributiva de los bienes y del trabajo (Andrien, 2001; Collier, Rosaldo y Wirth, 1982). En el siglo xvi la región fue incorporada como una zona periférica del nuevo sistema europeo-atlántico. Esta incorporación a la economía-mundo capitalista y el consiguiente intercambio colombino produjo una nueva diferenciación regional y sectorial. Las minas de Potosí, que servían como la columna vertebral de la metrópolis española, dieron origen a una red de mercados y circuitos de intercambio regionales que vincularon comunidades locales con una economía de exportación de plata (Assadourian, 1982; Garavaglia, 1983; Glave Testino, 1986; Larson y Harris, 1995). En respuesta al drástico declive de la población nativa, y con el propósito de allanar el camino para una evangelización eficiente y para la exacción de trabajo y tributos, los grupos étnicos dispersos, conformados por grupos de parentesco, se concentraron en aldeas tipo español bajo control local y alejadas de las tierras de la periferia. Los modos de producción campesina local se transformaron dramáticamente cuando el sistema de haciendas agroexportadoras absorbió el trabajo y se hizo obligatorio el servicio en las minas (el sistema de la mita) (Aylwin, 2002: Carmagnani *et al.*, 1999; Hoberman y Socolow, 1996). Si bien el paso de una sociedad autosuficiente caracterizada por la reciprocidad y la redistribución hacia una sociedad tributaria y mercantil afectó profundamente la vida rural andina, la integración del campo fue un proceso de encuentros dinámicos, más que una imposición unidireccional.

Desde comienzo del segundo milenio el delta del río Yangtsé ha sido una de las regiones más desarrolladas y más densamente pobladas del este de Asia, y se ha convertido en el centro agrícola e industrial de China (Shiba, 2000; Fan, 2008). Para esta región la última

fase de la dinastía Ming en el siglo XVI fue un periodo de crecimiento económico y comercial basado en una economía mercantilista con
tierras muy productivas, cultivos comerciales y ganadería (Fan, 2005;
Li, 1998; Liang, 1980; Pomeranz, 2000). Las ciudades crecieron y
florecieron las industrias rurales. Las diferencias regionales se debían
a factores ecológicos (planicies, montañas) y reflejaban una producción agrícola distinta (granos, arroz, algodón, moras) (Feng, 2002).
La red internacional de comercio, lubricada por la importación de
plata desde Japón y las Américas, hizo que aumentara el comercio
tierra adentro y condujo a una producción industrial diversificada
alrededor del lago Taihu, el Gran Canal y el río Yangtsé (Atwell, 1982;
Qian y Zheng, 1998).

Como se presenta en la mayor parte de las sociedades rurales en
estas regiones, las familias estaban organizadas en pequeños hogares
unidos por sistemas de grupos de parentesco, clanes y aldeas. Estas
familias rurales y campesinas gestionaban en forma comunal los frutos de la tierra y los ingresos provenientes de una amplia gama de
actividades laborales. Las comunidades aldeanas actuaban básicamente como redes informales de intercambio y de crédito. En la cuenca
del mar del Norte una parte cada vez mayor provenía del trabajo
mercantilizado, ya fuera en forma de actividades protoindustriales o
como trabajo pagado fuera de la granja y de la aldea (incluyendo el
trabajo migrante). La integración de las redes locales de intercambio
dentro de sistemas económicos de mayor escala les puso límites cada
vez más estrechos que dieron como resultado economías y relaciones
de poder más desiguales. De la mano de una gradual disminución
en el número de comunes los derechos de tierras se volvieron más
individualistas (con base en la familia). La proletarización fomentó
la polarización, puesto que la concentración del poder en las aldeas
y el control sobre instituciones aldeanas tales como la de ayuda a los
pobres pasó a estar en manos de oligarquías terratenientes.

El crecimiento de un mercado laboral flexible y externo a la aldea
estaba mucho más limitado en los imperios inca y chino. En los Andes la importación del sistema español de aldeas tras la conquista
interrumpió los sistemas de solidaridad interecológica e intracomu-
nitaria. Si bien la presión sobre ellos aumentaba, los sistemas de
apoyo comunitarios siguieron basándose primordialmente en mecanismos precoloniales que estaban en manos de liderazgos aldeanos
rotativos. Las lealtades de los clanes seguían siendo fuertes en el

delta del río Yangtsé, y durante los periodos de descontento social sustituyeron las responsabilidades de los estados fallidos (Fuma, 2005; Huang, 1990; Li y Jian, 2000).

En el siglo XVI las zonas rurales en las tres áreas se vieron someti- das a nuevos procesos de incorporación política y económica, si bien de tipos totalmente diferentes. En la región del mar del Norte el impacto directo de la integración (interna) a un sistema interestatal y capitalista en expansión provocó una creciente mercantilización de la tierra, el trabajo y el capital. Esto aceleró un proceso de diferen- ciación regional y social. Estas zonas regionales y los grupos sociales con distintos regímenes de producción y trabajo estaban vinculados entre sí mediante relaciones de poder desiguales. La cuenca del mar del Norte es un ejemplo típico de la transformación provocada por el establecimiento de nuevas fronteras internas, fronteras que alimen- taron el sistema-mundo capitalista que se expandía. En los Andes el proceso (externo) de incorporación fue mucho más repentino y violento. Se insertaron procesos de mercantilización en una sociedad rural aldeana y basada en relaciones de parentesco; a esto lo acom- pañó una reorganización regional de las economías rurales que creó una nueva zona fronteriza, externa. Tanto en Europa occidental como en los Andes los nuevos flujos de mercancías, capital y trabajo reorganizaron las zonas rurales en nuevas fronteras espaciales y so- ciales. El delta del río Yangtsé vio altas y bajas en los sucesivos proce- sos de incorporación política en el contexto del imperio-mundo chino. El siglo XVI se caracterizó por procesos de expansión agrícola y comercial combinados con la disolución de las estructuras estatales de la dinastía Ming y con un fortalecimiento de los sistemas locales de clanes (Hillman, 2004). Las transformaciones estructurales siguie- ron estando limitadas.

1800: LA INCORPORACIÓN GLOBAL

En los tres siglos posteriores a 1500 la población mundial se duplicó y aumentaron las tensiones entre los campesinos productores y las élites gobernantes. Las cambiantes relaciones de poder agudizaron la diferenciación regional. Por lo general, los campesinos se volvieron más subordinados a los terratenientes o al poder cada vez mayor de los gobiernos (Tauger, 2001). Esto coincidió con una expansión sin precedentes de los mercados de larga distancia, lo que creó una diferenciación notable en las relaciones laborales, desde el trabajo tributario (la esclavitud y el trabajo contratado) hasta distintas formas de trabajo mercantilizado, desde la aparcería hasta la producción mercantil autónoma (Van der Lindern, 2008). En Europa, el aumento en las presiones de mercantilización provocaron la diferenciación social en las sociedades campesinas. En América, los exploradores, gobernantes e inversionistas occidentales crearon un "complejo de plantación" fuertemente polarizado. Los gobernantes chinos manchúes trataron de aminorar las tensiones protegiendo los derechos de los campesinos (Goldsonte, 2009).

Para principios del siglo XIX el capitalismo agrícola ya estaba firmemente establecido en la cuenca del mar del Norte (Allen, 2009; Hoppenbrouwers y Van Zanden, 2001; Overton, 1996; Van Bavel y Hoyle, 2010; Vanhaute *et al.*, 2011). La combinación de granjeros capitalistas empleadores y trabajadores asalariados estaba generalizada en buena parte de Inglaterra y en algunas zonas del continente europeo. En otras regiones siguieron predominando economías campesinas de mercado basadas en el trabajo agrícola familiar y en actividades protoindustriales. Esta economías estaban sustentadas en redes de crédito local que vinculaban la lógica de la agricultura de subsistencia con la lógica de la producción para mercados externos. Las transformaciones económicas que vinieron con la industrialización provocaron una enorme contracción en el porcentaje de la mano de obra empleada en la agricultura y un marcado aumento en la productividad del trabajo agrícola. Hacia 1800 un trabajador agrícola en Inglaterra y en los Países Bajos producía lo suficiente para mantener a los trabajadores de la manufactura y los servicios. En el siglo XIX el porcentaje de población no agrícola se disparó hasta 60 o 65%, a lo que le siguió una rápida urbanización.

Este proceso de desagrarización comenzó en las áreas que rodean los puertos marítimos del mar del Norte y, de 1800 en adelante, le siguió los pasos a la expansión de la industrialización. Hacia principios del siglo XIX las presiones poblacionales y las transformaciones económicas afectaron, cada vez más, las bases de la economía rural en Europa occidental (agricultura de subsistencia, comunes, autonomía aldeana). Esto coincidió con una profundización de la polarización social. A partir de 1800 hubo franjas cada vez más anchas de la población rural que sólo podían asegurarse el sustento mediante una explotación más marcada del trabajo familiar en pequeñas parcelas de tierra, en nuevas y viejas industrias de trabajo a destajo (como las del vestido y el encaje) y en actividades agrícolas e industriales estacionales.

En los siglos XVIII y XIX la región central de los Andes experimentó procesos muy agudos de periferización. Desde el siglo XVI la economía de la plata, organizada alrededor de Potosí, era el punto nodal de la conexión periférica entre los Andes centrales y las zonas centrales, y la principal fuerza transformadora del espacio (socioecológico) de los campesinos andinos (Bonilla, 2007: 108; Moore, 2010; Tandeter, 1995). Las reformas coloniales marcaron el inicio de la drástica reconfiguración del espacio rural de los Andes centrales que lo convirtió en un modelo irregular de organización capitalista. Los campesinos estaban sujetos a pagos de tributo en efectivo, en especie y en trabajo, y también a la evangelización. El tributo indígena y la exacción de trabajo erosionaron la comunidad de las aldeas, instigaron la participación en los mercados y conformaron el espacio para nuevos sistemas de supervivencia comunitaria (Larson y Harris, 1995). Para finales de la época colonial las economías campesinas se enfrentaron a niveles más elevados de exacción de excedentes a manos de un Estado borbón intervencionista, a un sistema de comercio obligado de productos (el reparto de mercancías) y a autoridades étnicas *(kurakas)*, todo lo cual desembocó en las grandes rebeliones andinas de 1780-1781 (Andrien, 2001; Garrido, 2011; Golte, 1980; Stavig y Schmidt, 2008; Stern, 1987). Los grupos indígenas fueron empujados más y más hacia los márgenes de los mercados a los que se habían adaptado como comerciantes y transportistas, lo que dio inicio a una larga fase de transición que no finalizó sino hasta la segunda mitad del siglo XIX (Langer, 2004; Larson, 1995; Larson y Harris, 1995). De la década de 1780 en adelante la decadencia en la economía de la plata y la caótica transición hacia la independencia transformaron aún más la posición de los Andes centrales, que se convirtieron en la periferia de la periferia. Los ingresos estatales seguirían dependiendo casi exclusivamente de las contribuciones indígenas hasta el auge de la exportaciones en la segunda mitad del siglo XIX, que contribuyó en forma indirecta a la ruralización de las economías nacionales andinas (Langer, 2004; Larson, 2004; Plat, 1982).

Durante la dinastía Ming los campesinos del delta del río Yangtsé aumentaron de manera importante los rendimientos agrícolas al recuperar nuevas tierras, plantar nuevas cosechas y adaptar técnicas de trabajo intensivo (Huang, 1990; Pomeranz, 2000). A partir de 1644 los gobernantes manchúes fomentaron un cambio dramático en la estructura de clases y en las relaciones de poder, al que siguió un acelerado crecimiento económico y demográfico (Gao, 2005; Goldstone, 2009; Ho, 2000). Muchos campesinos adquirieron derechos de propiedad, lo cual fortaleció el gobierno autocrático de la dinastía Qing. Esta expansión agrícola y demográfica provocó que se acrecentara la presión sobre el uso de bienes públicos, tales como el agua y la administración de los comunes, la infraestructura de los mercados, la asistencia pública, la seguridad social y la educación. Las élites de los clanes locales desempeñaron un papel importante en la protección de las redes aldeanas de crédito, el cuidado del medio ambiente y la redistribución de tierras. Esto no evitó la decadencia de las instituciones rurales en el siglo XIX que provocó la bancarrota de los campesinos y el desmantelamiento de las comunidades aldeanas. La burguesía local se fue a las ciudades y los intereses comunes rurales fueron dejados en el abandono (Qian y Zheng, 1998). Esta implosión de las sociedades campesinas chinas precedió el proceso de incorporación incompleta y periferización de China.

1900: INTENSIFICACIÓN IMPERIALISTA

Para 1900 sólo 15% de la población mundial, aproximadamente, vivía en áreas urbanas. Había 12 ciudades con más de un millón de habitantes. Para 1950 la tasa de población urbana se había duplicado a 30%, y la cantidad de ciudades con más de un millón de personas había aumentado a 83. Esta tendencia generalizada es el resultado de diferentes rutas de transformación. A partir de la década de 1870 el "primer régimen global de alimentación" basado en un modelo de asentamientos y colonias creó una nueva división global del trabajo agrícola (McMichael, 2009). El proyecto colonial/imperialista implicó el control sobre el trabajo de las zonas rurales del sur del planeta. Esto exigió una intervención directa en las instituciones y las prácticas rurales de adjudicación y uso de tierra que a veces las modificó y a veces las destruyó. Las regiones rurales se especializaron tanto en granos y en producción de carne (las economías de asentamientos extraeuropeas) como en cultivos tropicales de exportación (Asia y África coloniales y las antiguas colonias en América Latina) mediante las plantaciones y la producción agrícola obligatoria.

Esto obligó a la mercantilización de la agricultura campesina y de asentamientos y permitió la creación de plantaciones industriales. En el brutal proceso de periferización de América Latina los campesinados debieron adaptarse a procesos invasivos de mercantilización, mientras que en China la implosión de las sociedades rurales prefiguró el doloroso proceso de la incorporación indirecta. En el centro de Europa occidental las sociedades campesinas se desmoronaron y fueron absorbidas por las estructuras políticas y económicas "modernizadas".

Para la década de 1870 se liberalizaron los mercados de la región del mar del Norte. Las importaciones de granos y alimentos a gran escala ocasionaron una caída de los precios de mercado, y el número de agricultores comenzó a menguar (Overton, 1996; Van Bavel y Hoyle, 2010; Vanhaute et al., 2011). Las familias agrícolas que sobrevivieron se reorientaron hacia los cultivos comerciales y la ganadería. En estos hogares agrícolas el trabajo familiar estaba más limitado a la familia nuclear y gradualmente se excluyeron todas las formas de intercambio de trabajo con otros con parientes y conocidos. Cada vez llegaron más aportes del exterior de la granja y de la aldea que hicieron a los agricultores más dependientes de factores externos. Llegaron nuevos tipos de organizaciones agrícolas que ocuparon con éxito los lugares vacíos mediante cooperativas para la compra de fertilizantes y forraje, cooperativas para el ahorro y el préstamo, granjas lecheras cooperativas y mutualidades de seguros.

Las uniones de granjeros se presentaron como los representantes políticos de éstos y pudieron respaldar eficientemente a sus miembros a lo largo del proceso de modernización. Las alternativas no agrícolas, tales como la subcontratación de la producción, el desplazamiento y las nuevas actividades industriales mitigaron las crecientes tensiones entre el trabajo y el ingreso. La mano de obra excedente, expulsada del campo, podía ser absorbida en buena medida por la industrialización urbana y rural, y por los nuevos sectores de servicios. La sociedad rural se dividió en un conjunto reducido de familias agrícolas especializadas, orientadas al mercado, y una gran cantidad de hogares que sumaban a sus ingresos agrícolas locales los de la agricultura ex-

terna y los de otros empleos fue de la economía de la aldea. En estas
regiones las aldeas se volvieron suburbanas y se convirtieron en parte
de sistemas más amplios de empleo, transporte y aprovisionamiento.
Las diferencias regionales se diluyeron poco a poco para dar paso a
una sociedad subrural/suburbana mucho más uniforme. Que la mayor parte de los hogares rurales rompiera sus lazos con la agricultura
terminó por sentar las bases, a largo plazo, de una continua mejoría
en el bienestar económico de la Europa occidental del siglo xx.

En los *altos andinos* las nuevas élites rurales provinciales repro-
dujeron, en el entorno local, las relaciones de poder coloniales; las
nuevas élites oligárquicas y capitalistas lo hicieron a escala nacional al basar su poder en la tenencia de la tierra y la minería, y los
emprendedores capitalistas extranjeros hicieron lo mismo a nivel
internacional. Diversos intentos por crear un mercado de tierras y
convertir a los comuneros indígenas en pequeños agricultores se
vieron casi siempre frustrados, a pesar de lo cual alteraron de forma
importante las relaciones estatales amerindias (tributarias) e intensificaron el malestar rural (Jackson, 1997; Larson, 2004; Mallon, 1995;
Platt, 1982; Stern, 1987; Thurner, 1997; Yepes del Castillo, 1972).
Las reformas liberales y el tránsito hacia las políticas de libre comercio fueron acompañados por presiones para el anexamiento, el
desplazamiento y la absorción de comunidades rurales a manos del
mercado mundial y sus agentes locales (Larson, 2004). Sin embargo,
la comunidad indígena fue capaz de negociar, escapar y resistir estos
proyectos de mercantilización en vez de ceder a la incorporación o
aislamiento unilaterales (Grieshaber, 1980; Jacobsen, 1993; Klein,
1993, Langer, 1989; Mallon, 1983; Moreno y Slomon, 1991; Platt,
1982; Rivera Cusicanqui, 1987).

A partir de la década de 1840 el proceso de incorporación indirecta confinó a China a una posición periférica en la economía-
mundo capitalista. En el delta del río Yangtsé se deterioró el desempeño agrícola e industrial. A principios del siglo xx una nueva ola
de innovaciones hicieron despegar la modernización de la agricultura china. Un movimiento de reconstrucción rural cooperativa cerró
la brecha que había dejado el menguante poder estatal, pero no pudo
detener la creciente vulnerabilidad y polarización sociales (Wang,
2003). Las áreas rurales no fueron capaces de absorber el aumento
de la oferta laboral; aumentaron las diferencia sociales en las aldeas
y un éxodo laboral tuvo como efecto debilitar los lazos comunitarios.

2000: LA INTENSIFICACIÓN NEOLIBERAL

En 2000 casi la mitad de la población del planeta vivía en áreas urbanizadas. Sólo 42%aún vivía principalmente del trabajo agrícola. Uno se siente tentado a interpretar esto como un vector central de la convergencia del mundo contemporáneo, incorporado en un solo sistema-mundo capitalista. Sin embargo, más allá de la tendencia generalizada a la contracción de las zonas rurales y campesinas pueden discernirse notables diferencias regionales. Entre 1950 y 2000 la disparidad en las tasas de población agrícola entre los países de mayores y de menos ingresos aumentó de aproximadamente 1:4 en 1960 (19 y 78%) a cerca de 1:20 en 2000 (3 y 59%). Esto estuvo acompañado por tendencias opuestas en la intensidad de la labor agrícola. Mientras que en el norte global la tendencia de largo plazo fue la de ahorrar trabajo, en el año 2000 en el sur global se emplearon más trabajadores agrícolas por unidad de tierra cultivable que en 1950. Estas divergencias son parte de la experiencia compartida de un régimen alimenticio corporativo más global y más interdependiente que provoca una contracción en los márgenes de ganancia para la agricultura campesina y familiar. Mientras que en el norte global la agricultura campesina prácticamente desapareció, en el sur global grandes granjas de las poblaciones rural y urbanas se aferran a la producción agrícola de pequeña escala. La globalización neoliberal incluyó un giro hacia la regulación corporativa de la economía mundial de los alimentos, con una concentración creciente de las empresas globales tanto en las industrias agroalimentarias como en las de insumos agrícolas, y una mercantilización continua y cada vez más profunda de la subsistencia campesina en el sur global.

En la región del mar del Norte el desarrollo de una política agrícola europea en la década de 1950 concretó el tránsito hacia un sector agrícola muy comercializado, industrializado e interconectado (Van Bavel y Hoyle, 2010; Vanhaute *et al.*, 2011). Los pequeños granjeros que aún resistían fueron expulsados, con excepción de quienes optaron por cosechas y ganados de alto valor e intensivos en capital. El trabajo fue reemplazado por maquinaria. El aumento en el tamaño de las granjas le exigió a sus dueños tener a su disposición más recursos económicos.

Mientras que en Europa los granjeros como grupo social desaparecieron del radar social tanto de las aldeas como de las naciones, en los Andes la emancipación socioeconómica y política de los campesinos indígenas cobró un enorme impulso (Gotkowitz, 2007; Larson, 2004; Stern, 1987). La movilización campesina de mediados del siglo XX fue detonada por las relaciones de trabajo serviles, la extrema concentración de las tierras y la organización sindical. Las reformas territoriales y constitucionales permitieron mejorar los derechos territoriales y civiles formales e individuales, pero no pudieron impedir la fragmentación de tierras, la pobreza extrema y la marginación, y en general favorecieron la producción capitalista (Kay, 1998; Mayer, 2009 para Perú; Urioste *et al.*, 2007 para Bolivia). Si bien la mayor parte de la población andina aún vivía en comunidades campesinas indígenas en el altiplano y los valles, las presiones demográficas, combinadas con la minería de gran escala y la agricultura de pequeña escala impidieron aún más la expansión de la frontera agrícola. Esto llevó a la desruralización, los conflictos inter e intracomunitarios y una migración masiva hacia las tierras bajas, las áreas costeras y urbanas y el exterior. La degradación ambiental, el cambio climático y la migración transformaron el rostro del campo andino. Se abrió una brecha socioeconómica cada vez más dramática, en particular entre las zonas rurales y las urbanas. Los conflictos sociales marcaron los persistentes procesos de periferización.

A partir de 1950 el aparato estatal comunista chino trató de acelerar el proceso de desruralización y descampesinización del delta del río Yangtsé (MacFarquhar, 1997). El sistema campesino familiar fue reemplazado por un sistema de producción colectiva. Los terratenientes se eliminaron tras un proceso de colectivización masiva. Los cuadros rurales del Partido Comunista Chino pasaron a controlar los recursos sociales y económicos mediante instituciones sociales muy centralizadas, lo cual fortaleció enormemente la capacidad de movilización social del Estado. A partir de los años ochenta los campesinos comenzaron a privatizar, en la práctica, los derechos de uso de tierras, y se reconstruyó gradualmente un sistema agrícola comercial. Las comunas populares fueron reemplazadas por un "gobierno de nivel ciudad aunado a una autonomía aldeana" (Carter *et al.*, 1996). Sin embargo, las tensiones sociales y económicas que amenazaban a la sociedad rural se incrementaron fuertemente durante las últimas décadas del siglo XX. En un intento por aumentar sus ingresos por concepto de tierras los gobiernos locales hicieron crecer las granjas e intensificaron su mecanización. Los gigantescos flujos migratorios

de las aldeas hacia las ciudades alimentaron el proceso de desruralización más radical que había ocurrido hasta el momento. El desequilibrio en el crecimiento rural/urbano socavó drásticamente las bases
mismas del orden social en las áreas rurales, lo que agravó la desigualdad y las protestas sociales.

TRAYECTORIAS DE TRANSFORMACIÓN CAMPESINA: HISTORIAS DISTINTAS, UN SOLO DISCURSO

La incorporación de zonas rurales en la economía-mundo capitalista
ha redefinido y recreado profundamente los espacios y las fronteras
de los sistemas campesinos de supervivencia. La decadencia tanto de
sus organizaciones agrícolas como de sus bases familiares y aldeanas
ha alterado medularmente las estrategias para la diversificación de
los medios de sustento. La naturaleza irregular de los procesos de
incorporación y mercantilización ha alimentado trayectorias divergentes de transformación campesina y ha creado nuevas zonas
fronterizas sociales y ecológicas. Todas las regiones del mundo se enfrentaron, entre los siglos XVI y XX, a formas nuevas y más intensivas
de polarización social y geográfica, si bien de formas marcadamente
distintas. El florecimiento del capitalismo comercial y agrícola en
el área del mar del Norte y en un sistema mercantil transatlántico
durante "el largo siglo XVI" reconfiguró profundamente zonas campesinas tanto del centro como de la periferia. Aumentó la desigualdad tanto dentro de las regiones como entre ellas. Los procesos
centrales de incorporación en Europa occidental fueron capaces
de absorber, eventualmente, el impacto del crecimiento económico
y social irregular; las zonas campesinas terminaron por decantarse
en una pequeña fracción de agricultores comerciales y una amplia
franja de mano de obra no agrícola. Los procesos periféricos de
incorporación, como los que ocurrieron en los altos andinos, tuvieron un impacto desastroso en los sistemas rurales regionales, que se
redirigieron mediante un proceso brutal hacia las necesidades de
la metrópolis. Este proceso no fue unívoco u homogéneo. Aunque
minó poco a poco la capacidad de los campesinos para diversificar
su subsistencia también creó nuevos espacios de interacción, supervivencia y resistencia.

La transformación de largo plazo de las comunidades campesinas en el delta del río Yangtsé se basó en la disminución gradual de las políticas inclusivas y proteccionistas de los imperios chinos. Este proceso se vio amplificado por la incorporación indirecta e irregular de China, que desencadenó nuevas formas de tensión social a la que los nuevos estados republicanos y comunistas respondieron de forma poco adecuada. La brecha rural-urbana se ha convertido en un determinante central de la desigualdad en China, que crece a pasos agigantados.

Durante "el largo siglo xx" el régimen alimentario globalizó, mediante oleadas de intensificación imperialista y neoliberal, el geomodelo del mar del Norte, conformado por un centro de producción mercantil intensiva en capital rodeado por zonas campesinas de supervivencia basadas en la exportación. Esta reestructuración e intensificación de las relaciones centro-periferia creó nuevas divergencias tanto en la economía rural como en las sociedades campesinas.

La desaparición del campesinado en Europa, la reconfiguración de las sociedades rurales en China y la batallas por formular nuevas respuestas campesinas a las posiciones periféricas en América Latina son parte del cambiante geosistema global de principios del siglo xxi. Esto ha fortalecido enormemente la desigualdad global.

Al contrario de lo sucedido con la fuerza laboral (semi)urbanizada en el norte global, los trabajadores rurales del sur global deben garantizar su reproducción mediante empleos remunerados cada vez más inseguros, opresivos y escasos, o bien mediante una diversidad de sencillas actividades de supervivencia y de "economía informal", incluyendo la agricultura marginal. Las estrategias de supervivencia campesina siguen siendo una parte central del capitalismo del siglo xxi, como medios de supervivencia y como armas para las nuevas formas de resistencia.

6. GRAN EMPRESA Y PODER CORPORATIVO

JORGE FONSECA[1]

*En los regímenes autoritarios
queda velado el contenido económico de la violencia,
mientras que en los regímenes formalmente democráticos
queda velado el contenido violento de la economía*

BERTOLT BRECHT

GRAN EMPRESA, ESTADO Y PODER CORPORATIVO

La función principal del Estado capitalista es la de garantizar la cohesión y la estabilidad de sus estratos capitalistas, a través de la protección de rentas, leyes, normas, incentivos, presiones sobre otros gobiernos, y guerras. Se trata de reprimir el conflicto derivado de la lucha de clases, y para favorecer la distribución del excedente social de tal manera que las luchas sociales no provoquen un descenso tal de la tasa de ganancia que pueda interrumpir el proceso de acumulación de capital (Lane, 1979; Wallerstein, 1974).

En periodos de crisis, los estados han defendido sobre todo los intereses de las grandes corporaciones y de las fracciones más ricas de la clase capitalista, lo que favorece la concentración y centralización del capital (Mandel, 1972). Pero para comprender plenamente cómo surgió y evolucionó el poder corporativo, necesitamos analizarlo dentro del proceso capitalista como sistema histórico. El *poder corporativo* está constituido por un conjunto de aspectos económico-financieros, tecnológicos, laborales, sociales, políticos, institucionales, ambientales y culturales, que en conjunto pueden asegurar el poder cuasi-monopolista de las grandes empresas. El grado de concentración de grandes empresas en los distintos países se correlaciona con el desigual poder económico de éstos y con la polarización del desarrollo mundial.

El poder económico-financiero, la capacidad de las corporaciones

---

[1] Universidad Complutense de Madrid.

para imponer regulaciones en el comercio, las finanzas, el fisco y el conjunto de condiciones del mercado, para beneficiarse de la concentración, la tecnología, los derechos de propiedad, y el poder de presionar gobiernos, es el más importante, visible y mensurable aspecto del poder corporativo.

Lamentablemente, no hay datos internacionales homogéneos y completos sobre la concentración del mercado y centralización del capital (para los periodos anteriores a 1900 son casi inexistentes). Un indicador aproximado —aunque limitado— del poder corporativo de las empresas de un país en su conjunto, y por lo tanto del papel económico hegemónico de ese Estado, es su posesión de capital transnacional acumulado en el exterior, medido como la proporción de su stock de salidas de inversión extranjera directa (IED) en el producto interior bruto (PIB) mundial y el grado de internacionalización. En consecuencia, globalmente, la variación del grado de dispersión o concentración del stock de salidas de IED mundial refleja la tendencia a la convergencia o polarización económica dentro de la economía-mundo. No obstante, el significado y los efectos plenos del poder corporativo sólo son comprensibles en el contexto del proceso histórico capitalista como un todo.

LA EMPRESA CAPITALISTA EN EL ESTADIO INICIAL DEL CAPITALISMO

La economía-mundo europea surgió en el "largo siglo XVI". Abarcaba gran parte de Europa occidental, partes de Europa oriental y meridional, y las colonias europeas en las Américas. Incluía lo que habían sido dos pequeñas economías-mundo y puso en marcha un nuevo sistema histórico basado en el modo de producción capitalista (Wallerstein, 1974, 2004).

Empresa familiar y gran empresa pública en Venecia, pionera del capitalismo

Desde el siglo XI al siglo XV hubo dos pequeñas economías-mundo, una centrada en Flandes y los estados hanseáticos y otra centrada en el norte de Italia (Venecia, Milán, Florencia, Génova y Pisa). A principios del siglo xv, la República de Venecia construyó un imperio en el mar Egeo, convirtiéndose en un estado pionero del capitalismo comercial. Aunque la empresa típica veneciana fue la familiar de pequeño o mediano tamaño, el Arsenal fue un gran astillero público, que en los siglos xv y xvi fue la empresa más grande de Europa y precursor de la gran empresa moderna. Utilizó varios miles de trabajadores —en la banca, la carpintería, la metalurgia, la producción de armamento— y jugó un papel muy importante en la expansión exterior de Venecia y sus empresas privadas, a las que transfirió importantes rentas. Esto dio lugar a una distribución desigual del excedente entre Venecia y otros estados. En este mismo periodo fundacional del capitalismo, otras grandes empresas europeas eran empresas privadas administradas por sus dueños, pero con un fuerte vínculo con el estado, como fue el caso de la empresa florentina de los Medici, que tenía filiales en las principales ciudades europeas y de gran influencia en los negocios entre los siglos xiv y xvi (Lane, 1992).

El Estado-empresario en el "negocio de la conquista"

El descubrimiento y la conquista de América fueron decisivos en la acumulación primitiva de capital y muy importantes para la evolución de Europa hacia el capitalismo, pero no todavía para la gran empresa capitalista. La conquista, basada en la violencia y el exterminio de las poblaciones nativas, permitieron diversificar la producción agrícola a ambos lados del Océano Atlántico y convirtieron el comercio de alimentos en fuente muy importante de altos beneficios. Otras fuentes de elevadas riquezas, que estimularon el desarrollo de las empresas europeas, fueron la extracción de la plata de México y Perú, y la agricultura de plantación, gran parte de ella con mano de obra esclava africana (Wallerstein, 1974).

En 1494 España y Portugal acordaron el reparto del mundo a colonizar. En el siglo xvi, Portugal sustituyó a Venecia en la hegemonía comercial en el mundo, debido a la ventaja geográfica, el poder militar, la monetización de la economía, la inversión de capitales de Génova, y sobre todo el fuerte papel empresarial del Estado, dominado por los grandes propietarios. La expansión comercial, basada en una política de "armas y mantequilla", dio a Portugal y sus compañías el monopolio del comercio de esclavos y mercancías. Los

portugueses se convirtieron en los principales propietarios de las
plantaciones de azúcar, a la vez que saqueaban oro y diamantes. La
gran acumulación de riqueza privada convirtió a Portugal en un gran
monopolio marítimo, con un imperio que se extendía desde Brasil
a gran parte de Asia, incluyendo una amplia zona de la costa de
África (Wallerstein, 1974; Maddison, 2001).

La ventaja de Portugal en el "negocio de la colonización" aumentó los ingresos del Estado, de la aristocracia, de la burguesía comercial
y, en parte, del semiproletariado urbano, que, expulsado de las actividades agrarias, esperaba que la expansión en el extranjero genera-
ría puestos de trabajo en el país. Esta "solidaridad social capitalista"
produjo un desarrollo desigual, tanto en el núcleo y la periferia de
la economía-mundo europea.

La clase terrateniente portuguesa y las empresas se desarrollaron
de manera desigual, pues la tasa de ganancia obtenida en el monopolio colonial controlada por el Estado era el doble o el triple que
en los mercados nacionales. Las empresas que participaban en el
comercio exterior compraban a los productores antes de que produ-
jeran los bienes, a precios fijos, para venderlos luego a un precio
previamente fijado (Lane, 1979). Sin embargo, las empresas privadas
eran dependientes del Estado, que jugaba un papel central en la
distribución del excedente, como receptor y administrador de las
rentas, a la vez que era el empresario principal. Esto le permitió ser
muy fuerte y jugar un papel esencial en el desarrollo capitalista (Wallerstein, 1974).

La gran empresa capitalista como "delegada del Estado"
en la era mercantil (1600-1770)

Durante el siglo XVI, en el norte de Europa, Holanda adelantó económicamente a Flandes y Brabante, y en el siglo XVII ganó espacio
al mar ampliando su territorio y construyó la flota más grande de
Europa. Desarrolló industrias (producción de materias primas para la
industria textil y productos lácteos), la banca, el transporte, la producción de armamento e infraestructuras. Después de su independencia
en 1581, la República Holandesa (Provincias Unidas)se enriqueció y
construyó su hegemonía bloqueando durante dos siglos Amberes en
los Países Bajos españoles. Entre 1600 y 1800 los holandeses tuvie-

ron el más alto ingreso per cápita de Europa, combinado con altos impuestos (Maddison, 2001). Gracias a la expansión colonial, en pocos decenios, Holanda arrebató a Portugal, el comercio de oro y esclavos, sus bases militares en África, el monopolio del comercio con Asia (plata, café, azúcar, textiles y especias) y plantaciones de azúcar basadas en trabajo esclavo en sus colonias en el nordeste de Brasil (Wallerstein, 1980; de Vries y van der Woude, 1987).

La Compañía Holandesa de las Indias Orientales (VOC) nació en este contexto, y fue la primera sociedad anónima, creada por el Estado holandés en 1602 como un monopolio comercial legal. Fue autorizada para acuñar moneda y ejercer autoridad diplomática y militar en sus zonas de actividad. La VOC fue una gran empresa que construyó su propia gran flota de buques mercantes-de guerra, reforzada con mercenarios y flotas piratas, que utilizaron contra poblaciones locales, como en las Islas de las Especias en 1621, donde exterminaron a la población (de Vries y van der Woude, 1987; Maddison, 2001).

La VOC tuvo un papel central en la expansión colonial holandesa, construyó un gran imperio y centralizó el comercio exterior holandés. También ayudó a desarrollar un mercado interior a través de la construcción de una red de canales fluviales, transformando el transporte y expandiendo más la industria naviera. A partir de 1651, las leyes proteccionistas francesas e inglesas empujaron a guerras con Holanda por más de un siglo, que dieron lugar a la pérdida del monopolio de la VOC en la India y, posteriormente, a su quiebra. La reducción de la producción y las exportaciones holandesas, elevó el desempleo y aceleró el declive de Holanda, lo que demuestra la importancia del papel de VOC en su economía. La caída en los niveles de rentabilidad provocó una salida de inversión extranjera que alcanzó un valor equivalente al doble del ingreso nacional de Holanda y generó un alto retorno para los inversores. En contraste, creció el desempleo y la quiebra de las pequeñas empresas, lo que generó una fuerte polarización económica y social interna (de Vries y van der Woude, 1987; Maddison, 2001).

EN EL CENTRO DE LA ECONOMÍA-MUNDO, EL ESTADO OTORGÓ PODER
DE MONOPOLIO INTERNACIONAL A SUS EMPRESAS (1770-1880)

En este periodo, Gran Bretaña fue el país más avanzado en la economía-mundo. Su expansión en el extranjero en Asia y África se llevó
a cabo mediante una combinación de la actuación de la Compañía
Británica de las Indias Orientales, de piratas, y de la Royal Navy. Incluso en el Río de la Plata, donde los británicos fueron derrotados
militarmente, sus bancos y corporaciones pronto terminaron domi-
nando la región. Estados Unidos en la primera mitad del siglo XIX
experimentó una profunda reestructuración económica con una
combinación de transformaciones agrícolas e industriales, innovación tecnológica, beneficios acumulados como transportista neutral
en la guerra entre Gran Bretaña y Francia, como exportador a Inglaterra del algodón producido con mano de obra esclava y, gracias a la
expansión territorial obtenida por la ocupación, la compra y la ane-
xión de gran parte de territorios de México y enclaves coloniales de
España y Francia. Esto permitió a Estados Unidos multiplicar su territorio por tres y media veces y el acceso a una gran cantidad de
recursos naturales (Niveau, 1966; Fonseca, 1993).

Entre 1850-1873, hubo una expansión de la economía-mundo, que
reforzó la hegemonía internacional de Gran Bretaña, lo que otorgó
poder corporativo a las empresas británicas en su conjunto. En ese
periodo, la concentración del mercado era baja, apenas hubo monopolios y la mayoría de las empresas eran pequeñas o medianas,
orientadas al mercado interno. Sin embargo, al final de este periodo
nacieron las primeras empresas o corporaciones transnacionales (ET
o CT), pues algunos bancos e industrias establecieron filiales en el
extranjero (Wallerstein, 1989; Pollard, 1989).

Las grandes empresas se hacen transnacionales
y el capitalismo se convierte en monopolista (1880-1929)

La recesión en Europa (1870-1876) condujo a una crisis política y a la
guerra entre Alemania y Francia, de la que Alemania surgió como una
nueva potencia militar e industrial mientras que Francia se hundió
en una profunda crisis que intensificó la lucha de clases (Comuna
de París en 1871). La crisis estimuló la fusión de miles de empresas

y la compra de empresas industriales por los bancos, consolidando así el *capital financiero* (fusión de capital bancario e industrial). En Estados Unidos, el anterior crecimiento acelerado de la producción y la demanda generó un importante excedente de ahorro interno, consolidó el sistema bancario y redujo al mínimo la necesidad de capital extranjero. Entre 1870 y 1900 Estados Unidos duplicó su ingreso nacional y se convirtió en líder mundial en renta per cápita, en productividad y en producción industrial (representaba 30% del total mundial) (Niveau, 1966; Fonseca, 1993). Pero con una fuerte concentración de capital: 300 corporaciones industriales concentraban 40% de la inversión industrial total en 1904 (du Boff, 1989).

La consecuencia fue que Europa y Estados Unidos iniciaron una expansión financiera y colonial en el extranjero. En dos decenios, las potencias europeas se repartieron África y acentuaron el saqueo de sus recursos naturales. El Imperio Británico extendió sus colonias en Asia, abarcando una cuarta parte de la población mundial. Estados Unidos invadió varios países de América Central, donde creó enclaves semicoloniales. Otros países (notoriamente en Centro América) fueron "colonizados" por parte de sus empresas privadas. La búsqueda de nuevos mercados llevó a las empresas a establecer filiales y se convirtieron en corporaciones transnacionales; la mayoría de ellas están todavía hoy en día entre las 100 principales del mundo. De Estados Unidos se internacionalizaron en esos años Singer, Morgan Guaranty, Chase Bank, Citi Bank, Exxon, GM, Ford, Chrysler, IBM, Goodyear, Otis, Merck, Kodak, Standard Electric, General Electric, Portland, Johnson & Johnson, Pfizer, Dow Chemical, Procter & Gamble, Coca Cola y la United Fruit; de Alemania, Deutsche Bank, Dresdner Bank, Wella, Telefunken, Bayer y BASF; de otros países europeos Anglo-Persian (hoy British Petroleum), Royal Dutch Shell, Total, Nestlé y Roche y, de Japón, Mitsui y Mitsubishi (Andreff y Pastre, 1981; Fonseca, 1992; UNCTAD, 2010).

En 1914, el stock mundial de salidas de IED alcanzó 9% del PIB mundial, de los cuales 45% correspondía a corporaciones transnacionales con base en Reino Unido, 15% en Estados Unidos y 35% en Alemania, Francia y los Países Bajos. El 24% del total estaba invertido en los países industrializados de Europa y Estados Unidos, 33% en América Latina, 21% en Asia, 7% en Rusia, 6% en África, 4% en Australia y en África del Sur y 3% en Oriente Medio. Dos tercios de la inversión total se hizo en nuevas instalaciones productivas, en su

mayoría relacionadas con petróleo, minería y agricultura (55%), fe-
rrocarriles (20%) y manufacturas (15%) (Dunning y Lundan, 2008).
Durante la primera guerra mundial, Estados Unidos se convirtió
en financista y proveedor de armamentos y equipo de Gran Bretaña
y Francia, mientras les sustituía en zonas que habían dominado an-
teriormente. El "complejo militar-industrial" ocupó el centro de la
economía de Estados Unidos y, en 1919, este país pasó a ser acreedor
neto del resto del mundo (Niveau, 1966; Fonseca, 1993). En 1929 las
100 empresas más grandes de Estados Unidos concentraban 38% de
las ventas industriales, mientras que un número pequeño de grupos
empresariales controlaban los mercados internos (Boff, 1989).

La expansión internacional de las empresas provocó una diferenciación dentro de la clase capitalista, aumentando el papel del Estado
en la regulación económica, ya que tuvo que articular los intereses
internos y externos de empresas locales y extranjeras. En el centro
de la economía-mundo, el Estado era sostenido financieramente
desde dentro a través de impuestos y combinaba la acción directa en
defensa de sus empresas capitalistas con una delegación de facultades
a las grandes empresas.

En la periferia, el Estado estaba económica y financieramente más
sostenido desde el exterior a través de la deuda y la inversión extranjera que mediante tributos en el interior. Una parte de la élite capitalista dominante era extranjera, por lo tanto, el papel de los estados
era más complejo debido a la necesidad de conciliar los intereses
locales y extranjeros, a menudo bajo la dirección de éstos últimos.
En consecuencia, en el "centro" y la "periferia", los estados reforzaron
el poder corporativo de las empresas, que estuvieron cada vez más
representadas en las instituciones estatales y supranacionales, aumentando su poder económico, político y social.

Boom de IED y corporaciones transnacionales (1929-1972)

En 1929 las corporaciones transnacionales de Gran Bretaña y Estados
Unidos eran las principales inversoras en el mundo: 40% del stock
mundial de IED era de las de Gran Bretaña y 28% de las de Estados
Unidos (Dunning y Lundan, 2008). En América Latina las empresas
de Estados Unidos concentraban 50% del total, y sus corporaciones
industriales eran las más grandes del mundo. Después de la crisis de

1929, y durante la segunda guerra mundial, la IED total disminuyó (Berberoglu, 1987; Fonseca, 1992) pero muchas empresas estadunidenses continuaron su expansión en el extranjero, a menudo saltando las barreras proteccionistas, a veces también rompiendo otras reglas. Tal es el caso de General Motors, que en 1929 compró Opel en Alemania, que durante la segunda guerra mundial produjo para el régimen de Hitler mientras que en Estados Unidos producía para los aliados. Muchas otras corporaciones transnacionales de Estados Unidos, tales como Ford, Chase Bank, IBM o ITT, fueron acusadas también de colaboración con los nazis. Igualmente grandes empresas alemanas, como Daimler Benz, Bayern, BMW, Krupp, Volkswagen o Siemens, acusadas de utilizar prisioneros como mano de obra esclava y de colaboración con el nazismo. Las denuncias se extienden a numerosas empresas de distintos países (Black, 2001; Higham, 1993, ISSOCO, 1976; Sampson, 1973).

Después de 1945, se dio un largo periodo de crecimiento impulsado por industrias metalmecánicas, fuerte gasto público e incentivos, tanto en los países capitalistas como en la gran área de economías de planificación centralizada. En las economías capitalistas tuvo lugar un nuevo auge de IED, principalmente en manufacturas, que acumularon 35% del stock total en la década de 1960. También crecieron las fusiones y adquisiciones transfronterizas (FAT) y las grandes empresas se transformaron en corporaciones trasnacionales diversificadas o conglomerados. Geográficamente, la IED se concentró en los países centrales: dos tercios de la IED se concentró en los países más ricos, que en 1914 y 1938, acumulaban sólo 24%. Del total invertido en países subdesarrollados la mitad era en América Latina. Estados Unidos era la potencia hegemónica indiscutida y el mayor inversor mundial con casi 60% de la IED mundial en 1950 y 50% en 1960 (Berberoglu, 1987). Entre 1950 y 1970, la IED de Estados Unidos se multiplicó por siete, mientras que el número de afiliados de sus empresas transnacionales aumentó cuatro veces. Esta inversión se realizó mediante la reinversión de utilidades de las filiales extranjeras. Aunque la mayoría de las empresas eran pequeñas y medianas, unas pocas docenas de grandes corporaciones transnacionales tenían el poder de monopolio en casi todos los mercados del mundo (Vaupel y Curhan, 1974; Fonseca, 1992).

Financiarización, centralización y liderazgo de las corporaciones
transnacionales en la globalización neoliberal (1973-2011)

A mediados de los años sesenta la expansión económica de posguerra
se agotó, provocando una fuerte caída en la tasa media de ganancia,
una crisis monetaria con el abandono del patrón oro-dólar y una
recesión global en la década de 1970, agravada por la subida de los
precios del petróleo. El aumento del gasto público para apoyar empresas y reducir la caída de la demanda dio lugar a una crisis fiscal,
la expansión de la deuda y el aumento de las tasas de interés, lo que
alentó el reciclaje de los petrodólares hacia los países endeudados.
A su vez hubo una salida de capital productivo en busca de una mayor rentabilidad en el sistema financiero. Desde los años setenta la
especulación en divisas y títulos de deuda en los mercados de euro-
dólar y en centros bancarios *offshore* creados en todo el mundo se
hicieron más rentables que cualquier inversión productiva. Esto
aceleró la expansión de la banca transnacional y las actividades especulativas de las sociedades no financieras (Fonseca y Martínez G.
Tablas, 2008).

Los años setenta marcaron el comienzo de lo que se ha dado en
llamar la *era neoliberal*. A partir de entonces en las políticas públicas
se generalizaron los llamados programas de ajuste estructural. Estos
programas eran requisito para recibir asistencia financiera, principalmente del Fondo Monetario Internacional, condicionada a la reducción de salarios, del gasto público y de los impuestos al capital; libe-
ralización financiera; privatizaciones de las empresas estatales y otras
medidas compatibles con la primacía del mercado, fuertemente dominados por las grandes empresas.

El Estado pionero para poner en práctica estos programas fue
Chile, bajo la dictadura de Augusto Pinochet, con la asesoría directa
de Milton Friedman y sus asociados. Margaret Thatcher en Gran
Bretaña y Ronald Reagan en Estados Unidos aplicaron planes similares en los años ochenta y poco a poco también lo hicieron otros
gobiernos de Europa. Estos programas dieron como resultado altos
niveles de deuda, y en muchos países desindustrialización y reducción
drástica del estado de bienestar. Esto condujo a una fuerte transferencia de ingresos de los trabajadores a la clase capitalista; en particular, a banqueros y especuladores financieros. También dio lugar a
la transferencia mundial de activos públicos a los monopolios priva-

dos a través de privatizaciones, la aceleración de la transnacionalización productiva y la centralización del capital (Fonseca y Martínez G. Tablas, 2008).

El volumen de las transacciones bancarias en 2007 llegó a 32 billones de dólares, 300 veces más que en 1970. Los activos bancarios también crecieron, hasta equivaler a más de 50% del total del PIB mundial. La concentración del capital bancario mundial en los 50 bancos más grandes aumentó de 42% a 60% entre 1996 y 2007, mientras que la cuota de mercado de los 100 bancos más grandes aumentó de 55 a 75%. En el primer decenio del siglo XXI, la especulación con derivados financieros alcanzó niveles extraordinarios: el mercado de derivados de crédito se multiplicó por 40 entre 2001 y 2007, llegando a 45 billones de dólares. Por otra parte, las transacciones diarias de divisas llegaron a 3.4 billones de dólares en 2007 y las operaciones diarias con derivados financieros en mercados no regulados (*over-the-counter*) alcanzaron 4.2 billones de dólares. Esto implica que la suma de ambos mercados supera el total de reservas mundiales de divisas y ayuda a explicar las crisis financiera recurrentes (Fonseca 2008, Fonseca and Martínez González-Tablas, 2008).

La burbuja financiera de 2007, causada por la especulación en valores respaldados por hipotecas, derivó en una crisis financiera mundial, provocando una nueva ola de fusiones y adquisiciones, que alcanzó un nuevo récord de más de 10 000 operaciones, por valor de 1.6 billones de dólares. El 71% de este valor se concentró en 300 megafusiones de más de mil millones de dólares cada una, que aumentaron el flujo de IED a 1.8 billones de dólares y el stock de salida de IED a 27 veces la de 1982, alcanzando el equivalente a 28% del PIB global en 2007 y 35% en 2009, la más alta en la historia (Fonseca, 2008; UNCTAD, 2010).

Sin embargo, dado que casi 90% de la IED se hizo a través de fusiones y adquisiciones de empresas existentes, no contribuyó ni a la formación de capital fijo bruto ni a la creación de puestos de trabajo. Esto, en combinación con la concentración del origen de la inversión, contribuyó a una mayor centralización y, a la vez, mayor polarización del capital.

Además, esta expansión de la IED fue apoyada por los altos beneficios generados por la propia IED en los países de acogida, 70% de la IED total y hasta 90% de las FAT en 2005-2007, se hicieron con ahorro local.

El origen de la IED siguió siendo muy concentrado: Estados Unidos continuaba como mayor inversor con 18% del stock de IED hacia el exterior en 2007, y también, aunque en declive, el principal beneficiario del stock de entradas de IED, con el 13 por ciento.

Conjuntamente, las corporaciones transnacionales de Estados Unidos, Gran Bretaña (13.3%), Francia (11.2%) y Alemania (8.4%) concentraron la mitad del total de stock de salidas de IED. Italia, España y Japón 14.2% y otros siete países desarrollados 22%. Las corporaciones de los países en desarrollo en conjunto aportaron 15.2% del stock de salidas de IED (las de China 7%, las de Rusia 2.3%). Las empresas transnacionales fueron también el principal agente de la globalización comercial, debido a que dos tercios del comercio mundial se llevó a cabo por las corporaciones transnacionales y alrededor de 40% de ésta era entre filiales de una misma empresa (Fonseca 2008; UNCTAD 2010).

En el largo plazo, las salidas de divisas de las áreas periféricas generadas por las corporaciones transnacionales a través de cobro de intereses y royalties han sido mucho mayores que las entradas para inversión; en consecuencia, han contribuido a la polarización económica mundial, extrayendo capital en términos netos desde las zonas periféricas para acumularlo en las economías centrales. Las grandes corporaciones que buscan controlar los mercados de alto poder adquisitivo han concentrado geográficamente sus inversiones en países desarrollados con altos ingresos y en los grandes mercados "emergentes". En 2007, Estados Unidos (13%), Gran Bretaña (10%), Francia (9%), Alemania (3%) y los BRICS (Brasil 2%, Rusia 3%, India 1.3%, China 10%) con 16.3% sumaron 51.3% del stock de entradas de IED. Los países industrializados concentraron 68% y los países subdesarrollados 32% (Asia 17%, Oriente Medio 4%, América Latina 7%, África 3% y la Comunidad de Estados Independientes incluyendo Rusia, 5%). En 1914, los países periféricos o subdesarrollados habían recibido conjuntamente 72% del total mundial de IED (cuadro 6.1).

CUADRO 6.1. EVOLUCIÓN DE LA TRANSNACIONALIZACIÓN DEL CAPITAL,
1914-2007. LOCALIZACIÓN DEL STOCK DE IED (PORCENTAJES)

	IED SALIDAS 1914	IED SALIDAS 2007	IED ENTRADAS 1914	IED ENTRADAS 2007
Centro/países desarrollados	100	85	28	68
Reino Unido	45	13	...	...
Estados Unidos	15	18	...	...
Francia, Países Bajos, Alemania	35	21	...	...
Otros siete países	5	22	...	...
Periferia/países subdesarrollados	0	15	72	32
Rusia	0	2	7	5
Asia	0	9	21	17
China	0	7	...	10
Medio Oriente	...	2	3	4
América Latina	...	2	33	7
África	...	0	8	3

FUENTE: para 1914 Dunning and Lundan, 2008; para 2007 Fonseca, 2008 con datos de UNCTAD.

Entre 1914 y 2009, la transnacionalización del capital, medida por la ratio entre stock de salidas de IED/PIB mundial, se multiplicó por cuatro, pasando de 9 a 35 por ciento. En 1914, la IED se realizó principalmente en nuevas instalaciones productivas. En 2007, en cambio, el 90% de la inversión fue en la compra de empresas existentes. Sectorialmente, en 2007, la IED se hizo principalmente en actividades financieras (20% del total), servicios a las empresas (14%) y otros servicios con grandes infraestructuras. El sector de servicios atrajo 56% del total. La excepción es el Este de Asia, donde la IED también se dirigió a la industria manufacturera. En 1914, 90% de la IED fue en el sector primario y manufacturas, destinos que en 2007 declinaron hasta 36% (cuadro 6.2).

TABLA 6.2. EVOLUCIÓN DE LA TRANSNACIONALIZACIÓN DEL CAPITAL,
1914-2007/2009. STOCK MUNDIAL DE IED*: PORCENTAJE DEL PIB
MUNDIAL Y DISTRIBUCIÓN SECTORIAL

	1914	2007	2009
IED como porcentaje del PIB	9	28	35
Porcentaje IED:			
NIP[1]	66	10	
FAT[2]	34	90	
PMA[3]	55	8	
Manufactura/FFCC	35	28	
Servicios	...	62	
Financieros	...	20	
Sin clasificar	10	1.5	

1] Nuevas instalaciones productivas("Greenfields"); 2] Fusiones y adquisiciones; 3]
Petróleo, minería y agricultura; *IED Stock (salidas).
FUENTE: para 1914 Dunning and Lundam, 2008; para 2007 Fonseca, 2008, con datos
de UNCTAD.

La importancia relativa de las empresas más grandes del mundo
es muy impresionante. Las 100 mayores empresas mundiales (conglomerados financieros, no financieros y diversificadas) que figuran
en el *Fortune Global 500* acumulaban en 2006 un total de activos por
45 billones de dólares, que equivalían a 92% del producto interno
bruto mundial (PIB) del mismo año. El valor de los activos de la 500
empresas más grandes superaba 75% del PIB mundial. Los activos de
las 100 empresas no financieras más grandes superaban el total de
capital fijo bruto mundial, y el ingreso de las 200 empresas más grandes era casi equivalente a la totalidad del valor de las exportaciones
mundiales.

Geográficamente, en 2007, 340 de las 500 empresas más grandes
del mundo (casi 70%) se localizaban en los países del G5 (Estados
Unidos, Gran Bretaña, Francia, Alemania y Japón), y los Países Bajos,
países éstos, todos, que fueron hegemónicos o pugnaron por la hegemonía mundial desde el siglo XVI. China, con 25 de esas 500 empresas (*Fortune*, 2007) ocupa el sexto lugar y es la potencia emergente en la búsqueda mundial de recursos y el control de los mercados
a través de un desarrollo acelerado de sus grandes corporaciones,

que gradualmente recupera el lugar que ocupaba en 1820 cuando era la mayor economía del mundo y que tiende a recuperar la ventaja que tuvo hasta el siglo XV.

En 2011, cuatro años después del inicio de la crisis financiera en todo el mundo, las corporaciones transnacionales, especialmente las empresas financieras, habían recuperado con creces su valor de 2007. Las corporaciones transnacionales con sede en Estados Unidos mantuvieron su hegemonía, aunque China ya era la segunda potencia en el *ranking* de mayores empresas transnacionales del mundo. Cinco de los diez primeros y siete de las 23 mejores grandes corporaciones financieras eran de Estados Unidos. Cuatro de las diez primeras y cinco de las 23 eran de China. Sin embargo, hay una diferencia importante entre ellas: las corporaciones estadunidenses están altamente internacionalizadas, mientras que las empresas chinas tienen un bajo grado de internacionalización, lo cual les da menor poder corporativo mundial. Aunque el apoyo estatal les da poder corporativo de conjunto.

Estados Unidos tenía en 2011 seis de las diez primeras y 24 de las 50 mayores empresas transnacionales no financieras, con un predominio de la información y las empresas de comunicación (TIC). China, estaba segunda en el ranking, con cuatro de las diez primeras y cinco de las 23, pero con un predominio de compañías petroleras, lo que indica la hegemonía tecnológica de Estados Unidos (Forbes, 2011).[2]

CONCLUSIONES

La evidencia histórica muestra que el poder de las grandes empresas ha sido un elemento decisivo para lograr la hegemonía geopolítica y económica, y esto ha contribuido a la polarización global. En la etapa mercantil grandes empresas colonizadoras dieron la hegemonía económica a sus países de origen. En la fase monopolista la mayoría de las grandes empresas, con miles de filiales en todo el mundo, tienen su origen en un puñado de países desarrollados, que han

---

[2] Para el debate relacionado con la rivalidad Estados Unidos-China véase Jacques 2008, Shirk 2008 y Bustelo 2010.

aumentado su cuota de stock mundial de IED en relación con la producción mundial (de 8.5% en 1914 al 30% en 2009).

Esos países absorben el ahorro y la riqueza de los países en los que invierten, y los acumulan en sus países de origen u otros del centro. Este proceso de polarización deriva de una división internacional del trabajo que genera un desarrollo desigual, dentro de un sistema social que penaliza severamente a aquellos que buscan modificarlo, pero tolera o protege graves violaciones de derechos fundamentales por parte de las mismas poderosas corporaciones.

Las grandes empresas tienen un fuerte *poder corporativo,* ya que están integradas en grupos y asociaciones monopolistas que les permiten controlar las redes de distribución, el acceso a las materias primas estratégicas y mercados de consumo. En estas condiciones, los procesos de toma de decisiones de las empresas se realizan a escala mundial, en el marco de sistemas integrados globales de materias primas, producción, financiación, distribución comercial y servicio posventa. Esto les permite aprovechar al máximo las ventajas de cada uno de los eslabones de la cadena de valor en todo el mundo para obtener el control del mercado mundial en su conjunto. Las corporaciones pueden aprovechar así tanto la mano de obra calificada en las industrias de alta tecnología como el bajo costo de los salarios de los sectores maduros, a la vez que las economías de escala en las industrias de capital fijo intensivo, el control de las materias primas estratégicas, o diversas combinaciones de estas ventajas.

El desequilibrio de la cuenta corriente de la balanza de pagos en un gran número de países crea la necesidad de buscar capital extranjero para financiar sus déficit, y las grandes empresas han desarrollado una gran capacidad para imponer garantías extraordinarias de beneficios monopolísticos y protección como condiciones para su inversión. Esto conduce a un círculo vicioso, en el que las entradas de IED siempre derivan en aumento de los desequilibrios externos. La necesidad de más capital por el país anfitrión se intercambia por mejores condiciones de inversión para las empresas. Reciben subsidios, exención de impuestos, regulaciones laborales especiales, así como cambios que afectan a toda la economía, sea en el tipo de cambio, o en las normas laborales generales y jurisdicción de sus países para resolver diferencias. Esto refuerza el poder corporativo.

Los estados de los países centrales, donde la mayoría de las empresas tienen su sede y donde se encuentran las principales instituciones internacionales del capitalismo global, en combinación con las grandes corporaciones, imponen las reglas económicas y financieras mundiales a seguir por los países de la periferia. Sea para financiar su deuda externa, o para recibir "ayuda al desarrollo", deben aceptar la imposición de reglas asimétricas de "libre comercio", reducción del gasto social o normas laborales regresivas. La conclusión final es que las grandes empresas son un agente importante para provocar desarrollo desigual y polarización social dentro y entre las diferentes regiones y países de la economía-mundo capitalista.

De ello se desprende que, desde la formación del sistema-mundo moderno, el puñado de países que eran hegemónicos han combinado el poder del Estado con el poder corporativo. Inicialmente, el estado era el empresario; luego protector de grandes empresas, a la que delegó algunos poderes. En el siglo XIX, las empresas eran autónomas pero recibían protección global en el exterior, y en el siglo XX, las grandes empresas comenzaron a ejercer formas de hegemonía global que antes eran competencias de los Estados. En la era neoliberal, las grandes corporaciones han desarrollado un poder que podría definirse como autoritarismo corporativo, en la medida que imponen normas, por encima de los ciudadanos.

7. LA PROPIEDAD INTELECTUAL

RAVI SUNDARAM

Las discusiones y los debates sobre la piratería en los medios, el *copyright* y lo que se ha bautizado como "la economía del conocimiento" han adquirido un lugar preponderante en la retórica de la crisis global contemporánea. Esta discusión pone de manifiesto cómo la transformación del ámbito de la cultura en una mercancía se aceleró, de forma dramática y generalizada, tras la llegada de los medios mecánicos y digitales en el siglo xx. También delimita los contornos de las disputas actuales entre Estados Unidos y China y entre las industrias estadunidenses de medios y los reguladores europeos.

Los debates del siglo xx reflejan la culminación de un proceso histórico de largo plazo mediante el cual medios como el de la imprenta se transformaron en mercancías. En este texto buscamos presentar algunos de los problemas relevantes para este proceso y formular preguntas sobre su polarización a largo plazo. Usamos el copyright como ángulo de observación para estudiar la mutación de la cultura en mercancías, vinculada a su vez con 400 años de movimientos seculares en la historia de los medios.

El copyright ofrece un punto de vista privilegiado para comprender y medir los cambios sistémicos clave. Seguiremos los distintos regímenes de los medios de comunicación desde la Inglaterra del siglo xvii hasta la era digital moderna. Estos cambios sistémicos en los medios de comunicación corren paralelamente, pero no necesariamente equivalen, a los grandes patrones de polarización de la economía-mundo capitalista.

Podemos identificar cuatro fases de este movimiento de largo plazo. La primera fase es el sistema de patentes de la Europa moderna temprana. Las patentes dieron origen al régimen de copyright al crear modelos de propiedad y de autoridad y determinar su relación con el poder estatal. La segunda fue el surgimiento en Inglaterra del sistema del copyright a principios del siglo xviii y su coexistencia con modelos rivales en la Europa continental y en los albores de Estados Unidos. La tercera fase fue el establecimiento de un régimen de copyright dominante que acompañó el ascenso de la hegemonía de

Estados Unidos y de Hollywood, y la erradicación de la mayor parte de los sistemas rivales. La cuarta fase ha sido el reto que presentan los videos y la piratería digital y que ha ido de la mano del declive del poder de Estados Unidos en la era post 1968. Esta fase también ha sido testigo de la agresiva aplicación del copyright emprendida por Estados Unidos y sus agencias, un modelo que resulta cada vez menos efectivo para administrar los medios de comunicación.

COPIA/ORIGINAL/PIRATA: UNA INTRODUCCIÓN

Desde la época de Platón la relación entre el original y la copia se ha entendido de modo tal que el simulacro se considera casi sin excepción una comparación negativa, un aspirante apócrifo a lo real. La distinción de Platón se volvió importante en el siglo XVII, cuando la modernidad occidental adoptó una forma nueva gracias a los lentes de la creatividad y el reconocimiento de la autoría, ambas vinculadas con una naciente teoría de los bienes culturales. No resultó nada fácil establecer un discurso generalizado sobre la autoría; a partir del siglo XVII las técnicas de reproducción masiva que inauguró la imprenta, y la subsecuente proliferación de múltiples versiones de un texto supuestamente idéntico, hicieron cada vez más sospechosa la distinción filosófica platónica.

En su notable libro sobre los inicios de la cultura impresa moderna Adrian Johns sugiere que la piratería generalizada a inicios de la cultura impresa occidental tenía implicaciones tanto "epistémicas" como económicas. En particular, la piratería ubicó geográficamente la recepción de los impresos y socavó la imaginaria "fijación" y homogeneidad de las comunidades de impresión. Conforme aumentó considerablemente el acceso a los textos también lo hizo la incertidumbre sobre la autoría de la palabra impresa.[1]

La piratería y el plagio ocuparon las mentes de los lectores [...] Se pensaba que las traducciones no autorizadas, los epítomes, las imitaciones y otras variedades de "improcedencia" eran riesgos normales [...] Desde Galileo y

---

[1] Para otros debates sobre los inicios de la cultura impresa en occidente véanse Chartier (1994), Darnton (2006) y Eisenstein (1979).

Tycho hasta Newton y John Flamstead, ningún autor muy leído parecía escapar al tipo de prácticas que pronto se agruparon coloquialmente en la categoría de piratería (Johns, 1998: 30).

Las obras impresas, escritas por los mismos "autores", cambiaban de región en región y le provocaban a los lectores tanto confusión como éxtasis.

De hecho la traducción alemana de las *Escrituras* de Martín Lutero llegó a la imprenta primero en una edición pirata, y en los años siguientes la proporción de las versiones no autorizadas contra las autorizadas fue aproximadamente de 90 a 1 [...]

Un siglo más tarde el Primer Folio de Shakespeare contenía 600 fuentes tipográficas, así como una ortografía y una puntuación desiguales, divisiones y órdenes erráticos, problemas de foliación y una corrección irregular. No había dos copias idénticas (Johns, 1998: 31).

Así aparecieron nuevas geografías mediáticas de lectores, impresores piratas e interpretaciones en una zona en la que el objeto mismo —el libro impreso—creó debates y conflictos en vez de producir una unidad a través de la fijación tecnológica. El blanco principal de Johns en *The nature of the book* es el enormemente influyente *The printing press as an agent of change* de Eisenstein (Eisenstein, 1979). Él argumentaba que "las tradiciones científica antigua y medieval fueron transformadas por la capacidad de la imprenta para transmitir registros de las observaciones sin ninguna pérdida de precisión y con todo detalle" (1979: 470). Esto dio como resultado que surgieran nuevas comunidades de científicos experimentales que se comunicaban a través de las fronteras. Para Eisenstein la estandarización produjo comunidades de colaboración y experimentación. El trabajo de Benedict Anderson sobre el nacionalismo (1991) lleva este argumento un paso más lejos, pues sostiene que los viajes imaginarios que solían emprender, mediante la imprenta, las élites nacionales, prefiguraron el ascenso de los estados-nación. En el libro de Johns, por el contrario, la categoría de "impreso" es expulsada de la historia clásica de la expansión serial de la modernidad occidental, desde Gutenberg hasta el cosmopolitismo.

Los pasados del copyright también son profundamente contradictorios. El régimen de finales del siglo xx nació de conflictos entre autores, editores, empresas y estados que postulaban diferentes filo-sofías legales que a su vez inspiraron leyes distintas. El consenso legal generalizado es que los "orígenes" del copyright pueden rastrearse hasta el estatuto de la reina Ana de 1710 que puso fin al sistema de privilegios y patentes reales que se había desarrollado en Europa a principios del periodo moderno, un momento que constituye una fascinante prehistoria de la propiedad literaria.

LAS PATENTES Y LA PREHISTORIA DEL COPYRIGHT

Las patentes eran privilegios que concedían los estados durante la modernidad temprana con el objetivo de forjar una nueva relación con los gremios de artesanos. Las organizaciones gremiales comen-zaron a implementar nuevos modelos de secretismo y derechos de propiedad destinados a proteger su oficio (Long, 2001); en la Euro-pa medieval se inventaron con este propósito las patentes. La prime-ra ley general sistemática de patentes se proclamó en Venecia en 1447; se aplicaba a los inventos y los protegía por 10 años. A cambio de la protección contra las imitaciones los inventores estaban obliga-dos a revelar algunos detalles al Estado, que podía usarlos para sus propios fines. Las patentes se aplicaban a los libros y a los artefactos mecánicos, y cambiaban de país en país.

Los estados comenzaron a emplear las patentes como herramien-tas para fomentar el trabajo artesanal, y sirvieron también para ani-mar la inmigración entre los artesanos. La movilidad resultaba central para el modelo. Venecia, por ejemplo, disuadió sistemáticamente a sus inventores de llevar sus inventos fuera de sus fronteras y al mismo tiempo animó la entrada de inventos provenientes del exterior. Así, los primeros documentos venecianos de patentes anunciaban: "Algu-nos de los hombres con las mentes más agudas, capaces de concebir diversos artefactos ingeniosos, residen en este ciudad, y gracias a su magnificencia y tolerancia se mudan aquí todos los días provenientes de distintos países" (citado en Biagoli, 2006: 148).

Las patentes prefiguraron la noción de propiedad intelectual, puesto que le concedieron a los "inventos" una protección limitada. Sin embargo, su propósito era distinto. A diferencia del copyright moderno, que dio origen a un concepto de derecho autoral, las patentes consideraban a los autores y a los inventores *súbditos* del Estado. Las patentes eran, pues, obsequios del Estado, y no derechos (Biagoli, 2006: 142). Se concedían no en razón de su originalidad sino con el objetivo de hacerse conocimientos que podían beneficiar al reino. Resultaba irrelevante quién había inventado en realidad el conocimiento patentado; aquel que buscara la protección no tenía que hacer más que poseerlo. Pamela Long señala que las primera patentes de libros no estaban relacionadas con la originalidad autoral, como sucede con el copyright moderno. La patente era un privilegio comercial que se concedía al autor a cambio de un pago (Long, 2001: 11).

Los dueños de patentes tenían una gran movilidad. Los inventores viajaban de reino en reino llevando con ellos sus inventos y oficios, y los estados se desvivían por atraer nuevos artesanos y nuevos inventos provenientes de otras áreas. A diferencia de los derechos virtuales y abstractos del régimen de propiedad intelectual que se impuso después y que funcionaba mediante licencias, la movilidad de los artesanos en la era de las patentes/privilegios era física, un movimiento de personas.

En otros niveles, sin embargo, las culturas de las patentes de los siglos XIII a XVI anticiparon las tormentas que azotarían el periodo que siguió a la instauración de la propiedad intelectual y el copyright. El conocimiento artesanal y los debates sobre la alquimia y la ciencia le dieron a la creatividad un nuevo protagonismo sobre el conocimiento escolástico. Lo que se originó fue la figura del artesano como un autor "de una clase extraordinariamente ambiciosa: uno que podía transfigurar, transmutar, *crear*" (Johns, 2008: 21). Este énfasis en el descubrimiento, la práctica y la creatividad nacieron a partir de una "epistemología artesanal" (Long, 2001) y tuvo implicaciones radicales en los debates futuros sobre la autoría, la creatividad y la piratería.

DE LAS PATENTES AL COPYRIGHT

La Inglaterra posterior a la guerra civil y a la Restauración ofrecen una buena perspectiva desde la que se atestigua el surgimiento del primer sistema de copyright. En los últimos decenios del siglo XVII la impresión en Inglaterra estaba dominada por la Stationers's Company, un gremio de impresores que combinaba el monopolio con la censura de las obras prohibidas.[2] Hacia principios del siglo XVIII este monopolio era objeto de ataques; el estatuto de la Reina Ana lo eliminó en 1710 en beneficio de los "autores", a los que ahora se les concedían derechos sobre su trabajo por un periodo total no mayor de 28 años. Por supuesto, los derechos de los "autores" en una sociedad crecientemente capitalista implicaban, en la práctica, que los escritores les asignaban a los impresores sus derechos autorales. En todo caso, el estatuto procuró equilibrar el monopolio privado con un incipiente concepto de propósito público.

A este acto le siguió en Inglaterra una larga lucha entre la idea del derecho perpetuo de los autores en el derecho común (es decir, el de los impresores al que se les había asignado) y los derechos, más limitados, que había establecido el Estatuto de Ana. El asunto se resolvió finalmente en el famoso caso de Donaldson *vs.* Becket en 1774, en el cual la Cámara de los Lores estipuló por mayoría la prescripción de derechos. Donaldson *vs.* Beckett fue una decisión histórica en los inicios de la ley del copyright, porque marcó un hito en las ideas sobre diversos asuntos concernientes a dicha ley.

Para apoyar su causa los impresores londinenses comenzaron a sondear la idea de que los autores tuvieran un monopolio perpetuo sobre sus trabajos, un derecho que emanaba del derecho común. Esta idea de un derecho natural de los autores sobre sus obras nació a partir del enamoramiento de la Europa ilustrada con el genio de los autores (Woodmansee y Jaszi, 1994). Si los defensores del derecho común perpetuo se concentraban en el autor, sus contrincantes dirigieron su atención hacia la cosa *(res)*: la obra. Hicieron hincapié en la indeterminación fundamental de la "propiedad de las palabras" que los impresores londineneses aseguraban que existía. ¿Cómo podía alguien reclamar la propiedad de una cosa que era imposible disfrutar y usar en forma exclusiva?

En añadidura, establecieron analogías con la ley de patentes vigente en la época, que limitaba los derechos de propiedad del inventor. El trabajo simultáneo de ambos bandos condujo, como señala Rose (1993), a la cosificación de la relación autor-obra, que allanaría el

---

[2] Existe una vasta bibliografía sobre este periodo. Para algunos resúmenes muy lúcidos véase Rose (1993), en particular los capítulos 2 y 3, y para una descripción general véase Johns (1998).

camino para un copyright más ambicioso del trabajo de los autores y más tarde a la representación del "autor" por parte de las industrias de medios a escala mundial.

EL ROMPECABEZAS DEL SIGLO XIX: IMPRENTA, PODER, COPYRIGHT

La consolidación de la hegemonía del Reino Unido en la economía-mundo capitalista no significó de ningún modo la imposición de un régimen global de copyright que estuviera en consonancia con sus intereses. Existen varias razones posible para ello:

- ·La imprenta, en su carácter de tecnología cultural, estaba fragmentada por territorios y cambiaba según la región. Los conflictos sobre textos, los impresos y la propiedad solían ser regionales, aunque los debates internacionales comenzaron a cobrar relevancia a mediados del siglo XIX.
- ·Las tradiciones legales eran distintas en la Europa continental, aún dominada por ideas románticas sobre la autoría, y Estados Unidos,que aún albergaba sentimientos ambivalentes respecto a la piratería.
- ·Sin embargo, el Reino Unido impuso en sus colonias de Asia y África versiones de la ley del copyright modeladas sobre los principios legales ingleses. Como sucedió en la Europa continental, en las colonias los pequeños impresores tenían una vaga conciencia sobre qué era el copyright.

Un ejemplo notable de este mundo fragmentario en la aplicación del copyright fue la presencia generalizada de la piratería de impresos en Estados Unidos. La Ley de Copyright de 1790 le abrió las puertas de forma explícita a la piratería de materiales originados fuera de Estados Unidos al decir: "Se entenderá que nada en esta ley se extiende a la prohibición de la importación o el comercio, la reimpresión o la publicación en Estados Unidos de cualquier mapa, carta, libro o libros, escritos, impresos o publicados por cualquier persona que no sea ciudadana de Estados Unidos, en zonas extranjeras sin la jurisdicción de Estados Unidos" (citado en Frith y Marshall, 2004: 30). La propagación de la piratería de materiales extranjeros en Estados Unidos fue producto tanto de su fomento activo por parte del Estado (Ben-Atar, 2004) como de las comunidades de impresores republicanos radicales que usaron pequeñas empresas editoras para publicar en serie textos europeos y hacerlos circular mediante órdenes postales. Durante más de un siglo Estados Unidos se rehusó a firmar la Convención de Berna de 1886. Todo esto cambió en la década de 1990 con el ascenso de las industrias digitales y el tránsito hacia una economía de la información. En suma, la doctrina del copyright vio, desde las épocas del estatuto de la reina Ana, cómo confluyeron tres cauces que con frecuencia se confundieron y entraron en conflicto.

El primero fue el modelo legal utilitarista angloamericano, que convirtió la teoría lockeana[3] de la propiedad en un sistema de incentivos para la creación de bienes culturales que creó límites legales a los derechos de propiedad eternos tanto en los medios impresos como en otros para ayudar a los autores y a los creadores a contribuir con el bien público. Así, la Constitución estadunidense determinó que el Congreso tenía poder para buscar "el progreso de la Ciencia y las Artes Útiles, al asegurar por un tiempo limitado a los Autores e Inventores el Derecho exclusivo de sus Escritos y Descubrimientos respectivos" (Artículo 5, secc, 8, párr. 8).[4]

El segundo cauce fue el concepto de derechos morales del autor, que proviene de las tradiciones idealista y expresivista alemanas, en las cuales la idea del copyright es una expresión de la personalidad del autor. El choque entre la idea de la propiedad literaria que se desprende del utilitarismo angloamericano y la noción decimonónica romántica de la autoría creativa[5] desempeñó un papel de gran

---

[3] La teoría de la "apropiación-trabajo" de Locke sostiene que "cada hombre tiene, sin embargo, una propiedad que pertenece a su propia persona", y que el hombre tiene derecho sobre aquello que combina con su trabajo, convertido en un "dominio privado". Véase su *Segundo tratado sobre el gobierno civil* (2003). En su teoría de la apropiación Locke argumenta que uno puede apropiarse, pero también debe "dejar suficiente para los demás". De esto se concluye que la propiedad es un derecho natural, pero está basado en la posesión física de dicha propiedad. La teoría lockeana tuvo que ser significativamente modificada para la doctrina moderna del copyright, pero la retórica de los derechos y las protecciones naturales con frecuencia emerge en su aplicación contemporánea.

[4] A pesar de este énfasis Estados Unidos sigue siendo ambivalente sobre la piratería de los medios en el siglo XIX, como discutimos antes.

[5] Rose sostiene que "las elaboraciones románticas de estas expresiones como origi-

importancia en el discurso retórico sobre la ley del copyright, si bien no sobre su sustancia (Boyle, 1997; Woodmansee y Jaszi, 1994).

Para terminar, existió el concepto de la obra autoral abstracta, que sentó las bases para el control y la explotación inmaterial en cualquier medio: impreso, musical, de imagen, etc. La Convención de Berna lo resumió en 1886, y se ha corregido muchas veces para admitir la difusión de medio nuevos, como la fotografía y el cine.

El surgimiento de nuevos tipos de medios, tales como el cine analógico, a principios del siglo xx fue de la mano del ascenso de Estados Unidos en la economía-mundo. Lo que resulta significativo de esta transición es que por primera vez desde el Estatuto de Ana hubo un poder hegemónico, Estados Unidos, capaz de imponer una estructura dominante sobre la industria global de los medios y de establecer un régimen de propiedad intelectual a su favor. El cine analógico y la aparición de Hollywood como forma industrial fueron determinantes para esta transición.

LAS TRANSICIONES DEL SIGLO XX: HOLLYWOOD, LA TECNOLOGÍA
ANALÓGICA Y LA HEGEMONÍA DE ESTADOS UNIDOS

En sus inicios el cine estaba dominado por los franceses y otros productores europeos que habían sido pioneros en la tecnología del celuloide. Para el estallido de la primera guerra mundial en 1914 las exportaciones europeas dominaban la exhibición de películas en Estados Unidos. Las compañías estadunidenses pronto dieron batalla al establecer reglas de propiedad intelectual y cabildear para imponer límites a la entrada de productos extranjeros al mercado local.

La devastación que produjo la primera guerra mundial en las industrias cinematográficas europeas colocó a Estados Unidos en una posición de poder desde la cual pudo volverse dominante en dicha industria. Hubo un cambio dramático en la situación que prevaleció entre 1900 y 1914. Como señalan los autores de un libro sobre la expansión global de Hollywood, "Entre 1915 y 1916 las exportaciones

---

nalidad, forma orgánica y la obra de arte como la expresión de la personalidad única del artista eran, en cierto sentido, la necesaria consumación de la transformación legal y económica que ocurrió durante la batalla del copyright" (citado en Jaszi, 1994: 31).

estadunidenses aumentaron a 36 millones de pies [de película], mientras que las importaciones cayeron desde 16 millones de pies antes de la primera guerra mundial a 7 millones para mediados de la década de 1920" (Miller *et al.*, 2005: 61). La presencia de Hollywood se expandió rápidamente en América Latina, Europa y Asia; los estudios compraron a los distribuidores locales y se hicieron versiones de las películas estadunidenses en lenguas extranjeras para ampliar el alcance de la industria.

Con la llegada del cine sonoro las producciones estadunidense dominaron el mercado mundial, y el género musical consolidó la relación entre música y cine. En su libro *Irresistible empire: America's advance through twentieth-century Europe* (2005) Victoria de Grazia ubica el éxito de Hollywood dentro del contexto general del americanismo en la cultura europea, que sentó las bases de la hegemonía económica y cultural en la que Hollywood desempeñó un papel de enorme importancia.

La modernidad de Estados Unidos se volvió atractiva para los públicos masivos encantados con los mundos fantásticos del consumo y el poder tecnológico. Este modelo se volvió exitoso a partir de los años treinta; los estudios europeos, como la UFA alemana, luchaban por defender su terreno contra la popularidad del cine estadunidense. Con la devastación que produjo en Europa la segunda guerra mundial y su expansión durante la posguerra, de la mano de la hegemonía estadunidense, Hollywood cobró sobre los mercados europeos un poder económico y cultural incomparable, algo que también resulta evidente en América Latina y en muchas zonas de Asia y África.

En el contexto de la hegemonía estadunidense a escala global el poder cultural de Hollywood se vio bajo el ataque de los intelectuales del tercer mundo y de las élites culturales europeas. Durante buena parte de los años setenta las teorías del imperialismo cultural formaron parte de los discursos públicos en muchos países. Diversas instituciones, como la Unesco, estudiaron la naturalización del guión cultural de Hollywood y el poder estadunidense; la Comisión Mac-Bride de este organismo investigó los flujos culturales y las redes de comunicación global, y lanzó un llamado por un "nuevo orden internacional de la información".

A pesar de todos los ataques de los críticos y los radicales el poder de las industrias mediáticas estadunidenses a escala internacional fue abrumador durante los tres decenios que siguieron a 1945. Hollywood no sólo dominó el contenido sino que tuvo un control casi completo sobre la producción y el procesamiento del celuloide. Las empresas estadunidenses controlaban cadenas de exhibición de películas en todo el mundo. Las industrias mediáticas estadunidenses, representadas por la poderosa Motion Picture Association of America (Asociación Cinematográfica Americana, MPAA) pudieron hacer tratos muy lucrativos con relativa facilidad, a pesar de la oposición local que se presentaba periódicamente en muchos países y la crítica al "imperialismo cultural" de Hollywood.

El poder de Hollywood era el de un imperio de medios analógicos. Para el año de 1939 los modelos tecnológicos analógicos estaban insertados en occidente en grandes estructuras socioeconómicas de acumulación que controlaban la producción y la distribución. Las estructuras analógicas de mediados del siglo XX impedían que los contenidos se reprodujeran fácilmente[6] y exigían importantes infraestructuras de producción y distribución: celuloide, procesamiento, estudios de televisión, grandes inversiones en cables de telecomunicaciones y salas de exhibición. Los medios analógicos en la versión de los estudios estadunidenses asumían la existencia de un público masivo que aceptaba códigos culturales simplificados que dependían, para su contenido, de las industrias culturales. El monopolio sobre el contenido era el *sine qua non* del imperio analógico.

EL VIDEO Y EL IMPERIO ANALÓGICO

El poder el imperio analógico se basaba en una geografía mundial estable que a su vez descansaba en el supuesto de que Estados Unidos era el jugador hegemónico en la economía global. La hegemonía estadunidense sufrió un duro golpe tras su derrota militar en Vietnam y el derrumbe del sistema Bretton Woods, un proceso de declive secular que se presentó a lo largo de los tres decenios siguientes. La crisis global de 1968-1973 aceleró el ascenso de los países de Asia del

---

[6] Esto no es inherente a la tecnología sino una expresión de su forma histórica en la década de 1930. En sus principios el cine analógico tenía un patrón de propiedad más indefinido que permitía una diversidad de intervenciones por parte de las audiencias.

este, recientemente industrializados, conforme las estructuras de producción pasaron de residir en los países centrales del capitalismo histórico a hacerlo en nuevas áreas de acumulación estable (Arrighi, 1994: 27-84).

Esta transformación radical de la geografía económica mundial y de las estructuras de producción socavó los cimientos del imperio análogo y la hegemonía de las industrias estadunidenses de medios. La primera señal fue la introducción de reproductores de vhs y de videocasetes en los hogares de finales de los años setenta, que desencadenó muchas de las caóticas geografías mediáticas de la era digital. El video se expandió por todo el mundo y trastornó el hasta entonces estable sistema de exhibición y distribución que había implementado Hollywood. Una vez que millones de personas de todo el mundo se sintieron atraídas por la experiencia vhs —en hogares, en salas de exhibición piratas y en video clubes que evadían el régimen de copyright y de censura establecidos por las élites nacionales e internacionales— las salas de exhibición y el control nacional sufrieron una importante desestabilización.

En un artículo de la revista sobre medios, *Continuum* de 1991, Tom O'Regan cartografió las tres zonas globales del video: las cámaras de video como parte del mercado personalizado del *home-entertainment* en occidente; el servicio televisivo semiclandestino en Europa del este y el mundo poscolonial, en el que los monopolios nacionales controlaban los contenidos, y un tercer híbrido que era parte servicio de paga y parte televisión alternativa, como en el golfo pérsico. La piratería se identificaba como un problema importante en todo el mundo, pero con efectos menores en occidente, donde los grandes estudios intentaron controlar, en un principio, las cadenas de distribución y las tiendas de videos.[7] En el momento de su implantación la cámara de video trastornó la soberanía nacional y los monopolios de medios. O'Regan pronosticó atinadamente que a largo plazo el video le proporcionaría a las industrias de medios mercados lucrativos, con control de la distribución y una integración aún mayor a estas industrias.[8] En el mundo no occidental la década de 1980 fue testigo del video como una forma de desmantelamiento del espacio y las audiencias. Los efectos fueron diversos pero igualmente generalizados.

---

[7] Era la época anterior a internet y al uso generalizado de la tecnología digital.
[8] Véase Miller *et al.* (2005).

En México Néstor García Canclini (2001), citando un estudio de Deborah Holz, informó que los videoclubes desempeñaron un papel muy importante en la transformación de la vieja ciudadanía cultural que había nacido en la sociedad mexicana a partir de 1945. En un reporte teñido de nostalgia por la desaparición de la era de las grandes salas cinematográficas García sugiere que el video ocurre en un "presente sin memoria" (García Canclini, 2001: 116). En los videoclubes se ignoraban las viejas clasificaciones por género, así como la información sobre los directores, a favor de la cultura de lo instantáneo.

La inmediatez y el valor de lo instantáneo se reflejan en lo que buscaban los jóvenes videófilos. La cantidad de imágenes que se sucedían en una fracción de segundo era el inicio de un desafío al tiempo que no corresponde al tiempo (Holz, citada en García Canclini, 2001: 116).

En India, los primeros años del video provocaron que los espectadores comenzaran una carrera similar contra el tiempo: la prisa por conseguir la película más reciente, por ganarle a los circuitos de distribución e incluso por conseguir una película antes de su lanzamiento oficial. Este anhelo desmesurado se convirtió en parte importante de la industria de la piratería, que con el tiempo se transformó en redes que abarcan el globo y las zonas temporales regionales.

Si los investigadores mexicanos percibieron que la aparición del video trastornó la ciudadanía cultural nacional, los reportes desde Nigeria subrayan una proliferación más democrática de la cultura del video:

Los videoclubes rentan videos (piratas) por un [precio] muy modesto; estos negocios se encuentran en el escalón más bajo y son muy informales; los administran desde la habitación de una vecindad sin un letrero que indique su presencia. También hay salas de video que constan de una habitación equipada con televisiones y videocaseteras normales que atienden a los clientes más pobres a cambio de pequeñas sumas de dinero. Los casetes se venden en tiendas y puestos callejeros modestos que son parte integral del comercio informal de África occidental. Se dice que los comerciantes y las mujeres que atienden los puestos son grandes consumidores de películas en video (Hayes y Okome, 1998: 117).

El video desdibujó de forma significativa la relación entre el consumidor y el productor de contenidos mediáticos. Cuando millones de personas comenzaron a usar videograbadoras para hacer videos caseros la industria cinematográfica estadunidense reconoció, tempranamente, que constituía un duro golpe a su monopolio de contenidos y decidió emprender acciones legales. El caso más sonado en la década de 1970 fue el de Sony Corporation of America *vs.* Universal City Studios (1984), en el que la industria de los medios argumentaba que cuando los individuos privados grababan programas de televisión se incurría en un "incumplimiento de colaboración". La industria de los medios buscaba fincarles a Sony y a los fabricantes de videocaseteras una responsabilidad por daños. En un caso que llegó hasta la Suprema Corte de Justicia de Estados Unidos el veredicto final sostuvo que hacer videos caseros, "diferir" la transmisión de programas y poseer bibliotecas privadas de video se encontraban en la categoría de "usos legítimos no violatorios" y no eran ilegales.[9]

¿EL IMPERIO CONTRAATACA?
LAS BATALLAS POR LA APLICACIÓN DE LA LEY Y EL COPYRIGHT

El video puso en evidencia una nueva geografía que amenazó con trastornar el poder de Estados Unidos en los medios de comunicación. La difusión de las tecnologías de medios en la era postdigital expandió enormemente el alcance potencial del régimen del copyright y las ambiciones de las industrias internacionales de medios. El caso Sony fue un punto de inflexión en el tema. A partir de la década de 1980, y en particular tras 1990, las industrias de medios estadunidenses comenzaron a usar la defensa de la propiedad intelectual del conocimiento como uno de los principales mecanismos de control global. Puesto que los centros de producción de equipo se mudaban gradualmente hacia el este de Asia el control de los elementos más inmateriales de los medios (es decir las partes "intangibles") ha sido de una importancia central para las industrias de los medios. La era postvideo fue testigo de una nueva alineación en la que la industria estadunidense de medios (Hollywood y los gigantes del software) presionaron para obtener protección del copyright y su aplicación y cumplimiento a escala global.

---

[9] Véase <http://www.law.cornell.edu/copyright/casea/464_US_U.S._417.htm> (26 de abril de 2014).

El viejo modelo de la autoría abstracta, perfeccionado bajo el Acuerdo sobre los Aspectos de los Derechos de Propiedad Intelectual de la Organización Mundial del Comercio (OMC) en 1994, ha sido exportado a la arena global, donde la aplicación del copyright y el cumplimiento de las patentes se convirtieron en el prerrequisito indispensable para ser miembro de la economía-mundo. La era post OMC ha sido testigo de un nuevo discurso sobre la globalización que aflora en todo el planeta. Las organizaciones intergubernamentales se unieron a las organizaciones de defensa para aplicar la campaña que emprendió Estados Unidos y la industrias regionales de medios contra la "piratería" y a favor del "cumplimiento" de acuerdos.

La organización más conocida es la International Intellectual Property Alliance (Alianza Internacional para la Propiedad Intelectual, IIPA), que se formó en 1984 para representar a las industrias estadunidenses basadas en el copyright.[10,11] Entre los miembros de IIPA se encuentran las tres industrias de medios más importantes de Estados Unidos: la Association of American Publishers (Asociación de Editores Estadounidenses, AAP), la Business Software Alliance (Alianza de Empresas de Software, BSA), la Entertainment Software Association (Asociación de Software de Entretenimiento, ESA), la Independent Film & Television Alliance (Alianza de Cine y Televisión Independientes, IFTA), la Motion Picture Association of America (Asociación Cinematográfica de Estados Unidos, MPAA o MPA), la National Music Publisher's Association (Asociación Nacional de Editores de Música, NMPA) y la Recording Industry Assocation of America (Asociación de Industrias de Grabación de Estados Unidos, RIAA).

De éstas MPAA, BSA y RIAA han sido las más activas en la campaña internacional contra la piratería; han cabildeado gobiernos nacionales, han dirigido talleres para policías y jueces y han llevado a cabo redadas punitivas contra los "piratas". La IIPA, por su parte, publica periódicamente reportes por países que detallan su versión del cum-

---

[10] Esta organización paraguas representa a la Association of American Publishers, la Business Software Alliance, la Entertainment Software Association, la Independent Film & Television Alliance, la Motion Picture Association of America, la National Music Publisher's Association y la Recording Industry Association of America: www.iipa.com.

[11] Además del modelo de defensa industrial de la IIPA la WIPO (World Intellectual Property Organization, Organización Mundial de la Propiedad Intelectual) es un importante organismo intergubernamental establecido por las Naciones Unidas.

plimiento del régimen legal internacional de copyright. Los reportes también le recomiendan al representante comercial de Estados Unidos que coloque a distintos países en "listas negras prioritarias" por la supuesta violación del régimen.[12],[13] En 2007 el representante de comercio de Estados Unidos puso a Argentina, Chile, Egipto, India, Israel, Líbano, China, Rusia, Tailandia, Turquía, Ucrania y Venezuela en su lista de vigilancia prioritaria.[14] La IIPA, la MPA y la BSA han estado activas en instancias locales de India y otras partes de Asia y han llevado a cabo iniciativas de defensa con las policías, los medios y las industrias de la información locales.

¿EL MUNDO POSANÁLOGO O POSHEGEMÓNICO?

En el primer decenio tras el surgimiento de lo digital se prestó una atención particular a los nacientes monopolios de la industria de los medios que buscaban aprovechar la nueva constelación. Algunos ejemplos notables fueron la fusión de AOL y Time Warner en los años noventa y el ascenso de gigantes del software como Microsoft. Muchos argumentaron que la época digital no cambió mucho las cosas; sencillamente le proporcionó a la industria de los medios en Estados Unidos una oportunidad para obtener nuevas ganancias y para consolidar su control, ahora en las nuevas plataformas. La centralización de los medios en occidente y la brecha digital en el sur fueron los

---

[12] Durante más de un siglo Estados Unidos se negó a firmar la Convención de Berna de 1886. Todo esto cambió en 1990 con al ascenso de las industrias de la información. En 1998 se aprobaron la Sonny Bono Copyright Term Extension Act (Ley Sonny Bono de Extensión de Términos del Copyright) y la Digital Millennium Copyright Act (Ley de Copyright Digital del Milenio, DMCA), ambas favorables a la industria, y así se dio paso a una nueva era de aplicación internacional y cero tolerancia a cualquier desviación, incluyendo la piratería. Para un análisis exhaustivo de DMCA véase Litman (2000). Para una revisión útil de las campañas internacionales de Hollywood véase Miller *et al.* (2005).

[13] La lista de la IIPA tiene dos categorías; las dos más relevantes son la Lista prioritaria y la lista que se usa para la mayor parte de los infractores, incluyendo India y China.

[14] <http//www.iipa.com/pdf/IIPA2007PressReleaseonUSTRSpecial301decisions-FINAL04302007.pdf> (7 de agosto de 2014).

temas centrales de los discursos de los años noventa.[15] Lo que parecía casi obvio en ese momento era que los DVD y las plataformas en línea le rendían enormes utilidades a las compañías de medios, y que el poder de Microsoft parecía insuperable. Una decenio más tarde sabemos que la fusión AOL-Time Warner fue un desastre empresarial[16] y que Microsoft enfrentó una agresiva competencia de rivales que empleaban plataformas *open source* e infraestructuras electrónicas de bajo costo en el Sur.

La competencia vino de China, no de California. Muchas de las reacciones que siguieron a 1990, centradas en occidente, perdieron de vista las considerables transformaciones materiales que comenzaban a ocurrir a escala mundial y que incluían el desplazamiento de muchas estructuras productivas a Asia y el surgimiento de nuevas redes de circulación que rodeaban las de propiedad y capital. Esto se presentó con particular fuerza en zonas distintas a la de occidente; la nueva geografía le permitió a Estados Unidos reflexionar sobre el problema del poder y la gestión en un mundo posdigital.

Los medios digitales y su proliferación han trastornado los viejos modelos de control del copyright por los que pugnaban los estudios y las corporaciones de medios en la era de la hegemonía incontrovertible de Estados Unidos. En la era de los estudios y los formatos analógicos tanto la gestión de contenidos como los medios de producción estaban alojados en modelos razonablemente seguros —los Estados, los reguladores de la industria y los censores administraban los contenidos—, mientras que las infraestructuras tecnológicas eran controladas por las empresas estadunidenses. El ámbito de los medios y el de lo sociopolítico estaban formalmente separados y funcionaban mediante distintos sistemas de control. Desde entonces no sólo se ha perturbado en su esencia el monopolio corporativo sobre los medios de comunicación sino que en los años noventa la cuidadosa separación entre el ámbito de lo social y el de los medios se ha derrumbado para todo fin práctico.

Tanto la amplísima expansión de la producción de los bienes mediáticos globales hacia Asia como las turbulencias de la década de

---

[15] Miller *et al.* (2005) resume e incluso concuerda con esta tendencia.

[16] El expresidente de AOL-Time Warner se disculpó más tarde por el "peor negocio del siglo". Véase <http://mashable.com/2010/01/04/time-warner-ceo/> (consultado el 11 de agosto de 2014).

1990 que inyectaron millones de dólares al ciclo del dinero, el consumo y la mediatización sugieren un mundo transformado. Los bienes mediáticos empezaron a producirse en China y el este de Asia, y la infraestructura de bajo costo (cámaras y reproductores de video, teléfonos móviles, microprocesadores y hardware informático) se ha extendido hasta la periferia de los capitales (África, Asia, América Latina) a través de circuitos que van desde los bazares hasta las redes de piratería. Conforme franjas importantes de poblaciones urbanas (incluyendo a los pobres) adquirieron acceso a infraestructura de bajo costo y a infraestructuras tecnológicas uniformes en la era digital se desintegraron los viejos modelos de control.

Lo "digital" fue parte de una desestabilización más general de los medios que comenzó con el video en los años ochenta. Desde entonces los medios contemporáneos se conciben, con frecuencia, como objetos perversos que se materializan en arreglos inestables que no caben cómodamente en las descripciones convencionales de los medios y la modernidad. La piratería en los medios es parte importante de este nuevo acomodo entre la vieja zona de lo social y la de los medios. De pronto las estructuras polarizadoras de la propiedad intelectual que fueron indispensables para el sistema-mundo capitalista han revelado su fragilidad y su absoluta incapacidad para responder a las transformaciones recientes. El régimen de propiedad intelectual enfrenta su más dura prueba desde el siglo XVII; habrá que ver si el régimen actual podrá capear el temporal.

8. LOS ESTADOS

ATILIO A. BORÓN y PALOMA NOTTEBOHM

EL DEBATE DEL DESARROLLO

Tras tantos años de ser consideradas "las tierras del futuro" hay un puñado de países latinoamericanos que siguen siendo eso, las tierras del futuro. La bibliografía que se publicó alrededor de 1910, durante las celebraciones del centenario de la independencia de España, rebosa de títulos que anuncian la inminente madurez de países como Argentina, Brasil y México, destinadas a volverse tan fuertes como las mayores potencias de la época. Esos románticos vaticinios, sin embargo, resultaron incorrectos.

Por supuesto esto no significa que dichos países se encuentren hoy en la misma posición que hace cien años; ha habido progresos económicos significativos: todos se volvieron productores industriales importantes; la urbanización transformó los paisajes nacionales; el alfabetismo se extendió muy rápidamente y los pobladores rurales emigraron a las ciudades y se convirtieron, a veces, en obreros. Sin embargo, a pesar de estos cambios estructurales, el subdesarrollo sigue marcando a estos países, que aún exhiben sus rasgos tradicionales: enormes enclaves de pobreza, indigencia y el repunte periódico de la exclusión social, que nunca vuelve por completo a sus niveles previos; concentración extrema de riqueza e ingresos; vulnerabilidad externa; debilidad estructural del aparato estatal, en particular para establecer las reglas de los intercambios de mercado; impuestos escandalosamente regresivos, y "democracias" que son más aparentes que reales, en las que los derechos elementales de los ciudadanos están ostensiblemente ausentes.

Tras tantos decenios de sacrificios y a veces sobreexplotación, agravados periódicamente por largos periodos de represión y matanzas recurrentes, el capitalismo ha sido incapaz de convertirse en el tan publicitado camino al desarrollo. Por el contrario, ha sido la ruta para perpetuar un forma u otra de subdesarrollo y dependencia.

¿Por qué estos países no tuvieron un desempeño mucho mejor? ¿Por qué no consiguieron desarrollarse según modelos capitalistas y no lograron al menos algunos de los resultados más importantes que se obtuvieron en otros países, tales como los del sur de Europa, por evitar compararlos con los "adelantados" como el Reino Unido o Estados Unidos? Visto desde una perspectiva histórica amplia el veredicto es que el capitalismo es un modo de producción que ha servido para promover el desarrollo de pequeños grupos de naciones —ninguna de las cuales fue "subdesarrollada" en el pasado— pero al precio de negarle estos beneficios a las demás.

Habrá quien objete que en los últimos decenios países como España, Portugal, Grecia e Irlanda alcanzaron el estatus de economías desarrolladas, pero esta objeción tiene un punto débil: ninguno de esos países era realmente subdesarrollado. Tal vez eran pobres o estaban en la ruina (como España y Portugal), pero su situación nunca fue comparable, ni remotamente, con la que es característica de la mayor parte de los países del tercer mundo.

España y Portugal, por ejemplo, fueron alguna vez centros metropolitanos con imperios formidables en América, e incluso incursionaron en África y Asia. Cuando la producción de su saqueo colonial empezó a menguar se quedaron en ruinas y estuvieron sumidos en la pobreza por mucho tiempo. Sin embargo, ningún historiador de la economía serio los habría considerado jamás países subdesarrollados. Lo mismo puede decirse de Grecia e Irlanda, aunque fueron muy pobres en los años posteriores 1945, y antes de eso, a mediados del siglo XIX, Irlanda fue devastada por las hambrunas y la emigración. Si estos países emergieron del atraso y la pobreza se debió a que, en su carácter de periferias problemáticas de las zonas ricas de Europa, se desarrollaron "por fuera" mediante las políticas de la Unión Europea, del mismo modo que el norte de Italia alguna vez hizo que se desarrollara su atrasada región sur (el *Mezzogiorno*).

Como sostienen Wallerstein y un grupo de teóricos latinoamericanos, el subdesarrollo es un concepto relativo que sólo surge durante el apogeo de la construcción del capitalismo como una economía-mundo. Este proceso, que comenzó en el siglo XVI, alcanzó su madurez hacia mediados del XIX, y no es accidental que Marx y Engels, en uno de los fragmentos más brillantes del *Manifiesto comunista*, hayan observado cómo se dispersaba la burguesía por el mundo y en el camino lo modificaba a su imagen y semejanza. Esta economía-mundo capitalista tiene, invariablemente, un centro de mando, que en buena medida (si no es que exclusivamente) se desarrolla a partir de la plusvalía que obtiene de la periferia. Es por esto que antes de la constitución plena de un mercado capitalista global la bibliografía especializada nunca usó el término "subdesarrollo" al referirse a los países o colonias pobres o atrasados.

Así pues, lo opuesto al capitalismo desarrollado en los centros metropolitanos ha sido el estancamiento o el subdesarrollo en la periferia. Esto no impidió que, con base en ciertas relaciones —por ejemplo las que existieron entre el Reino Unido y países como Argentina o Uruguay entre 1870 y 1929— algunos sectores de la economía, vinculados con el comercio internacional, experimentaran tasas importantes de crecimiento. Una versión —si bien tal vez extrema— de esta tesis sobre el desarrollo dentro del subdesarrollo puede encontrarse en el trabajo pionero de André Gunder Frank (1967) sobre Chile y Brasil, en el que muestra cómo la integración de los mercados mundiales con ciertos sectores de la economía chilena (nitratos, por ejemplo, y más adelante cobre) y los brasileños (sobre todo azúcar y caucho) produjeron periodos iniciales de crecimiento sectorial a los que siguieron crisis y un subdesarrollo brutal. Sin embargo, es importante reconocer que a pesar de que duró decenios el aumento de estas exportaciones no consolidó el desarrollo de estas economías semiperiféricas. Dicha lección histórica fue tan válida ayer como lo es hoy, en contraste con lo que sugiere el pensamiento económico convencional, que exalta las virtudes del crecimiento centrado en las exportaciones.

Argentina experimentó durante casi medio siglo, entre 1880 y 1930, un crecimiento excepcional. Cuando este periodo terminó en 1929, entre el estrépito de la gran depresión de 1929, su estructura económica y social comenzó a mostrar todas las señales del subdesarrollo: dependencia externa, vulnerabilidad a los cambios en la economía-mundo, profundas desigualdades en su estructura económico-social producida por su "adaptación" a una división internacional del trabajo que la condenaba a someterse a los dictados de la economías desarrolladas, debilidad en el crecimiento industrial, polarización de clases y la exclusión social de las masas.

El caso de Argentina mostró con una claridad meridiana la diferencia radical que existe entre el crecimiento económico y el desarrollo económico. La economía creció maravillosamente durante 50 años, pero no se desarrolló. A principios del siglo siguiente, de 2003 en adelante, la economía argentina creció a "tasas chinas", y sólo tuvo una pequeña baja en 2009. Sin embargo, ese desarrollo económico, sobresaliente en términos cuantitativos, no pudo producir una modificación estructural de la economía y de la sociedad que asimilara a Argentina a los países más avanzados del mundo. Las plagas clásicas del subdesarrollo sobrevivieron con toda su fuerza a pesar del "éxito" de algunos indicadores macroeconómicos.

La historia de México, con su largo periodo de "desarrollo estabilizador" entre 1940 y 1982, no es diferente. Cuando esta "era dorada" llegó a su fin, la economía mexicana quebró, se profundizaron las brechas sociales, la polarización económica alcanzó niveles inéditos hasta el momento, el país se desindustrializó y sectores críticos de la economía cayeron en manos extranjeras. En otras palabras, tanto Argentina y México como Brasil y Chile se convirtieron en áreas semiperiféricas de la economía-mundo, pero no en economías desarrolladas.

Para resumir la evidencia histórica: el desarrollo capitalista ha servido para homogeneizar (y en la mayor parte de los casos modernizar) diversas estructuras sociales arcaicas y para crear así una nueva "civilización" en la que las instituciones, las empresas, las formas estatales y los patrones de consumo tendieron a volverse similares. En este sentido, los teóricos de la homogeneización parecen caminar en suelo firme. Pero no sólo siguieron existiendo discontinuidades tanto dentro de los países como entre ellos, sino que se agravaron. Resulta paradójico que, en algunos sentidos, la economía-mundo actual sea mucho más homogénea que nunca antes, pero al mismo tiempo mucho más desigual y heterogénea.

UN VISTAZO A ALGUNOS DATOS EMPÍRICOS

Gastos estatales

Este es uno de los temas más controvertidos en los debates políticos contemporáneos. Durante el tsunami neoliberal el papel del estado como factor del desarrollo económico fue desdeñado por quienes consideraban que interfería con la operación fluida de los mercados. Pero lo cierto es que el capitalismo necesita al Estado, y con el paso del tiempo los capitalistas se vuelven auténticos adictos a la intervención estatal (a su favor, por supuesto). No sólo es un tema de tamaño sino particularmente de la calidad o el tipo de intervenciones estatales que favorecen la acumulación de capital.

La experiencia revela que en los últimos tiempos el repliegue del gasto estatal en áreas como la salud, la educación y la vivienda, por ejemplo, fueron de la mano de la descomunal expansión de muchos tipos de subsidios, recortes fiscales e incentivos para los ricos y las megacorporaciones. Como ejemplo tenemos, en la estela de los problemas económicos que comenzaron en 2008, los paquetes de rescate económico de miles de millones de dólares que aprobaron los bancos centrales europeos y estadunidenses, por lo demás tan prudentes y restrictivos en materia financiera, y que han buscado auxiliar a los oligopolios financieros y a la banca de inversión, que se consideran "demasiados grandes para quebrar".

Todas estas formas de expansión estatal se han vuelto cada vez más necesarias para operar el indispensable proceso de la "socialización de las pérdidas" cuando éstas suceden y para asegurar la privatización adecuada de las ganancias y la estabilidad de los derechos de propiedad en las épocas de bonanza. Estos megarrescates constituyen una evidencia aleccionadora de que los argumentos neoclásicos de la teoría economía a favor de las dinámicas de libre mercado no son más que justificaciones ideológicas a favor del capital y no están sustentadas en evidencias concretas.

Las cifras del cuadro 8.1, hablan con elocuencia de la evolución de los gastos gubernamentales a lo largo de cerca de un siglo y medio.

El cuadro 8.1 y la gráfica 8.1 muestran claramente el aumento del gasto gubernamental desde la primera guerra mundial, que marcó el fin de la era del *laissez-faire*. El caso de Alemania es excepcional y debería entenderse como un reflejo de la inmensa cantidad de reparaciones de guerra que se impusieron en el Tratado de Versalles y de la preparación financiera para la inminente segunda guerra mundial.

Tras la catastrófica derrota de Alemania durante la guerra, la devastación económica trajo consigo una mengua en los gastos gubernamentales a la que pronto seguirían, en los años de reconstrucción keynesiana, un vigoroso crecimiento que se prolongó hasta la década de 1990. Luego hubo un pequeño declive y posteriormente, una vez más, una recuperación hasta los niveles previos a la crisis.

En el caso de Francia, un país que como Alemania está caracterizado por la presencia histórica de un estado fuerte y una vasta burocracia, el aumento de los gastos del gobierno central fue muy acele-

CUADRO 8.1. GASTOS TOTALES DEL GOBIERNO GENERAL
COMO PORCENTAJE DEL PIB

	1870	1913	1920	1937	1946	1950	1960	1970	1980	1990	2000	2010
Argentina					24.82	29.41	22.61	20.06	29.04	30.37	33.81	
Brasil	21.09	11.02	15.96	13.55	19.25	20	24.73	22.97	32.99	38.5		
Gran Bretaña	9.4	12.7	26.2	30.0			32.2		43.0	39.9	36.6	47.2
Chile	5.5		14					26.4	22.4	23.8	23.5	26.4
Francia	12.6	17.0	27.6	29.0			34.6		46.1	49.8	51.6	56.0
Alemania	10	14.8	25	42.4		35.7	32.4	38.6	48.3	44.5	45.1	48.6
Italia	11.9	11.1	22.5	24.5	25.7	30.2	28.6	32.5	40.7	52.9	46.1	51.6
República de Corea									20.2	19.0	22.6	33.7
México				7	6.3	9.9	12.6	24.6	41.6	26.3	21.7	
España	10.3	11	8.3	13.2			13.7	23.3	33.9	42.8	39.1	46.6
Estados Unidos	7.3	7.5	12.1	19.7			27.0	31.4	33.3	32.8	42.2	27.0

FUENTES: estadísticas oficiales de cada país además de otros datos obtenidos de las
bases de datos de la OCDE, la CEPAL y *Economist*.

GRÁFICA 8.1. GASTO TOTAL DEL GOBIERNO GENERAL COMO
PORCENTAJE DEL PIB (1870-2010)

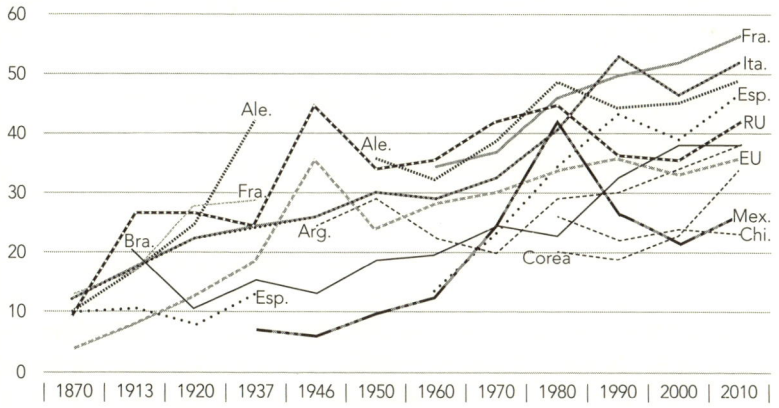

FUENTES: estadísticas oficiales de cada país además de otros datos obtenidos de las
bases de datos de la OCDE, la CEPAL y *Economist*.

rado, superior incluso al de Alemania hasta 1920. A principios de la
década de 1980 la situación de ambos países —Alemania con 48.3%
y Francia con 46.1%— era muy similar.

Sin embargo, a partir de esta fecha sus caminos divergieron. La
debilidad relativa de la izquierda y de los sindicatos alemanes, comparada con la izquierda francesa, más amorfa pero más militante (no
es casualidad que fuera la sede de la revuelta cuasirrevolucionaria de

mayo de 1968) provocó el estancamiento del gasto público alemán. Treinta años más tarde, en 2010, se encontraban al mismo nivel de 1980, mientras que en Francia la sucesión de gobiernos socialistas y Gaullistas fue incapaz de detener el incremento descontrolado del gasto público, al grado de que incluso durante el gobierno conservador de Nicolas Sarkozy la proporción alcanzó un impresionante 56.0%del PIB, por mucho la más alta de Europa.

Sin embargo, esta cifra no es la mayor que podemos encontrar de una serie de datos sobre gasto gubernamental que abarca un siglo. En el apogeo de las transferencias de los estados del bienestar, en 1980, el gasto estatal Sueco correspondió al 60.1 del PIB, nivel que fue capaz de mantener durante casi dos decenios. Para 1990 el índice seguía estando muy cerca del récord histórico de 59.1%. Más tarde hubo diversos ajustes económicos y planes de estabilización financiera que redujeron esta proporción a 52.7%, aún muy alta pero a la zaga de la francesa.

El caso de Bélgica es similar. Para 1980 los gastos gubernamentales fueron de 58.6 del PIB. En 2010, tras dos decenios de políticas neoliberales, la cifra seguía siendo alta pero por debajo del 54.0 de Francia. El otro caso interesante es el de Países Bajos, que también alcanzó su punto máximo en 1980 con 55.8% del PIB; en 2010 bajó hasta la cifra, aún alta, de 50.0 por ciento.

Reino Unido —hogar, tradicionalmente, de opiniones fuertemente antigubernamentales— nunca alcanzó proporciones tan altas como los países antes mencionados, aunque para 1980 la proporción del gasto estatal, 43.0, era cercana a la de Francia, de 46.1. Sin embargo, mientras Francia siguió aumentando el desembolso gubernamental, el brutal ataque que Margaret Thatcher emprendió contra los sindicatos y la izquierda en general, distorsionó la tendencia y redujo la intervención estatal al nivel que tenía en la década de 1960. Entre 2000 y 2010, y a pesar de una ensordecedora retórica neoliberal, el Reino Unido fue testigo de una nueva oleada de gastos gubernamentales.

En Estados Unidos, un país en el que como el Reino Unido son muy populares las opiniones antigubernamentales, el aumento en los gastos de gobierno adoptó un paso aún más lento. La expansión que siguió a 1945, entre 1960 y 1980, se debió por un lado al nuevo conjunto de políticas sociales diseñadas para la inclusión de los afroamericanos y, en general, el proyecto de la "Gran Sociedad" impulsado por el presidente Lyndon Johnson, y por el otro lado a las enormes cantidades de dinero que consumía la carrera espacial, que se emprendió en forma repentina como respuesta al progreso amenazador que obtuvo la Unión Soviética con el lanzamiento de los dos Sputniks en 1957.

Durante los años de Ronald Reagan, en la década de 1980, el gasto gubernamental continuó creciendo a pesar de la reducción en el gasto social; la diferencia fue absorbida por la extraordinaria expansión del gasto militar que implicó la estrategia de la "Guerra de las Galaxias". Esto sentó las condiciones para el importante aumento en los gastos gubernamentales de la que fue testigo el primer decenio del siglo XXI, alimentado sin duda por los acontecimientos del 11 de septiembre y profundizado por las políticas belicosas de George W. Bush y su sucesor, Barack Obama, que multiplicaron el gasto militar a niveles nunca antes vistos.

No es de sorprender que la evolución del gasto gubernamental en los países latinoamericanos que consideramos en nuestro análisis muestren la misma tendencia a la alta, pero a niveles mucho menos que los de sus contrapartes europeos o estadunidenses. En el caso de Argentina el fin de la primera experiencia peronista (1955) y la adopción de políticas inspiradas por el Fondo Monetario Internacional provocaron una reducción dramática en el papel del Estado. Con la restauración democrática de principios de la década de 1980 el gasto público reanudó su crecimiento a pesar de las políticas liberales que se implementaron a partir de 1987.

En Brasil, el gasto público muestra un gran incremento en la década de 1990 y en particular en la primera década del siglo XXI que se debe, en gran medida, a los ambiciosos programas sociales que lanzó el presidente Luiz Inácio "Lula" da Silva y que alteraron en forma significativa el paisaje social de los pobres, en particular en el noreste del país.

El rasgo más elocuente del caso mexicano, por el otro lado, es la dramática caída de la inversión gubernamental tras el inicio de la crisis de la deuda en 1982, y el drástico desmantelamiento de muchos programas y organismos que estaban a cargo de administrar el mínimo estado de bienestar que la revolución mexicana había venido construyendo a partir de los años cuarenta.

En Chile, el desembolso gubernamental se conservó al mismo nivel, más bien reducido, entre 1970 y 2010, con una ligera tendencia a la baja.

El caso de Corea del Sur, el único país de la semiperiferia que cruzó la frontera entre el subdesarrollo y el desarrollo, desafía seriamente las ideas convencionales. ¿Cómo pudo producirse la significativa redistribución de ingresos que se presentó en las décadas de 1980 y 1990 sin un incremento importante en el monto de los desembolsos gubernamentales? ¿Y cómo se explica el interesante incremento en el gasto estatal en el primer decenio de este siglo?

Para terminar, en los que respecta al gasto gubernamental, la evidencia muestra una tendencia general a la homogeneización, a la alta, para todos los países excepto para el Chile posPinochet, donde las cifras parecen haberse estancado o ir a la baja. Sin embargo, un análisis más detallado debería tomar en cuenta las estructuras políticas e institucionales de los estados involucrados. Esto significa que es muy probable que países con autoridades subnacionales fuertes —como los estados de Estados Unidos, los *Länder* alemanes y, en un grado mucho menor, estados y provincias en países como México, Brasil y Argentina— se hagan cargo de administrar políticas sociales que en otras naciones son ámbito exclusivo del gobierno central.

Otra conclusión es que la amplitud de la intervención gubernamental tiene una profunda correlación con la calidad de la ciudadanía democrática. Allí donde hay derechos democráticos sólidos que le aseguran a la ciudadanía un acceso suficiente a un estándar decoroso de vida, educación, salud, vivienda y otros servicios, el gasto gubernamental será alto. Por el contrario, en los países en los que se le niega a los ciudadanos el acceso a esos bienes y servicios, el gasto gubernamental será bajo. Los gobiernos que no recaudan suficientes recursos de los ricos y los poderosos carecen de los recursos para respetar los derechos de los ciudadanos, esos mismos que suelen exaltar en sus constituciones democráticas. En vez de políticas públicas la mayor parte de esos gobiernos vive de la caridad y de la cooperación internacional y mantiene a sus poblaciones en la miseria y la indigencia.

El empleo en el sector público

Otro ángulo desde el que puede estudiarse el grado de intervención del estado es la evolución en la cantidad de servidores públicos. Si en 1960 la proporción de funcionarios argentinos sobre la población total era un poco mayor que en Estados Unidos, medio siglo después era sólo dos terceras partes de la de este país. Debe notarse la brutal reducción en la proporción de servidores públicos entre 1985 y 1995, en particular durante la presidencia de Carlos Menem, cuando se llevaron a cabo importantes reformas neoliberales; esta disminución fue mucho más aguda que la que experimentó Estados Unidos durante los años de Reagan. Brasil, México y Chile muestran una tendencia moderada hacia el incremento en este índice, mientras que Alemania e Italia sufrieron una reducción modesta en el primer decenio del siglo XXI y España un movimiento discreto en la dirección opuesta.

Como se mencionó en la sección anterior, Corea del Sur es también aquí una llamativa excepción, puesto que tiene una proporción sorprendentemente baja de empleados públicos a pesar de la amplia intervención del gobierno en la economía y el considerable aumento del gasto público durante los últimos decenios del siglo XX.

Para terminar, Estados Unidos, el campeón ideológico del neoliberalismo y el enemigo del *big government* redujo la proporción de funcionarios públicos, pero siguió teniendo niveles muy altos, muy por encima de los de otros países de la semiperiferia y la periferia. Debe destacarse que lo que mantiene alto el índice estadunidense ha sido la expansión de las burocracias locales y estatales, que sin duda está vinculada con los procesos de descentralización administrativa que se emprendieron en Estados Unidos a partir de 1980. Si bien se contrajo la cantidad de funcionarios federales civiles, a nivel de los estados sucedió lo opuesto. Entre 1972 y 2010 la cantidad de funcionarios federales permaneció bastante estable, cerca de 2.8 millones, mientras que los servidores públicos estatales y locales aumentó de unos 11 a unos 17 millones de años en el mismo periodo.[1]

---

[1] Véase <www.census.gov/prod/2/gov/gc92-3/gc923-2.pdf (26 de abril de 2014)>.

Impuestos

Para terminar, echemos un vistazo a las tendencias en la evolución de la capacidad impositiva de los Estados, medida por la proporción del PIB que se recauda por concepto de impuestos (véanse cuadro 8.3 y gráfica 8.2).

El análisis de este lapso de casi 50 años nos permite distinguir dos periodos principales, uno que va de mediados de la década de 1960 a 1990 y otro que va de 1990 a 2010. En el primer periodo la recaudación fiscal aumentó casi en todos lados, con excepción de Alemania entre 1980 y 1990 y Brasil entre 1970 y 1980. En el segundo periodo, si bien todos los países de la semiperiferia siguieron mejorando sus capacidades impositivas, el panorama era muy distinto en la zona central. Entre 2000 y 2009 Francia, España, Reino Unido y Estados Unidos redujeron su proporción de recaudación fiscal como porcentaje del PIB, en el caso de Estados Unidos de forma dramática. En Alemania casi no hubo reducción, y en Italia el índice continuó aumentando.

CUADRO 8.2. FUNCIONARIOS PÚBLICOS COMO PORCENTAJE
DE LA POBLACIÓN TOTAL

	1960	1970	1980	1985	1990	1995	2000	2005	2010
Argentina	6.70	5.70	5.40	5.50	5.00	3.30	3.50	4.10	4.00
Brasil				3.50	5.00	5.20	4.60	4.60	
Chile		2.90	3.00	2.50		3.00	3.60	3.40	3.80
Alemania			7.70	5.40	5.40	6.60	7.80	6.80	6.90
Italia			6.30	6.50	6.30	6.30	6.10	5.80	6.30
R. de Corea			1.60	1.80	20	1.80			
México	0.38	0.89	2.14	2.70	2.47	2.39	2.35	2.32	
España				4.60	5.30	5.50	6.10	6.70	6.60
Estados Unidos	6.6	7.80	8.09	7.87	7.05	7.08	7.31	6.48	6.29

FUENTE: estadísticas oficiales de cada país y bases de datos de OCDE, OMC y Banco Mundial.

En resumen, la imagen general que arrojan estos indicadores prueba que la economía-mundo capitalista se ha vuelto más homogénea en dichas dimensiones. Por supuesto en nuestro análisis no incluimos países ubicados en la periferia del sistema, en los que las tendencias bien podrían ser diferentes.

CUADRO 8.3 RECAUDACIÓN FISCAL TOTAL COMO PORCENTAJE DEL PIB

	1965	1970	1980	1990	2000	2009
Argentina			17.4	16.2	21.49	31.5
Brasil	19.7	25.9	24.4	27.9	32.7	34.9
Chile				15.7	18.0	18.2
Francia	34.1	34.1	40.1	42.0	44.4	41.9
Alemania	31.6	31.5	36.4	34.8	37.2	37.0
Italia	25.5	25.7	29.7	37.8	42.2	43.5
R. de Corea			17.1	19.5	22.6	25.6
México			14.8	15.8	16.9	17.5
España	14.7	15.9	22.6	32.5	34.2	30.7
Reino Unido	30.4	36.7	34.8	35.5	36.4	34.3
Estados Unidos	24.7	27.0	26.4	27.4	29.5	24.0

FUENTE: estadísticas oficiales de cada país y base de datos de la OCDE.

GRÁFICA 8.2. INGRESOS FISCALES TOTALES COMO PORCENTAJE DEL PIB (1965-2009)

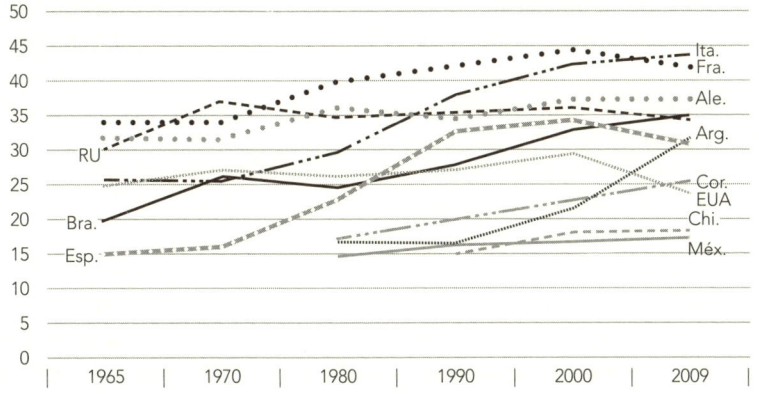

fuente: estadísticas oficiales de cada país y base de datos de la OCDE.

Que estas tendencias parezcan irresolubles explica las continuas quejas de los expertos y los publicistas de extrema derecha, que nunca han dejado de criticar la incapacidad de los gobiernos —incluso los conservadores— de contraer el Estado a dimensiones "razonables", sin decir, por supuesto, cuáles son esas dimensiones y cómo puede medirse la "racionalidad" del tamaño del Estado.

De lo que se quejan es de que, a pesar de la reestructuración neoliberal que siguió al agotamiento del ciclo keynesiano, el gasto estatal nunca dejó de crecer en relación con el PIB. Lo que en reali-

dad sucedió fue que el ritmo de crecimiento del gasto estatal se
frenó, pero el tamaño del Estado no se contrajo como resultado de
las políticas neoliberales (Thompson, 1997). El ritmo de crecimiento
del gasto público disminuyó sin duda, en particular cuando se le
compara con las altísimas cifras de los años posteriores a 1945, pero
esta ralentización no implicó una disminución del tamaño del Estado.

A pesar de la exaltada retórica neoliberal los registros gubernamentales de Margaret Thatcher y John Major muestran que la "contracción" del gasto público británico que de esos años distaba de ser
irreversible, y la elasticidad de los gastos estatales la proyectó en 2010
a niveles sin precedentes en la historia británica. Esto confirma que
en las democracias consolidadas hay límites estrictos e infranqueables
a cualquier intento por hacer retroceder los gastos públicos a niveles
prekeynesianos.

La causa de esta inflexibilidad es fácil de entender. Los populares
avances en derechos sociales y en la distribución efectiva de bienes
públicos que se pusieron en práctica en el periodo del estado keynesiano después de 1945 se convirtieron en capítulos fundamentales,
no negociables, del nuevo contrato social de los países capitalistas
avanzados, y ningún cambio en la siempre inestable correlación de
fuerzas puede echarlos para atrás.

Los datos comparativos sobre gasto estatal le dan fuerte espalda-
razo a la afirmación de John Williamson de que "Washington no
siempre predica con el ejemplo" (Williamson, 1990: 17). ¡Pero no
sólo Washington! Ni en Bonn, Roma, París o Tokio la supuesta reforma del Estado (un eufemismo para los despidos masivos de funcionarios públicos y los dramáticos cortes presupuestales) infunde, como
política, genuino respeto en los círculos gubernamentales de la zona
central.

La fuerza y la persistencia de estas tendencias fue confirmada por
dos reportes distintos de *Economist*. El primero, publicado en 1997,
se titulaba "La mano visible", y una de sus conclusiones principales
fue que "el *big government* sigue a cargo". A pesar de las "reformas
neoliberales" que se llevaron a cabo entre 1980 —cuando se establecieron políticas económicas ortodoxas de austeridad y equilibrio
fiscal— y 1996, el gasto público de los 14 países más avanzados de la
Organización para la Cooperación y el Desarrollo Económico (OCDE)
aumentó de 43.3% del PIB a 47.1 (Crook, 1997: 8). El autor del reporte especial, Clive Crook, concluyó, apesadumbrado: "Durante los

últimos 40 años el crecimiento de los gobiernos de las economías avanzadas ha sido persistente, universal y contraproducente [...] el tránsito hacia un gobierno más pequeño ha sido más aparente que real" (Crook, 1997: 48).

En marzo de 2011 otro reporte, esta vez escrito por John Mickletwaite, llegó a conclusiones parecidas e instó a los políticos y a los gobiernos a "domar al Leviatán":

Nadie debe esperar que sea fácil. Los intereses particulares que se oponen al cambio son de enormes proporciones: el crecimiento del Estado tiene que ser promovido tanto por la derecha como por la izquierda, por compañías en busca de favores así como por sindicatos de sectores públicos, por votantes y por burócratas. De hecho, dadas las presiones por tener gobiernos aún más grandes, muchos reformadores creen que deben realizar un gran esfuerzo incluso para mantenerlo en su tamaño actual (p. 4).

Desde la perspectiva de la semiperiferia la resiliencia del gasto estatal no sólo está asociada con los derechos ciudadanos plenos, el envejecimiento de la población, etc. En los países del tercer mundo la evidencia histórica muestra que no existe ninguna ruta hacia el desarrollo, capitalista o no, que no tenga como prerrequisito un Estado fuerte.

Al decir "fuerte" no nos referimos a lo que las derechas siempre han subrayado: un gobierno autoritario o despótico siempre listo para reprimir a las clases populares, disolver sindicatos, clausurar parlamentos y extinguir libertades. Con "fuertes" no referimos al desarrollo de las capacidad estatales necesarias para garantizar la gobernanza de sociedades fuertemente divididas en clases sociales y para disciplinar los mercados y a los agentes económicos. Un Estado como éste requiere una sólida legitimidad democrática, pues sin ella su fuerza se vería inevitablemente menguada (Weiss, 1997: 15-17; 1998).

Hablamos de un Estado lo suficientemente fuerte, por ejemplo, para proporcionarle agua potable a los 1 500 millones de personas que carecen de ella en el tercer mundo, y que tienen nulas oportunidades de obtenerla mediante la operación de las fuerzas del mercado. ¿Quién invertiría dinero para llevar agua potable a los más pobres de los pobres, que apenas alcanzan niveles de subsistencia, viven en ciudades perdidas que ocupan terrenos públicos, carecen de comprobantes de propiedad, identificación o dirección, están crónicamente desempleados y son víctimas de un increíble déficit educativo que hace imposible emplearlos en la economía actual? La institución capaz de enfrentar y eventualmente resolver este problema no es el mercado sino un estado democrático.

ALGUNAS CONCLUSIONES PRELIMINARES

La fuerza de atracción de los estados, medida según el gasto gubernamental, la cantidad de empleados públicos y la recaudación parece apoyar las ideas de los teóricos de la "convergencia". Sin embargo, si se toman en cuenta otros datos, tales como la creciente distancia entre los países ricos y los pobres, o entre las personas ricas y pobres dentro en cada país, o las drásticas asimetrías de la brecha digital, o en la investigación y el desarrollo, la imagen de la economía-mundo que emerge hoy es la de un conjunto de países muy polarizado y divergente.

Hay dos áreas de crítica importancia de la economía-mundo y la "sociedad de la información" en las que la polarización se ha vuelto intolerable: el acceso a Internet y la investigación y el desarrollo. En ambos indicadores la brecha entre el centro y la periferia es enorme y sigue abriéndose, en particular en el área crítica de la solicitud y la concesión de patentes. Los cuasimonopolios resultantes garantizan la persistente polarización del sistema-mundo.

9. CIUDADANÍA

OLEKSANDR FISUN y VOLODYMYR GOLOVKO

EL CONCEPTO DE CIUDADANO

El mecanismo tradicional de inclusión/exclusión estaba basado en un sistema de estamentos o de órdenes que ubicaba a las personas de acuerdo con su linaje familiar. En el sistema-mundo actual este arreglo fue reemplazado por uno que declaró que todas las personas son iguales y por lo tanto, en principio, tienen acceso a los mismos derechos de inclusión. Estas personas fueron llamadas "ciudadanos". Los ciudadanos eran ciudadanos de un Estado.

Han existido dos formas principales de decidir quiénes se consideran ciudadanos de un Estado. Uno se llama *jus soli;* es un sistema que define la ciudadanía en términos territoriales, por lo general según el lugar de nacimiento. El otro, *jus sanguinis* y es un sistema que define la ciudadanía según se pertenezca o no a cierto grupo "étnico", el grupo que supuestamente tiene derechos en un Estado dado. Pero sin importar cómo se definan, todos los ciudadanos tienen, presumiblemente, los mismos derechos.

Puesto que la igualdad de derechos parece constituir un riesgo inherente para las minorías privilegiadas en una población, un sistema de distinciones que en los hechos sólo concedía derechos ciudadanos a una minoría del grupo evolucionó, lo que condujo a la reinstauración de un mecanismo de inclusión/exclusión como parte de un sistema que en teoría no lo admitía.

El mecanismo mediante el cual se llevó a cabo esta distinción fue la creación de categorías dobles de ciudadanos: quienes tenían derechos llamados "activos" y aquellos con derechos "pasivos". Mientras que los últimos tenían, por ley, derecho a ser tratados como los demás ciudadanos, los primeros tenía derecho a participar en decisiones legislativas; históricamente esto significaba, básicamente, el derecho a votar y a ocupar puestos públicos. Al principio el derecho al voto y a ocupar puestos públicos era exclusivo de ciudadanos varones de cierta edad mínima, dueños de cierto número de propiedades y que pertenecieran, en añadidura, a ciertos grupos religiosos, étnicos o raciales.

La lucha por el acceso a estos derechos dejó una huella imborrable en el desarrollo del sistema-mundo capitalista y se convirtió en la reivindicación inmediata de varias revoluciones, desde la primavera de las naciones de 1848 hasta las revueltas anticoloniales, en particular las que siguieron a 1945.

Hacia la segunda mitad del siglo xx la discusión sobre la idea de ciudadanía dio como resultado un intenso trabajo de conceptualización teórica de la ciudadanía como institución, así como de análisis de las tendencias principales en su desarrollo.

Una de las caracterizaciones teóricas más influyentes puede encontrarse en un libro que publicó Thomas Humphrey Marshall en 1950. Marshall propuso tres tipos principales de derechos, que en su tipología constituían una secuencia. Los primeros son los *derechos civiles*, los que aseguraban la igualdad de los individuos antes la ley y la protección adecuada de sus libertades. El segundo tipo son los *derechos políticos*, en particular el derecho a elegir y a ser electo. El tercero son los *derechos sociales (o socioeconómicos)*, que garantizan el acceso equitativo a una educación de buena calidad y a las prestaciones de retiro y servicios de salud. Estos tres derechos fundamentales nos permiten hablar de tres tipos de ciudadanía: la civil, la política y la social.

Immanuel Wallerstein (2003) argumenta que la oposición dualista que se ha sostenido, que existe entre los ciudadanos activos y los pasivos, es crucial para entender la dinámica de la ciudadanía como una herramienta para la inclusión/exclusión en el sistema-mundo capitalista. De hecho, los ciudadanos pasivos gozaron de los derechos civiles de Marshall, mientras que los ciudadanos activos gozaron derechos tantos civiles como políticos. Wallerstein resume la formas históricas en las que durante largo tiempo se privó de derechos políticos a las mujeres, negros (y otras "minorías" étnicas y raciales) y las clases trabajadoras.

Nuestro análisis empírico seguirá la evolución de estos derechos; para ello se emplearon ciertos puntos de inflexión que dieron origen tanto a nuevas interpretaciones sobre la ciudadanía como a la afirmación de nuevas dimensiones de los derechos. Creemos que estos puntos de inflexión son la Revolución francesa, las revoluciones de 1848-1849 en Europa, la Revolución bolchevique en Rusia y los acontecimientos de los años sesenta.

PERIODIZACIÓN DE LAS DINÁMICAS HISTÓRICAS DE LA CIUDADANÍA

Puede considerarse que el desarrollo histórico de la ciudadanía tiene tres etapas principales.

La primera etapa comenzó con la Revolución rusa y terminó a finales del siglo XIX y que es la fuente principal de la noción de ciudadanía tal como se ha terminado por entender en el sistema-mundo moderno. Incluye la adopción de la Declaración de los Derechos del Hombre y del Ciudadano, el auge y la decadencia del imperio de Napoleón, la Restauración borbona, las revoluciones de la primavera de las naciones y la guerra civil estadunidense, y termina con la creación de los primeros partidos políticos europeos de base. El foco de este periodo fue la ciudadanía política: el derecho a elegir y ser electo, en un intento por superar el acceso inequitativo a los derechos al voto que reclamaban para sí ciertos grupos.

Consideramos que la segunda etapa de la historia de la ciudadanía va de la Revolución bolchevique a finales de la guerra fría entre 1989-1991. Este periodo incluye ambas guerras mundiales, la desintegración de los imperios coloniales, el ascenso político de la clase trabajadora y el dramático aumento de la migración entre estados. Durante este periodo se dieron las últimas extensiones de la ciudadanía política, que a su vez pusieron de relieve los problemas de la ciudadanía social: las prestaciones para el retiro y los servicios de salud, la seguridad social y la educación.

La desintegración de los imperios coloniales engendró una gran cantidad de estados independientes en las zonas periféricas y semi-periféricas y contribuyó en gran medida al dramático crecimiento de la migración internacional. La necesidad imperiosa de regular los problemas de inmigración en las zonas centrales se convirtió en la base del desarrollo y la transformación generalizados de las prácticas de naturalización. Las limitaciones a las disposiciones para la ciudadanía social y las nuevas leyes de naturalización se convirtieron, en la segunda mitad del siglo XX, en herramientas para la reproducción de la desigualdad.

La tercera etapa —que va de la década de 1990 a la de 2010— estuvo caracterizada por la transformación de la ciudadanía que que se da como resultado de los procesos de globalización y de la creación de instituciones supranacionales. En este periodo comenzó a discu-

tirse la ciudadanía global transnacional. Durante la era de la globalización la ciudadanía se convirtió en el mecanismo de distinción
jerárquica de los estados en el sistema-mundo capitalista, lo que
condujo a la creación de varios grupos dentro de su estructura.

LA EVOLUCIÓN DE LA CIUDADANÍA EN EL SIGLO XIX:
LA REVOLUCIÓN FRANCESA Y LA PRIMAVERA DE LAS NACIONES

El tratado de Westfalia en 1648 se considera con frecuencia el momento fundador del sistema interestatal moderno, pero también resultó crucial para el desarrollo del concepto de Estado-nación. Al
convertir las preferencias religiosas de los gobernantes en la religión
oficial de los estados se suponía que éstos se convertirían, en la práctica, en comunidades nacionales relativamente homogéneas. Comenzaron a encarnar, así, a las comunidades imaginarias de las que ha
escrito Benedict Anderson (1991).

Se requería una ideología del "nacionalismo civil" para afianzar la
creación de "naciones políticas". El proyecto se implementó como
una suerte de hijo híbrido de la Revolución francesa y la guerra de
revolución estadunidense, en términos de la ciudadanía política y la
institución de los derechos políticos como derechos inalienables de
los ciudadanos. Lo que antes había sido privilegio de algunos residentes de las ciudades se convirtió en un atributo de todos los miembros de una nación política. La Revolución francesa abolió el arcaico
sistema de estamentos del *ancien régime* y equilibró la distribución de
los privilegios y estatus políticos y civiles en los tres estamentos de la
sociedad francesa (Brubaker, 1989).

Los principios ideológicos clave de la ciudadanía política se encontraban anclados en el texto de la Declaración de los Derechos
del Hombre y el Ciudadano de 1789, que sentó las bases del sistema
político de la república francesa y expandió los límites de la comunidad autogobernada, que pasaron de la ciudad al Estado-nación.
De la mano de esta declaración se sentaron también las bases de la
noción liberal de ciudadanía, que se convirtió en la herramienta para
crear los estados-nación modernos y para desarrollar las instituciones
parlamentarias en las zonas centrales del sistema-mundo capitalista:
Europa occidental, Gran Bretaña y América del Norte. La existencia

de una ciudadanía política activa —la participación de los individuos en los procesos electorales— es un elemento clave de este concepto liberal.

Sin embargo, como señala Wallerstein (2003), esta interpretación liberal de la ciudadanía contenía mecanismos ocultos para la reproducción de la desigualdad, puesto que introducía varios criterios eliminatorios para el voto que le impedían votar a más de dos terceras partes de la población. La noción de ciudadanía funcionaba al mismo tiempo como un mecanismo tanto de inclusión como de exclusión: integraba a ciertos grupos en el ámbito político y excluía a otros.

Esto se ejemplifica claramente en la obra de Adam Przezworski (2009a; 2009b), que estudió el desarrollo de las prácticas electorales y la participación de la población en la vida política entre 1791 y 2000. Por un lado, entre 1791 y finales del siglo XIX los derechos de sufragio se generalizaron en la mayor parte de los estados de las zonas centrales y en algunos estados semiperiféricos, notablemente Francia, Gran Bretaña, Estados Unidos, Grecia, España, Bélgica, Países Bajos, Noruega, Portugal, Luxemburgo, México, Liberia y Austro-Hungría. Para 1900 había 43 países que habían ampliado significativamente el voto masculino.

Por el otro lado, no fue sino hasta 1893 que los países europeos comenzaron a concederle el derecho al voto a las mujeres, con la excepción de algunos terratenientes austrohúngaros. Era común exigir pruebas de alfabetismo o solicitar que se demostrara ser dueño de propiedades. Sólo Grecia, México y El Salvador le concedieron una ciudadanía política activa a todos los ciudadanos varones. En añadidura comenzaron a establecerse fronteras nacionales estrictas, y los estados impusieron muchas restricciones a los extranjeros y con frecuencia a las personas de etnias "minoritarias", por ejemplo a los checos, a los croatas y a los húngaros en el mosaico que era el Imperio de los Habsburgo.

Por supuesto la exclusión de la participación política era mucho más amplia en las zonas periféricas. En los países colonizados los gobernantes europeos y estadunidenses privaron a la población indígena de estas tierras del conjunto de derechos civiles que comenzaban a concederse por aquella época a los habitantes de los países de origen de los poderes coloniales.

Los límites al acceso político en las zonas centrales, y su completa negación en los territorios coloniales, provocaron tensiones sociales permanentes que produjeron condiciones que llevaron al estallido de luchas duraderas para alcanzar la ciudadanía política activa.

Al analizar los acontecimientos de 1848 y 1849 Wallerstein distinguió entre dos formas diferentes de esta lucha. La primera fue la lucha tanto por ampliar la ciudadanía en el contexto de un país (tal como sucedió en Francia entre febrero y junio de 1848) y por lograr una mayor igualdad en la distribución. Se trataba de una lucha de clases dentro del Estado, una revolución social. La segunda forma era la que adoptaron muchas revoluciones nacionalistas, lo que los historiadores llamaron en conjunto la primavera de las naciones. Algunas de estas revoluciones buscaban unificaciones (como Alemania e Italia); otras, escisiones (como Polonia y Hungría). En ambos casos los revolucionarios querían derechos más amplios para los grupos "étnicos" que habían sido excluidos —o que se sentían excluidos— de la participación activa y autogestiva en el proceso político.

Tanto la revolución social (en Francia) como las diversas revoluciones nacionalistas fracasaron en su intento por conseguir objetivos políticos inmediatos y tras su derrota los movimientos sufrieron varias clases de represión, pero la consecuencia de largo plazo fue el surgimiento de movimientos sociales y partidos políticos que continuarían con estas luchas en los decenios siguientes del siglo xix. Los socialistas, los socialdemócratas y los anarquistas desempeñaron un papel muy importante en estos intentos tardíos de crear partidos políticos de masas; dichos partidos se convertirían en la principal fuerza política en la lucha por conseguir una ciudadanía política activa en Europa.

Se puede argumentar, en resumen, que fue un periodo en el que convivieron tendencias contradictorias en el desarrollo de la ciudadanía: cuando aumentaba la inclusión parecía haber exclusiones "compensatorias", pero la neutralización de aquellos que eran excluidos condujo, por su parte, a nuevas formas de organización que darían frutos en los primeros 25 años del siglo xx.

DINÁMICAS DE LA CIUDADANÍA EN EL SIGLO XX:
CIUDADANÍA SOCIAL Y DESINTEGRACIÓN DEL SISTEMA COLONIAL

La razón básica de que la lucha por la ciudadanía cambiara en el siglo xx fue la incongruencia que existía entre la expansión y las políticas colonialistas agresivas por un lado y la difusión, lenta pero continua, de los derechos políticos y las mejoras en el bienestar en las zonas centrales, por el otro.

El cambio de énfasis en la evolución de la ciudadanía fue resultado de la concesión final de la ciudadanía política activa a todos los estratos de la población en la zona central. Para finales del siglo xx prácticamente en ningún país quedaban procedimientos electorales que impusieran restricciones formales a la participación en los procesos electorales. La ciudadanía política activa eventualmente se extendió más allá de las fronteras de las zonas centrales del sistema-mundo y hacia las zonas periféricas y semiperiféricas. Las gráficas 9.1 a 9.3 se basan en datos estadísticos para el periodo de 1850-2000 y proporcionan un panorama de las dinámicas de difusión del sufragio.

Mientras más éxito tenía la lucha para la difusión de los derechos de voto más importante se volvía el papel de los partidos políticos y los sindicatos. Éstos representaban los intereses de las clases trabajadoras y buscaban mejorar sus condiciones de trabajo en las labores

GRÁFICA 9.1. PORCENTAJE DE PAÍSES CON SUFRAGIO UNIVERSAL

148 OLEKSANDR FISUN Y VOLODYMYR GOLOVKO

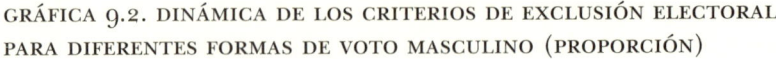

GRÁFICA 9.2. DINÁMICA DE LOS CRITERIOS DE EXCLUSIÓN ELECTORAL
PARA DIFERENTES FORMAS DE VOTO MASCULINO (PROPORCIÓN)

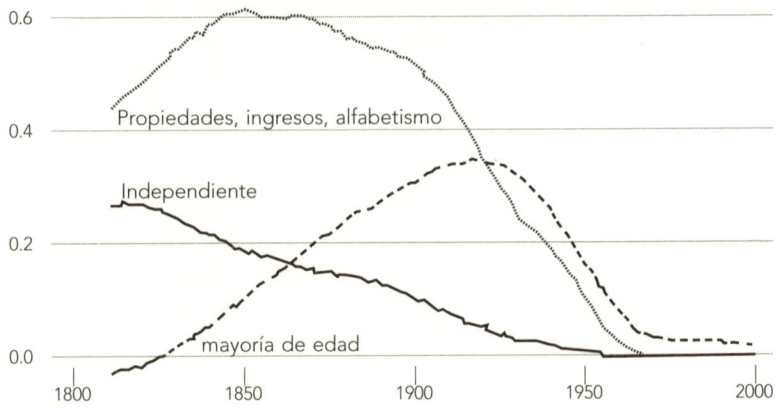

peligrosas, asegurar prestaciones decorosas para las pensiones y los seguros, mejorar los servicios de salud, etcétera.

La idea de la ciudadanía social evolucionó hasta convertirse en un concepto de gran importancia en la década de 1950. El objetivo principal de la ciudadanía social era integrar paulatinamente a las clases trabajadoras a la sociedad y "suavizar" el impacto que tendría la economía de mercado liberal clásica sobre las franjas más numerosas de la población por medio de la redistribución de los beneficios. Su implementación práctica en la Europa de la posguerra condujo a la creación de "estados de bienestar" que ayudaron a reconstruir las economías devastadas y a superar la crisis demográfica que causó la muerte masiva de población civil durante la segunda guerra mundial. Con el inicio de las dificultades económicas de la década de 1980 comenzó, en los estados principales de la zona central del sistema-mundo capitalista —Gran Bretaña (con Margaret Thatcher) y Estados Unidos (con Ronald Reagan)— un proceso de desmantelamiento gradual de los programas de bienestar.

Mientras tanto, con la difusión de ideas sobre los derechos sociales individuales la ciudadanía adoptó un cariz ligeramente diferente. Un elemento central de este nuevo énfasis fue el acceso limitado a los beneficios sociales para ciertos estratos de la población indígena dominante, al tiempo que se le negaba este acceso a los migrantes y a los refugiados.

GRÁFICA 9.3. PROPORCIÓN DE PAÍSES CON VOTO FEMENINO EN
RELACIÓN CON LOS PAÍSES CON CUALQUIER TIPO DE VOTO

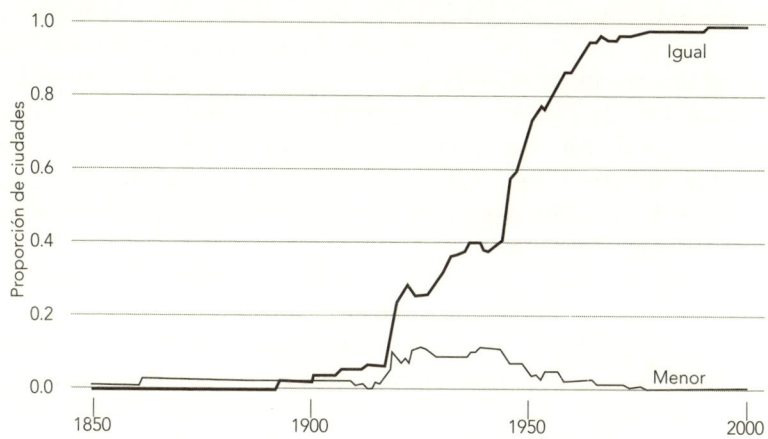

Actualmente la entrega de derechos sociales amplios se emplea,
en algunos estados de las áreas semiperiféricas y periféricas, como
sustituto de los derechos políticos y civiles. Esta ampliación de la
ciudadanía social, al tiempo que se limitan los derechos civiles y
políticos, es típica de los regímenes neopatrimoniales de las exrepú-
blicas soviéticas (por ejemplo Turkmenistán y Bielorrusia) así como
de algunos países de América Latina y África.

La industrialización acelerada y la desaparición de los imperios coloniales —como el británico y el francés— produjeron en la segunda
mitad del siglo XX la entrada a Europa, Australia y América del Norte
de un enorme flujo de mano de obra barata. A los nuevos estados independientes de Asia y África les resultó difícil proporcionarles a sus
ciudadanos unos estándares mínimos de vida y seguridad, y esto los
llevó a buscar una vida mejor en los países sede de los viejos poderes
coloniales. El enorme aumento en los flujos de migración provocó
tensiones étnicas en los países que importaban mano de obra. Sobre
todo en vista de la ralentización de la economía-mundo se instituye-
ron nuevas restricciones sobre diversos derechos de los migrantes y
se erigieron barreras adicionales para su entrada.

La reproducción estructural de la desigualdad mediante la institución de la ciudadanía puede rastrearse fácilmente si se comparan
distintas prácticas de naturalización. Actualmente en las zonas cen-

trales existen tres grupos de estados que hasta cierto punto han importado una fracción significativa de su fuerza de trabajo. El primer grupo está formado por los viejos poderes coloniales: Gran Bretaña, Francia, Portugal, Países Bajos y España. En el segundo se encuentran países que no tuvieron colonias (al menos hasta 1945): Alemania, Polonia, Irlanda y Japón. El tercer grupo lo conforman los países de colonos que fueron fundado por inmigrantes europeos: Estados Unidos, Canadá, Australia y Nueva Zelanda. Cada grupo tiene distintas prácticas de naturalización, y sus mecanismos de inclusión/exclusión poseen rasgos diferentes.

Los viejos poderes coloniales trataron de establecer distintas restricciones para los inmigrantes que llegaban a sus territorios, con el objetivo de garantizar su máxima asimilación como precio a pagar por la ciudadanía completa. Por ejemplo, en la segunda mitad de la década de 1960 Francia reconoció el derecho de los argelinos a viajar a la Francia metropolitana y a solicitar la ciudadanía francesa, una posibilidad que le negó a los habitantes de otras colonias francesas. Esto tenía que ver con el hecho de que Argelia hubiera sido considerada parte jurídica de la metrópolis francesa hasta el momento en que los argelinos obtuvieron su independencia, en 1962. Esta disposición le permitió a quienes habían ayudado a los franceses a combatir a los revolucionarios argelinos a conservar su anterior estatus de ciudadanos franceses con todos los derechos.

En las colonias portuguesas se impusieron reglas especiales de "asimilación" que le permitieron a una pequeña cantidad de personas de etnias no portuguesas obtener acceso a los derechos de los ciudadanos portugueses. En teoría ser un *assimilado* implicaba que se había demostrado la aceptación de ciertos valores básicos portugueses y por lo tanto se podía decir que uno había sido asimilado por la cultura portuguesa. Ese grupito fue el único que tuvo derecho a obtener la ciudadanía portuguesa. Bélgica tuvo un grupo igualmente pequeño, los llamados *évolués,* en sus colonias.

A los inmigrantes que llegaban a países que no habían tenido colonias (al menos no hasta 1945) no solía concedérseles la ciudadanía activa, pero tenían la oportunidad de adquirir amplios derechos sociales; por lo general sólo los descendientes de estos inmigrantes, de segunda o tercera generación, tenían derecho a pedir la ciudadanía activa.

Los estados de colonos fueron los que les concedieron a los inmigrantes las mayores oportunidades de naturalización; lo confirma la práctica generalizada del principio de *jus soli* en Estados Unidos y Canadá. Thomas Janoski (2010) reporta que durante el periodo 1975-2000 la cantidad de personas naturalizadas por cada 100 000 residentes extranjeros era tan alta como 14 692 en Canadá y tan baja como 313 en Alemania. Los estados de colonos —Australia, Canadá y Estados Unidos— llevan la delantera en términos de cantidad de personas naturalizadas, mientras que Japón y Alemania tienen las tasas más bajas de naturalización, y los viejos poderes coloniales —Francia, Gran Bretaña y Portugal— se encuentran a la mitad.

La multiplicación, en un estado nacional, de muchas minorías étnicas sin rasgos en común con la mayoría dominante presentó muchos desafíos. Para enfrentarlos se procuró ajustar la institución de la ciudadanía mediante la reivindicación de un programa/teoría del multiculturalismo. Este programa/teoría estaba basado en el principio de la vulnerabilidad de los grupos étnicos pequeños y en la necesidad de proteger su identidad proporcionándoles varios derechos grupales. Actualmente el enfoque más popular consiste en darles a los inmigrantes legales derechos socioeconómicos muy amplios al tiempo que se limita una participación política activa (su derecho al voto).

Durante la era de la globalización están apareciendo nuevas formas de ciudadanía, de las cuales las más importantes son la ciudadanía transnacional y la doble. Un buen ejemplo es la Unión Europa y su compleja política de inmigración, que le permite a inmigrantes tener distintos niveles de identidad y conservar un vínculo fuerte con su tierra natal. Según Riva Kastoryano (2005) la doble ciudadanía es un elemento clave en una gran cantidad de comunidades y redes transnacionales formales e informales. Algunas de estas comunidades están basadas en identidades, otras en intereses, y con frecuencia se basan en ambas cosas, como se presenta con los inmigrantes, es decir residentes o ciudadanos legales de un estado miembro según la legislación referente a la ciudadanía pero que buscan el reconocimiento de una identidad colectiva distinta. Así, los inmigrantes sostienen redes primordiales de solidaridad que cruzan las fronteras nacionales con base en lo que llaman una identidad de origen que vincula el país de origen con el país de residencia y con el resto del espacio europeo.

Un buen ejemplo de ciudadanía doble es el de Alemania, donde la comunidad turca busca obtener dicho estatus. Si tienen ciudadanía tanto turca como alemana pueden construir una red transnacional que distinga derechos políticos, económicos y sociales. Por ejemplo, pueden usar su derecho al voto en las elecciones parlamentarias e incluso locales en Turquía, y al mismo tiempo seguir recibiendo de las autoridades alemanas derecho a la seguridad social. Así pues, estas comunidades transnacionales están multiplicando la movilidad de los inmigrantes entre los países de origen y los de acogida, y se han convertido en una forma de expresar la participación política y económica en ambos espacios.

ANEXOS

Anexo 1

Como primer anexo a la investigación sobre la dinámica retrospectiva de la ciudadanía se realizó un análisis comparativo entre los estados que representan diferentes grupos del sistema-mundo moderno. La investigación se centró en la ciudadanía con derecho al voto, la concesión del derecho al voto a los no ciudadanos así como la adquisición de la ciudadanía y las prácticas de naturalización. Los resultados se presentan en los cuadros 9.1, 9.2 y 9.3.

Los resultados de la investigación pueden ayudar a entender algunas regularidades. La primera y más importante es que el proceso de naturalización se encuentra bien desarrollado principalmente en los países de las zonas centrales y semiperiféricas, y está menos generalizado en las zonas periféricas. Esto muestra que las leyes y las regulaciones para la naturalización en las zonas centrales y semiperiféricas se basan en el principio de "inclusión" y se concentran en la integración de nuevos miembros a la comunidad nacional.

En añadidura, podemos afirmar que el *jus soli* se usa ampliamente en las zonas centrales y semiperiféricas. Esto puede explicarse por la historia de asentamientos de colonos en los países de América Latina y por el pasado colonial de los principales países del centro, así como por el rápido desarrollo económico y la necesidad de regular los procesos migratorios.

CUADRO 9.1. LOS PAÍSES REPRESENTATIVOS DE LA ZONA CENTRAL: ESTADOS UNIDOS Y ALEMANIA

	CIUDADANÍA CON DERECHO AL VOTO	DERECHOS DE VOTO PARA NO CIUDADANOS	ADQUISICIÓN DE CIUDADANÍA
Estados Unidos	La extensión del derecho al voto fue un proceso gradual. La Quinta Enmienda de 1879 extendió el derecho al voto a los afroamericanos. Sin embargo, algunos estados (particularmente en el sur) conservaron restricciones discriminatorias para los negros: nivel de ingreso, alfabetismo, etc. Estas barreras terminaron por eliminarse en 1964-1965. La Novena Enmienda de 1920 estableció el derecho al voto para las mujeres. Sin embargo, los residentes de D. C. no pueden votar por los representantes ante el Congreso, mientras que los residentes de Puerto Rico no tienen derechos pleno al voto en Estados Unidos.	A partir de 1968 los extranjeros que reunieran ciertas condiciones podían votar en elecciones locales en 20 estados y territorios de Estados Unidos. Sin embargo, no pueden votar en elecciones presidenciales o parlamentarias.	Los niños que nacen en suelo estadunidense son ciudadanos de ese país, incluso si se encuentran allí en forma ilegal. Requisito de naturalización: una persona debe haber residido legalmente en suelo estadunidense no menos de cinco años, tener al menos 18 años de edad, ser una "persona de buen carácter moral", hablar inglés en forma fluida, conocer la Constitución de Estados Unidos y respetar la cultura estadunidense. Casarse con un ciudadano estadunidense permite solicitar la ciudadanía de ese país tras tres años de vida en matrimonio.
Alemania	Desde el momento de la creación del Imperio Alemán en 1871 hasta la época de las Leyes de Nuremberg en la década de 1930 todos los hombres tenían derecho a votar en elecciones nacionales, aunque había algunas restricciones para ciertas elecciones locales.	En 1989 Schleswig-Holstein le concedió el derecho a votar en elecciones locales a ciudadanos de Dinamarca, Irlanda, Noruega, Países Bajos, Suecia y Suiza. Al mismo tiempo Hamburgo le concedió derecho a votar en elecciones locales a los extranjeros que llevaran al menos ocho años ininterrumpidos residiendo en Alemania. Ambas decisiones fueron revocadas por la Corte Constitucional Federal Alemana en 1990. Sin embargo, en el periodo de 1995 a 1999 se reconoció la importancia de concederle derecho al voto a los ciudadanos de la Unión Europea que residían de forma permanente en Alemania.	El *jus soli* se introdujo en Alemania apenas en el año 2000. Como resultado, los niños que hayan nacido en territorio alemán después del año 2000 tienen derecho a la ciudadanía Alemana, siempre y cuando uno de los padres haya vivido al menos ocho años ininterrumpidos en el país. Existe el mismo derechos para los niños que nacen fuera del matrimonio con la condición de que el padre sea apátrida y la madre alemana, o para aquellos que nazcan fuera del matrimonio de madre extranjera y padre alemán, si el padre reconoce al niño. Requisito para la naturalización: haber residido en Alemania al menos ocho años ininterrumpidos.

CUADRO 9.2

	CIUDADANÍA CON DERECHO AL VOTO	DERECHOS DE VOTO PARA NO CIUDADANOS	ADQUISICIÓN DE CIUDADANÍA
India	El derecho universal al voto se instauró en 1950 para todos los ciudadanos indios.	Ninguno	Los niños que nacen en suelo indio son indios sin importar la nacionalidad de los padres. El procedimiento para convertirse en ciudadano se da a los 18 años de edad. Si el padre es indio el niño se vuelve indio también sin importar su lugar de nacimiento. Si la madre es india el niño se vuelve indio sólo si la madre y el niño siguen residiendo en India.
Brasil	El derecho al voto se instauró en 1891. Las mujeres, los sacerdotes, los militares, los analfabetas y los vagabundos no tenían derecho a votar. El derecho universal al voto se implementó en 1932. La ciudadanía electoral brasileña tiene algunos rasgos particulares: – Restricciones de edad: sólo puede votar el grupo de edad de entre 18 y 70 años (uno pueden empezar a votar facultativamente a los 16 años de edad). – Los soldados regulares no pueden votar.	El Tratado de Amistad entre Brasil y Portugal le permite a los ciudadanos portugueses que han residido en forma permanente en Brasil por más de tres años, que hablan portugués y que tienen una ciudadanía política activa en Portugal solicitar ante el Ministerio de Justicia Brasileño el derecho a votar.	Una persona se convierte en ciudadano brasileño si cumple una de las siguientes condiciones: – Si nació en Brasil, sin importar la nacionalidad de los padres. – Si nació fuera del territorio brasileño cuando uno de los padres es ciudadano de ese país. Casarse con un ciudadano brasileño no otorga la ciudadanía brasileña pero facilita la residencia en ese país. Requisito de naturalización: no menos de cinco años de residencia en Brasil.

CUADRO 9.3. LOS REPRESENTANTES DE LA ZONA PERIFÉRICA: GHANA
Y MARRUECOS

	CIUDADANÍA CON DERECHO AL VOTO	DERECHOS DE VOTO PARA NO CIUDADANOS	ADQUISICIÓN DE CIUDADANÍA
Ghana	Derecho universal al voto para todos los ciudadanos mayores de 18 años.	Ninguno	Las personas que nacen dentro de las fronteras de Ghana no se convierten automáticamente en ciudadanas. Los niños cuyos padres o abuelos son ciudadanos ghaneses pueden obtener automáticamente la ciudadanía del país. Adquirir la ciudadanía de Ghana por matrimonio es muy complicado: una persona casada con un ciudadano ghanés puede solicitar la ciudadanía. En caso de divorcio, ésta se revoca inmediatamente. En añadidura, puede pedírsele a un ciudadano ghanés registrado que pruebe que el matrimonio se hizo de buena fe. Requisito de naturalización: Ghana no fomenta la naturalización de personas que no tienen lazos de sangre o conyugales con el país.
Marruecos	El derecho universal al voto se instituyó en 1963. Antes de ese año sólo los hombres tenían derecho al voto.	Los ciudadanos marroquíes naturalizados no tienen derecho al voto por un periodo de cinco años.	Los niños que nacen en territorio marroquí no tienen derecho a la ciudadanía de Marruecos. Los niños cuyo padre es marroquí son ciudadanos, sin importar el lugar de nacimiento. Las mujeres que se casan con un ciudadano marroquí se convierten en ciudadanas de ese país tras dos años de convivencia. Requisito de naturalización: las personas que alcanzan los 18 años de edad y han residido en Marruecos no menos de cinco años pueden naturalizarse.

Anexo 2

El segundo anexo se dedica a explicar las figuras 9.1, 9.2 y 9.3 (páginas 147, 148 y 149), elaboradas originalmente por Adam Przezworsky y que ilustran distintos aspectos del desarrollo histórico de la ciudadanía.

La figura 9.1 muestra las dinámicas de la extensión del derecho al voto en el sistema-mundo. En 1900 sólo 17 países tenían derecho al voto, y únicamente para los hombres; sin embargo, en la primera mitad del siglo XX el sufragio universal se convirtió en una especie de norma autoevidente. Además, según el diagrama podemos asumir que los países de reciente aparición (como los que surgieron en las periferias nacionales de los imperios europeos o los países poscoloniales) tendieron a concederle derecho al voto a todos sus ciudadanos inmediatamente después de la independencia.

La figura 9.2 muestra el desarrollo de las restricciones para votar durante el periodo posterior a la Revolución francesa. Przezworski determina los tres principales grupos de criterios para el voto.

El primero era la mayoría de edad (en inglés *manhood,* que también significa madurez o adultez): la persona tenía que ser mayor de 18 o 21 años de edad. También incluía ciertos requisitos sobre la residencia (la persona tenía que haber vivido en un territorio particular durante un periodo específico, por ejemplo un mínimo de cinco años). Sin embargo, según Przezworski (2009a: 296-297) a mediados del siglo XIX *manhood* tenía un significado más rico que el actual; era más similar al término "vecino", que se introdujo en los países de América Latina y que significaba "alguien que era un buen miembro de la comunidad local". Sólo siendo un "vecino" podía alguien participar en las elecciones. El segundo criterio consistía en requisitos tales como ingresos, alfabetismo o propiedades (la persona tenía que ser alfabeta, dueña de una cantidad particular de propiedades o recibir un ingreso mensual suficiente). El tercer criterio era la independencia (los esclavos no tenían derecho al voto). Como resultado, sólo tres países —Grecia, México y El Salvador— tenían sufragio universal a mediados del siglo XIX. Más adelante el sufragio universal se extendió a la mayor parte de los países del sistema-mundo, pero las restricciones para votar fueron el más poderoso instrumento de exclusión hasta 1945.

La figura 9.3 se ocupa del voto femenino y su proporción relativa al voto masculino. Las mujeres estuvieron prácticamente excluidas del espacio político a lo largo del siglo XIX; sólo a partir de 1893 comenzó a otorgarles el voto Nueva Zelanda. En las zonas centrales las mujeres adquirieron el derecho a votar sólo después de la primera y, a veces, de la segunda guerra mundial. A partir de 1945 en la mayor parte de los países se instauró el voto universal para hombres y mujeres.

10. LOS ESPACIOS DE LAS MUJERES Y UN SISTEMA PATRIARCAL

LINDA CHRISTIANSEN-RUFFMAN

Este análisis se concentra en el cambio social global desde la perspectiva de las mujeres, el género y las transformaciones del sistema patriarcal que han contribuido a la conformación del sistema-mundo durante el último milenio. Se basa en un enfoque inductivo y empírico de la investigación macrohistórica y comparativa. Este capítulo se ocupa de uno de los temas centrales del libro, la polarización, en este caso la que sucede entre los hombres y las mujeres, y discute algunos temas analíticos relacionados.

También se enumeran las nuevas formas y procesos históricos de patriarcado que se desarrollaron en Europa a partir del año 1000 d. C., cuando la Iglesia católica legitimó sus valores centrales, e interrelacionados, de violencia, desigualdad y codicia. Los europeos exportaron los valores del europatriarcado, o lo que también puede llamarse el patriarcado de violencia, desigualdad y codicia, mediante la colonización, la extracción de recursos y la supuesta misión civilizadora que comenzó alrededor del año 1500 y que se prolongó mediante el imperialismo, las instituciones financieras internacionales y la globalización neoliberal. Estos procesos cerraron espacios que las mujeres habían ocupado y las excluyeron de los nuevos espacios que se creaban, lo que incrementó la polarización entre hombres y mujeres. Las instituciones sociales, culturales, económicas y políticas que surgieron durante esta era se construyeron, así, sobre supuestos patriarcales de naturaleza fundamentalmente explotadora, competitiva y masculina. En una cultura europatriarcal aún más polarizada y basada en la violencia legitimada, la codicia, el individualismo y las jerarquías, hay valores como el respeto al mundo natural y a los otros, el cuidado y la generosidad (véanse Miles, 2013; Starhawk, 2002; Vaughan, 2007), que alguna vez fueron importantes para ambos géneros, que corren el peligro de perderse por completo. En la conclusión de este capítulo se sugieren dos alternativas para el futuro.

Este análisis se basa en miles de textos de todas las disciplinas académicas y de otras fuentes rigurosas, incluyendo emisiones radiofónicas de CBC1 Radio de Canadá, experiencias de campo, conversaciones con colegas e historias orales. Se fundamenta en el análisis feminista con relaciones multinivel, hace énfasis en el proceso social y emplea principios sociológicos de teoría fundamentada (que suelen asociarse con la etnografía micronivel), tales como el método comparativo constante, el muestreo teórico y la teorización inductiva (Glaser y Strauss, 1967). Además de los desafíos usuales de la investigación histórica comparativa,[1] la investigación que se hizo para este análisis debió enfrentar los obstáculos propios de la naturaleza patriarcal de la academia: la infrarrepresentación de las mujeres en la historia; la relativa ausencia de estudios feministas y en particular la falta de teoría feminista autónoma; el hecho de que la presencia y las contribuciones de las mujeres hayan sido invisibilizadas por el mito de la linealidad histórica (por lo general considerada un proceso de avance que va desde el patriarcado hasta la igualdad de las mujeres);[2] la supresión activa de las contribuciones de las mujeres, tanto en su propia época como en retrospectiva,[3] y la pura y simple

[1] Es común que se sobregeneralice. Los estudios con frecuencia son incapaces de reconocer plenamente las diferencias que existieron, en el tiempo y el espacio, en la Europa medieval. Por ejemplo, tras familiarizarnos con el cuerpo de conocimientos académicos los investigadores pudimos predecir los criterios de inclusión (en el tiempo y el espacio) con base en la supuesta descripción y la caracterización específica de la "Europa medieval" al prestar atención a las muestra teóricas usadas *de facto*.

[2] Este supuesto progreso con frecuencia estuvo implícito, pero siguió un patrón común: el de que si en un año particular se obtuvo un avance particular en los derechos de las mujeres significa que la presencia o ausencia previa de ese derecho o de actividades relacionadas con ese derecho no requieren una investigación empírica, puesto que se asume que no existían. El concepto de "progreso" ha tendido a congelar a los campesinos y las formas familiares en caracterizaciones y supuestos patriarcales atemporales. Al menos Abu-Lughod (1989), en uno de los dos fragmentos de su obra relativos a las mujeres, manifiesta que está citando una descripción de un taller familiar de producción de seda en China que data del siglo XIX e inicios del XX, puesto que no pudo encontrar una de la Edad Media. Una cantidad abrumadora de textos académicos supone sin más que existe un modelo familiar patriarcal y una familia campesina inmutable, que además es notablemente parecida a la familia nuclear moderna. Para evitar este sesgo y seguir los consejos de Smith, Wallerstein y Evers (1984) una parte importante de nuestra investigación se concentra en los hogares, y no en las familias, como la unidad óptima para la investigación comparativa y la comprensión analítica.

[3] Por ejemplo, Macy (2008) proporciona datos y análisis sólidos sobre cómo un cambio en la definición de la ordenación durante los siglos XI y XII excluyó a las mujeres del sacerdocio, y también analiza de qué forma los "reformadores" varones eliminaron cualquier rastro de la ordenación previa de las mujeres.

invención de imágenes y artefactos, así como de historias.[4] Estos
problemas se ven agravados por las influencias posmodernas que
consideran que inventar historias, argumentos o ideas ingeniosas es
más importante que considerar la evidencia; por las recientes tendencias académicas a ignorar la historia, en particular a largo plazo; por
la incapacidad para considerar la importancia de las contribuciones
históricas para el futuro,[5] y, lo que no es de sorprender, por la falta
de habilidades para el análisis sociológico de las que adolecen quienes trabajan en otras disciplinas y cuyo invaluable trabajo empírico
sobre el tiempo, la cultura, la estructura o el espacio con frecuencia
se teoriza en forma inadecuada o engañosa.[6] Es en parte a causa de
estos desafíos metodológicos que el presente análisis se concentra en
los niveles más amplios de los sistemas patriarcales, en particular en
lo que se refiere a las jerarquías de género, los espacios de las mujeres y el crecimiento del sistema-mundo.

La investigación inductiva hizo que se pasara de un énfasis inicial
en las mujeres, la personeidad[7] y el género a un enfoque más amplio
y más sistémico que se concentra en los cambios en los sistemas patriarcales y las formas en las que los procesos históricos vinculados

---

[4] Por ejemplo, Bennett (2006) señala que se dice que los cinturones de castidad
fraudulentos son de esta época.

[5] En Bennett (2006) pueden encontrarse algunos datos sorprendentes sobre el
retroceso de la historia de las mujeres en la bibliografía académica; allí compara los
años de 1975-1978 con los de 2001-2004.

[6] Los debates académicos, hasta los que se ocupan de temas como la polarización
contra el progreso, conducen, a veces, a supuestos y presentaciones problemáticas,
incluso entre los estudiosos cuyo trabajo histórico ha sido específico y sistemático y
que comparten un análisis feminista que incluye el patriarcado. Por ejemplo, al tiempo que Bennett (2006) señala supuestos problemáticos, en particular los que caracterizan la bibliografía sobre la economía familiar y la igualdad, critica la bibliografía
sobre la igualdad relativa de la época al citar textos de la última parte de este periodo,
cuando las afirmaciones patriarcales estaban en su punto culminante. Nuestro marco
analítico, y de hecho partes del análisis de Bennett (por ejemplo Bennett 2006: 80)
sugieren que se necesita una interpretación diferente.

[7] La personeidad es un concepto que se desarrolló en 1978. Tiene como base un
recurso legal que se interpuso en 1929 y que iniciaron cinco mujeres canadienses ante
el Consejo Privado de Gran Bretaña, que revocó la decisión de la Suprema Corte de
Canadá. La resolución estableció que las mujeres debían ser consideradas personas ante
la ley y debía permitírseles ser senadoras de Canadá. Nuestra definición fue desarrolla-
da para estudiar la autonomía y el poder de las mujeres y sus organizaciones en las
comunidades costeras del sur de Labrador y su habilidad para determinar prioridades
y conseguir los resultados comunitarios deseados (Christiansen-Ruffman, 1980).

de desarrollo de los sistemas militarista, capitalista y colonialista y las relaciones sociales jerárquicas crearon y conformaron el sistema-mundo moderno: excluyendo, subordinando y explotando a las mujeres y el medio ambiente. Mediante un concepto ampliado, refinado, sistémico y amplio de patriarcado se concentra en las transformaciones de mayor escala en la intensidad, densidad y profundidad del patriarcado y en los tipos de espacios de relativa autonomía que cada sistema apoya, permite, limita o suprime para las mujeres. El espacio de las mujeres se define como un dispositivo conceptual y metodológico que se usa para explorar y comprender las posibilidades políticas de género que tienen las acciones de las mujeres en diferentes momentos históricos y ubicaciones geográficas dentro de un sistema patriarcal en transformación.[8] La personeidad les daría a las mujeres acceso a la expresión y participación íntegra de las personas femeninas, sin los límites impuestos por el patriarcado y por las formas vinculadas de exclusión, supresión y explotación.

El patriarcado suele definirse como el dominio del padre, los padres o los ancianos, lo que sirve como vehículo para la idea del poder masculino, con un énfasis particular en las formas o las funciones de las "relaciones de dominio" según el género.[9] Sylvia Walby elabora una teoría en la que el patriarcado está conformado por relaciones estructurales de género (1990). Allen (1985; 1997b) también se concentra sobre todo en las desigualdades de género masculino/femenino, en particular en la polaridad, la unidad y la complementariedad.[10] Nuestras ideas son más cercanas a las de Maria Mies (1986) y Claudia

---

[8] El espacio de las mujeres también es un concepto que usan los grupos comunitarios feministas y los académicos para identificar, teorizar y crear realidades sociales favorables para las mujeres. El concepto ha tenido una dimensión territorial, por ejemplo cuando lo describieron Virginia Woolf en *Una habitación propia* (1929) y McFadden (2007), así como un rasgo sociopolítico y cultural que incluye los valores de las mujeres, tales como una paz activa y sus visiones de los futuros imaginados.

[9] Tomamos el concepto de Dorothy Smith (1987), que una vez señaló que la metodología que ella bautizó, la etnografía institucional, le daba un nombre a la investigación fundamentada feminista que se practicaba en Canadá por ese entonces.

[10] Véase también Bennett (2006), en particular el capítulo 4. Bennett, sin embargo, no incluye estas prolongaciones en sus tres definiciones, aunque están presentes en forma implícita en su nota 23, que se ocupa de los debates sobre el patriarcado. Como nosotras y Sylvia Walby (comunicación personal, Suecia, 2010), ella considera que el patriarcado es un componente necesario del análisis feminista, aunque nuestros conceptos de patriarcado son diferentes.

von Werlhof (1984; 2007). Como ella, extendemos el concepto de patriarcado para que incluya rasgos sistémicos amplios, estratificados y explotadores, así como su marco histórico específico. Sin embargo, nos ocupamos, en forma más explícita que todas estas autoras, de lo que llamamos el patriarcado arraigado, las consecuencias institucionalizadas de las estructuras que se establecieron a la sombra de sistemas históricamente construidos de relaciones sociales, instituciones y conocimiento paradigmático patriarcales. Así pues, en este ensayo el concepto de "patriarcado" llama la atención acerca de la estructura social y las consecuencias culturales para los hombres y los mujeres de los productos históricos de género en un sistema y un paradigma dominados por los hombres, incluyendo los que se concentran explícitamente en el género y los productos que no parecen tratarse sobre el género pero que se desprenden de siglos de teorizaciones desde un punto de vista masculino o de un patricentrismo (Christiansen-Ruffman, 1989). Estas consecuencias de largo plazo, producidas por las cambiantes relaciones de dominio, perjudican más a las mujeres que a los hombres, pues limitan los espacios de éstas, aunque también atrapan a los hombres en conjuntos de relaciones sociales que son obsoletos en la sociedad contemporánea. Este legado patricéntrico institucionalizado en la academia y en el discurso político incluye ideas que se celebran como grandes adelantos intelectuales de la historia, tales como el pensamiento dicotómico, los universalismos abstractos, el individualismo, las jerarquías, la (des)igualdad, "el hombre racional", "las soluciones tecnológicas" y la conquista de la naturaleza. Este paradigma obsoleto aún perpetúa supuestos e ideas sobre el "orden social" que no sólo excluyen a las mujeres sino que ponen en riesgo la vida del planeta. Es perjudicial para las relaciones locales, nacionales y globales en el siglo XXI.

Una analogía útil que usan las feministas para pensar sobre la opresión o el patriarcado es la de un ave en una jaula (Frye, 1983). Si se observa cada barrote individualmente no queda clara la relación entre los barrotes. Incluso si cortas uno de los barrotes el resto seguirá impidiendo el paso del ave. El acto de montar y conectar los barrotes de la jaula transmite la idea del desarrollo del patriarcado como sistema y de su densidad, pero no la profundidad y el alcance de sus sistemas interrelacionados. Una analogía que transmite mejor el proceso de surgimiento de patriarcados arraigados más complejos es la de un ave atrapada en una serie de jaula de diferentes formas y tamaños o de sistemas conectados. Tanto el desarrollo (o la red) de cada sistema y la profundidad y el alcance de este segundo grupo de capas del patriarcado se experimenta como la pérdida o la ganancia de espacios de la mujer en el patriarcado[11] o, siguiendo la terminología de este libro, como un aumento o una disminución en la polarización.

Nuestro concepto de europatriarcado es más fluido de lo que sugiere esta analogía. Al contrario de lo que dice la sabiduría popular, en el año 1000 distintas mujeres (ya fueran campesinas, gobernantes, clérigas o habitantes de ciudades) adoptaron una gran variedad de actividades sociales importantes. En aquella época el sistema del europatriarcado sólo había aprisionado a las mujeres dentro de unos cuantos barrotes, tales como la transmisión patrilineal del gobierno en algunos territorios, pero incluso eso parecía estar abierto a negociación. Aunque siguieron colocándose barrotes patriarcales con frecuencia quedaban ventanas, puertas o espacios abiertos entre los barrotes en forma de excepciones. De hecho las rutas que rodeaban o cruzaban el sistema emergente, tal como Erickson (2005) describe en su análisis de la *couverture* y en su introspección analítica asociada, permitieron encontrar formas institucionales legítimas para darle la vuelta a la *couverture*; estas leyes, aparentemente restrictivas, ayudaron a promover el capitalismo en Inglaterra.

METODOLOGÍA Y HALLAZGOS INICIALES
TOCANTES A LA FECHA DE INICIO

La investigación inicial sobre los espacios de la mujer y el patriarcado comenzó hacia 1500 en las partes de Europa que se convertirían en la zona central del incipiente sistema-mundo. Nuestra lectura minuciosa de fuentes secundarias que datan de alrededor de 1500 encontró pocos análisis de género, pero algunas pistas de que los tiempos

---

[11] Nótese aquí una relación directa, que es parte de la lógica del poder en el europatriarcado, la del poder de los hombres sobre las mujeres concebido como control. A la lógica binaria de las computadoras le cuesta trabajo designar iguales y ver el panorama completo. Otros paradigmas imaginan el "poder para" y el "poder con" en vez del "poder sobre", y proponen enfoques incluyentes y no excluyentes.

cambiaban. Los atisbos aislados de las mujeres parecían indicar un proceso social activo de creciente polarización entre hombres y mujeres que debía ser analizado. La supresión activa de las mujeres, la cancelación de sus espacios como individuos y comunidades y la misoginia y exclusión crecientes entre 1400 y 1500 incluyeron los escritos de Christine de Pisan (1364-1430) sobre el aumento de la misoginia, en particular en las ciudades;[12] la pérdida a manos de los hombres de los gremios que las mujeres ayudaron a crear; el "enclaustramiento" de las comunidades religiosas de mujeres a manos de la Iglesia institucional (Brennan, 1985); la creación de detallados dibujos arquitectónicos que mostraban cómo prevenir que las mujeres escaparan de la clausura; las instrucciones que giró el papa a las abadesas para que dejaran de oír confesiones; el hostigamiento de las curanderas y las sabias rurales, que fueron acusadas de brujería y quemadas, y la autorización formal del papa para que se torturara a las mujeres. La búsqueda de una fecha de inicio más apropiada corroboró que conforme el foco analítico se coloca sobre fechas más y más remotas, primero en periodos de cincuenta años y luego de cien, entre el año 1500 y el año 1000, se encuentran más espacios políticos y sociales para las mujeres. El año 1000 fue la fecha sugerida por nuestra investigación secundaria, aún en curso, por expertos en los periodos clásico y medieval y, de inicio, por un principio de simplicidad. Más tarde, tras mayor reflexión y el descubrimiento de fuentes académicas que iban en el mismo sentido, pareció una excelente decisión. Está claro que entre los años 1000 y 1250 existieron muchos más espacios para que las mujeres actuaran como mujeres sin impedimento y para negociar exitosamente con una gran cantidad de intereses opuestos que entre los años 1250 y 1500. La tendencia macro continuó hasta el presente, conforme se desarrolló una versión más amplia, más profunda y más invasiva del europatriarcado y se arraigó en forma de prácticas que se daban por sentadas.

---

[12] Véase Joan Kelly (1982; 1984), que identifica al pisano como un teórico feminista temprano y el iniciador de la *Querelle des Femmes*, 1400-1789. La asociación entre la ciudad y la cultura abstracta creada por los varones también es descrita por Colin Starnes (2012, en particular el capítulo 1).

METODOLOGÍAS Y HALLAZGOS INICIALES
SOBRE LAS EXPERIENCIAS DE COLONIZACIÓN

El amplio abanico temporal del estudio, las incertidumbres sobre la validez de las fuentes secundarias y las dudas sobre los cambios de paradigma —o lo que Ceceña (2008, cap. 2) llama "dos magmas de civilización que coexisten pero chocan"— llevó a preferir un enfoque comparativo más limitado que se concentrara en el contacto inicial entre europeos y distintos tipos de comunidades indígenas en América y África.[13] Elegimos los pueblos indígenas de la costa este de Canadá, los mi'kmaw,[14] en principio por las fuentes académicas locales disponibles y para contrastar con la experiencia latinoamericana descrita por Ceceña. En 1605, después de que la mitad de los colonos no sobreviviera al primer invierno en New Brunswick, los mi'kmaw les enseñaron a quienes se asentaron en Nueva Escocia algunas ingeniosas técnicas indígenas de supervivencia, tales como la tecnología de los zapatos para nieve y las canoas de corteza de abedul. Como señala Reid (2009a, 2009b), los primeros 140 años de contacto con los colonos, en particular con los acadianos (franceses) que se asentaron en tierras no usadas por los mi'kmaw, fueron muy distintos de las relaciones que se establecieron una vez que los ingleses se asentaron en Halifax en 1749 (en el transcurso de un decenio los ingleses expulsarían a muchos de los acadianos de Nueva Escocia). El muestreo teórico se empleó para seleccionar otras comunidades comparables, incluyendo la confederación matriarcal de seis naciones haudenosaunee (Mann y Fields, 1997) y sus respetadas sabias, las *gantowisas* (Johansen y Mann, 2000), así como el contacto, considerablemente

---

[13] La investigación que se hace en Asia, sobre todo en Japón, no se incluye en forma explícita en este capítulo, pero tiene influencia sobre mi análisis. Al principio se escogió Nueva Escocia para que sirviera como contraste de la historia colonial, más conocida, de otras regiones de América del Norte y del Sur. Más tarde comencé a usar muestras teóricas de sociedades indígenas. También me atrajo esta cita de French (2002: 123), que sugiere que a donde quiera que fueran los europeos "sus armas, su codicia y sus enfermedades sólo dejaron tras de sí devastación y conversos del culto al poder". ¿Quiénes se convertían más fácilmente, los hombres o las mujeres? ¿Hacía alguna diferencia la sociedad que era colonizada? ¿Qué pasaba con los patrones de protocontacto, "contacto" y colonialismo?

[14] Los mi'kmaw de los bosques de la costa este (Knockwood, 2001) también se conocen como micmac (Davis, 1992; González, 1981; McGee, 1974, 1983), micmaq o mi'kmaq (Paul, 2000; Schmidt y Marshall, 1995, Walls, 2010) y viven en Mi'kma'ki (Reid, 2009).

más reciente, en el noroeste de Canadá. Friesen (2013: 53) aplicó la teoría de los sistemas-mundo en forma explícita y empleó investigaciones arqueológicas para describir distintas etapas de incorporación (periferia autónoma de contacto [1800-1889], periferia marginal [1889-1907] y periferia dependiente [1907-]), un patrón muy diferente del de la costa este. Nuestro trabajo no está completo, pero hemos encontrado que a pesar de muchas diferencias socioeconómicas y culturales, así como diferentes años, patrones, relaciones y circunstancias de contacto, en los niveles macro se estableció una polarización de género y unas relaciones coloniales notablemente similares. Aún estamos explorando las proposiciones del académico canadiense John Ralston Saul (2008), que contrastó Europa y Estados Unidos con Canadá porque le resultaba de interés de la tradición canadiense de llegar a acuerdos, heredada de las relaciones con los pueblos aborígenes.

HALLAZGOS INICIALES E IMPLICACIONES DEL MITO DEL PROGRESO

Como mencionamos antes, la mayor parte de los textos y las cronologías académicas que consideran a las mujeres en forma implícita o explícita están estructuradas de modo que respaldan la historia del continuo progreso en la situación de las mujeres.[15] De hecho, este mito del progreso lineal e incesante de las mujeres en un mundo que comenzó siendo patriarcal produjo un problema metodológico e interfirió con nuestro proyecto empírico (véase nota 1). Un estudio empírico anterior sobre mujeres y personeidad que comparaba comunidades en dos áreas del Atlántico canadiense identificó la necesidad de reconsiderar este supuesto de linealidad,[16] pero en nuestra investigación se hizo evidente

---

[15] Por ejemplo, Boles y Hoeveler (2006) comienzan su cronología en 1405, con Christine de Pizan, que es la única entrada anterior a 1501, cuando aparece *El libro de Margery Kempe*. Véanse Allen (1985) y Hufton (1995). Sus ejemplos de la actualidad parecen haber sido obtenidos de periódicos estadunidenses, y la palabra "primero" aparece en muchos lugares.

[16] Christiansen-Ruffman (1980) halló lo opuesto: que las mujeres en las pequeñas comunidades de Labrador y la periferia tenían, en la década de 1970, una mayor capacidad para definir sus realidades en su calidad de mujeres en sus grupos comunitarios que las mujeres de la zona principal de la región, que tenía vínculos con el centro. Eran

que es una opinión minoritaria incluso entre feministas. Académicos como Walby (2009), que se basaron en datos estadísticos del pasado reciente para señalar el progreso de las mujeres en áreas como la política, la educación y el empleo alimentan el mito contemporáneo del progreso lineal al no ocuparse de las pérdidas históricas que ocurrieron en cada una de estas áreas a lo largo del último milenio.

La naturaleza cegadora del mito del progreso nos ha motivado a reevaluar la importancia de la bibliografía académica sobre la historia o los orígenes del patriarcado. Véanse pensadores como Biaggi (2005), Boulding (1976), Eisler (1987), Hamilton (1978), Lerner (1986), Mies (1986) y Von Werlhof (2007), y también a arqueólogos como Marija Gimbutas (véase Keller, 1996). Estos estudiosos hacen análisis distintos y estudian periodos históricos diferentes, pero todos sitúan los orígenes del patriarcado antes de la era cristiana y sostienen que antes de él existía una sociedad más igualitaria. Goettner-Abendroth (2009), la fundadora de los estudios matriarcales modernos, argumenta que las sociedades fueron matriarcales antes que ser patriarcales, y que estaban caracterizadas por una falta de jerarquías y por la paz en vez de la violencia y los conflictos. Sostenemos que el europatriarcado históricamente construido se creó y modeló entre el año 1000 y finales del "largo siglo xvi" de Braudel (c. 1450-c. 1640). Este sistema, y su conjunto de relaciones sociales y orientaciones, tuvo un efecto importante en la conformación del sistema-mundo en la época en la que se expandió hacia América y África, *circa* 1500, como se describió más arriba.

EN EL CONTEXTO POLARIZADOR MACRO DEL EUROPATRIARCADO: CAMBIOS DE CORTO PLAZO

La metodología de nivel macro de este estudio y su limitado marco temporal, así como la intención de concentrar su alcance, nos impidieron concentrarnos en las frecuentes fluctuaciones de corto plazo del patriarcado. La conclusión tentativa, que creemos que tiene cierta confirmación empírica, es que durante este milenio casi cualquier habitante del sistema-mundo habría tenido enormes posibili-

---

capaces de abogar con éxito por las necesidades sociales que consideraban más importantes, y con ello mostraban más personeidad que las mujeres en el centro regional.

dades de presenciar, dentro de un periodo de treinta años, algún cambio notable en lo que se refiere al género. Este nivel de cambio patriarcal se vincula algunas veces con la sexualidad, con los cambiantes ideales religiosos o seculares o con la misoginia, y otras con circunstancias e interacciones históricas específicas. También hay fluctuaciones de género entre ideales sociales dicotómicos de género (por ejemplo igualdad y diferencia, la santa y la puta, la superioridad moral y la inferioridad moral, el esplendor espiritual o la incapacidad espiritual y el talento intelectual o la inferioridad). Muchas de estas fluctuaciones históricas están documentadas en revisiones históricas tales como las que emprendieron Anderson y Zinsser (2000), Boulding (1976), French (2002; 2003), Hughes y Hughes (1997) y Smith (2004; 2005), si bien no necesariamente las identifican como tales.

LOS ESPACIOS DE LAS MUJERES Y LAS BASES DEL EUROPATRIARCADO

Si bien algunos especialistas en historia del mundo antiguo mencionan que durante sus primeros cuatro siglos de existencia el cristianismo parecía ser favorable con las mujeres, casi ninguno, con excepción de Elise Boulding, han sugerido que exista un patrón relativo a las mujeres y la Iglesia a lo largo del milenio.

Boulding (1976: 415, 423) describe los albores del milenio en Europa y Bizancio como "bastante pacíficos", una época de nuevos comienzos gracias a que se había controlado, con cierto éxito, la violencia desenfrenada, la codicia y la desigualdad con ayuda de las mujeres, que experimentan una igualdad relativa. En los últimos meses antes del año 1000, escribe, "mujeres y hombres llevaban carros cargados con sus posesiones, paquetes con títulos de tierras, joyas valiosas y manuscritos a los monasterios y las iglesias de la cristiandad […] para estar listos y bien parados para el juicio final". Describe una "orgía de construcción de iglesias por toda Europa",[17] y el regreso de la vieja "tradición profética".[18]

---

[17] Se requiere más investigación sobre las implicaciones que tenía para las mujeres de la época y sobre las consecuencias de largo plazo de las relaciones de género dentro y fuera de la iglesia, así como del impacto histórico de esta riqueza imprevista.

[18] Boulding (1976: 423) continúa: "El rostro carismático de la Iglesia podía son-

Varios sacerdotes que más tarde se convertirían en santos se hicieron célebres por recibir visiones de la virgen María durante este periodo. En esta sociedad, en gran medida campesina y relativamente pacífica, en la que la subsistencia de todos dependía de la agricultura y el ciclo de las estaciones, tuvo un resurgimiento la devoción por la virgen María, por la naturaleza y por lo que en el siglo XXI consideraríamos los elementos más femeninos de la Iglesia.[19] En las iglesias europeas parte de la iconografía de corte más patriarcal, así como la singular función de la virgen María como la madre de un bebé, vino después. Durante el siglo XII María, también conocida como Stella Maris, era considerada la benevolente protectora de la tierra y el mar. Davis (1971) nos recuerda que el filósofo Alberto Magno (1193/1260-1280) llamaba a María la "Diosa".[20]

Está claro que durante los siglos XI y XII la Iglesia católica trató mejor a las mujeres que en otros momentos de este milenio. Las comunidades religiosas de hombres y mujeres tenían instituciones genuinamente paralelas. Las mujeres y los hombres que dirigían abadías estaban a cargo de instituciones comparables, con una autoridad similar y con muchos privilegios y obligaciones idénticos, incluyendo los de asesorar a autoridades tanto eclesiásticas como seculares y escuchar confesiones de sus miembros y de las personas de comunidades cercanas.[21] La Iglesia le proporcionaba a las mujeres espacio

---

reírle a las mujeres visionarias al tiempo que el rostro burocrático procuraba frenar las iniciativas de las mujeres".

[19] Para la Iglesia cristiana primitiva María fue una pieza importante en la conversión de comunidades paganas al cristianismo, durante el inicio de la obra misionera de san Patricio en Irlanda y más tarde en el continente Americano. Se dice que la imagen de María resultaba atractiva para los pueblos que vivían en armonía y que adoraban a la "Madre Tierra", que les proporcionaba lo que necesitaban para vivir. En el siglo XVII María tuvo un atractivo especial para algunas mujeres algonquinas de Canadá (Green-Devins, 1992).

[20] Como sugiere Boulding (1976: 424), que cita a Henry Adams, puede entenderse como una "venganza que una sociedad privada, desde los días paganos, de un liderazgo femenino importante, emprendió contra la Iglesia cristiana" o como una señal de respeto por mujeres pensadoras y líderes de su tiempo: filósofas, abadesas, humanistas y enciclopedistas como Herrada de Landesberg (1130-1195). Se puede afirmar que Hildegarda de Bingen (1098-1179) y Leonor de Aquitania (1122/1124-1204), que fue reina tanto de Francia como de Inglaterra, eran personajes ilustrados importantes y completos, a pesar de su género.

[21] Más adelante los funcionarios eclesiásticos trataron de detener esta práctica de las mujeres, con un éxito que fue en aumento durante el siglo XV (también Brennan, 1985).

para los debates intelectuales y la creación del conocimiento, y también para que tomaran iniciativas sociales, intelectuales, políticas y religiosas, como atestiguan las vidas de Herrada de Landsberg (1130-1198) e Hildegarda de Bingen (1098-1179). Ambas encabezaban sus propias abadías de mujeres y eran poetas, ilustradoras, filósofas de la religión y pensadoras, y participaron en debates con eruditos varones de la Iglesia. Herrada es bien conocida por recoger el conocimiento de su época mediante las palabras e imágenes de la enciclopedia para mujeres llamada *Hortus deliciarum* o *Jardín de las delicias*. Además, como su predecesora Rilinda (que comenzó la enciclopedia) Herrada podría considerarse una emprendedora social. Se convirtió en abadesa en 1176, pidió tierras para construir un priorato y una capilla en 1178 y en 1180 "compró y fundó un segundo monasterio, más grande que el primero. Incluía —además de la iglesia y el convento— una granja, un hospital para los pobres y un hospicio para los peregrinos" (Allen, 1985: 317). Hildegarda, una visionaria feminista alemana,[22] conocida como "la sibila del Rin", fue confirmada por una comisión eclesiástica como "una profeta inspirada por la divinidad" (Olsen, 1994: 43). Hildegarda componía música, y Allen (1985) describe sus sofisticados análisis filosóficos sobre la complementariedad de los géneros, donde consideraba que tanto los hombres como las mujeres eran seres humanos completos. Su filosofía era holista e "integraba los aspectos racionales, materiales y espirituales de la naturaleza humana en un todo unificado" (Allen, 1985: 408). Era una asesora política sofisticada, hábil para trabajar con los hombres de mayor rango en los ámbitos tanto eclesiástico como secular (Olsen, 1994). Clancy-Smith (2004: 117) destaca su conflicto con el *establishment* eclesiástico, "que se oponía a las declaraciones de Hildegarda de que Dios hablaba directamente a través suyo".[23]

Nuestro análisis identificó algunos atisbos aislados, a inicios del nuevo milenio, de un importante periodo favorable para las mujeres, al que siguió un intento descomunal y sistemático por reestructurar

---

[22] Por ejemplo Clancy-Smith (2004) apunta que Hildegarda describió sus visiones con símbolos espirituales específicamente femeninos, tales como el huevo.

[23] De hecho hubo hombres y mujeres que más tarde fueron quemados, por herejes, por sostener estas ideas. Luego fueron llamados brujas y hechiceros llevados ante la inquisición, y aun después llamados protestantes. La historia habría sido muy diferentes si estas mujeres y sus ideas no hubieran sido ignoradas, rechazadas o suprimidas por lo que Allen (1985; 1997a; 1997b) llama la Revolución aristotélica.

el patriarcado. Gary Macy (2008) arroja un poco de luz sobre nuestro análisis de tres maneras. 1] Su cuidadoso trabajo académico proporciona evidencias históricas convincentes y "abrumadoras" de que en los primeros años de la Iglesia y los primeros siglos del milenio las mujeres podían ser ordenadas, lo que nos ayuda a explicar los patrones y los casos individuales de los que nos informan los estudiosos, tales como que las mujeres administraban iglesias y diócesis y escuchaban confesiones, actividades inconsistentes con la Iglesia patriarcal que describía la mayor parte de los académicos. También reconoce su deuda con las primeras estudiosas del feminismo. 2] Macy también explica por qué las mujeres fueron excluidas cuando la Iglesia redefinió radicalmente el concepto de ordenación, que pasó de ser "una ceremonia que celebraba la entrada de un nuevo ministro a una comunidad determinada" a ser "una ceremonia que le concedía poder y un nuevo estatus espiritual a un individuo particular" (pp. 109-110). Al mismo tiempo, la Iglesia limitó la ordenación a un único ministerio (el sacerdocio) y un solo poder (consagrar el pan y el vino en el altar). Según estas nuevas definiciones las mujeres ya no podían ser ordenadas ni consideradas para ordenarse. 3] Macy explica que "pocas veces la práctica y el pensamiento ritual cambiaron tan rápida y completamente" (p. 109). Y ofrece este ejemplo hipotético: "En la década de 1130 Abelardo aún podía defender fervientemente que el *ordo* de las diaconisas tenía origen divino, que realmente había sido ordenado y que aún funcionaba en la persona de las abadesas, una de las cuales era su propia esposa, Eloísa. Para 1230 esta defensa se habría vuelto muy improbable, si no es que completamente impensable" (p. 109). Este ejemplo hipotético bien podría ser cierto, puesto que la práctica y la pensamiento ritual estaban bajo el control de la jerarquía, cada vez más institucionalizada, de la Iglesia católica. Puede haber sido el comienzo, pero no el fin, del cambio de paradigma que llevó de un mundo equilibrado que incluía a las mujeres y que suponía que tanto el amor como el intelecto eran parte de la naturaleza humana (véase Ruether y McLaughlin, 1998) a la visión patriarcal del mundo que comenzó a dominar las vidas de las mujeres cristianas a principios del siglo XV.[24]

---

[24] Véase Ruether y McLaughlin (1988) para un ejemplo de continuidad paradigmática ejemplificada por las vidas cristianas de tres mujeres de la Iglesia: santa Lioba

Como parte de su análisis Macy nos hace una advertencia sobre
el falso supuesto de que los decretos de los papas y los concilios
siempre eran implementados. De hecho señala que no se prestó
atención al programa de reformas de los obispos merovingios y los
carolingios que buscaba imponerle el celibato o la continencia a la
clerecía e impedir a las abadesas y diaconisas cumplir sus papeles
rituales (por entonces tradicionales), pero puesto que los reformadores de la Iglesia de los siglos XI y XII recopilaron sistemáticamente
estos documentos "dieron la impresión de unidad y uniformidad,
como de hecho se esperaba que lo hicieran. Una vez recolectadas,
las heterogéneas listas de deseos de distintos concilios y papas se
consideraron descripciones sobre cómo habían sido las cosas en el
pasado y cómo debían ser una vez más" (p. 87). Está claro que estas
reformas fueron muy trascendentales para la Iglesia, para las mujeres
y para el sistema-mundo.

Bouldin describe así la Iglesia en tiempos de cambio (1976: 415):

Bajo el mantel se desataban batallas entre papas, reyes y emperadores que
competían por la legitimidad y el poder, pero el respiro era, en cierto sentido, real [...]. La Iglesia era lo suficientemente poderosa para declarar y
aplicar la tregua de Dios, y para determinar cuándo y dónde podía pelearse.[25]
[...] Las medidas de control bélico[26] contribuyeron enormemente a sentar

---

(siglo VIII), Cristina de Markyate (siglo XI) y santa Catalina de Siena (siglo XIV). Catalina trató de señalar alternativas al insistir en que, en vez de un ladrón rapaz, la
Iglesia se convirtiera en la Madre que estaba destinada a ser para que el papa y la
Iglesia fueran merecedores de obediencia. Ruether y McLaughlin argumentan que en
1500 tanto los hombres como las mujeres pensaban que la Iglesia incluía lo que en el
siglo XXI llamamos lo "femenino".

[25] Las Cruzadas (véase Claster, 2009, que las ubica temporalmente entre 1095 y
1396) fueron efectivas para dirigir los combates hacia otros lugares y para legitimar la
violencia y la guerra como las bases para el desarrollo del sistema patriarcal europeo.
Claster también menciona que en la Quinta Cruzada los hombres necesitaban obtener
el permiso de sus esposas antes de partir, un requisito que cambió en el siglo XIII.

[26] Las "medidas de control bélico" tomaron distintas formas a lo largo del tiempo
y el espacio. Algunos contratos feudales pactaban 40 días al año de servicio militar,
con la expectativa de que una batalla podría terminar una vez que se alcanzara ese
límite. Boulding (1976: 416, que cita la última parte de esta nota de Nicherson) menciona que "la Iglesia era los suficientemente fuerte para declarar y aplicar la tregua
de Dios", que especificaba que la guerra sólo se permitía durante tres días y dos noches
a la semana (de lunes a miércoles) y estaba prohibida durante Cuaresma, Adviento o
"las grandes fiestas de Nuestra Señora, las fiestas de los apóstoles y algunos otros san-

condiciones en las que pudiera desarrollarse la productividad y el comercio agrícola y artesanal. Se desmontaron nuevas tierras agrícolas y surgieron nuevos pueblos sobre viejas y nuevas rutas comerciales. Se formaron gremios comerciales y se multiplicaron los gremios de artesanos, derivados de los primeros. Se abrieron nuevos monasterios para absorber las poblaciones excedentes. Los que en el año 1000 eran pueblos miserables para 1350 eran ciudades florecientes.

A veces se enlistó a las mujeres en los intentos eclesiásticos de "civilizar" la violencia y la codicia del periodo. Mientras que la Iglesia ostentaba su riqueza, tanto institucionalmente con las nuevas catedrales y otros edificios como en las personas de los altos jerarcas eclesiásticos, reclutaba mujeres para que la ayudaran a predicar contra la codicia. Por ejemplo, en 1215-1216, cuando la Iglesia católica trataba de nutrir sus filas de sacerdotes (varones) y establecer procedimientos autorizados, el *Manual para confesores* de Thomas Chobham, citado por Rubin (1998: 39), señala:

Al imponer penitencia, siempre debe ordenarse a las mujeres que sean las predicadoras ("*praedicatrices*") de sus maridos, porque ningún sacerdote es capaz de suavizar el corazón del hombre como puede hacerlo su esposa [...] Incluso en la alcoba, a la mitad de sus abrazos, una esposa debe hablarle seductoramente a su marido, y si él es duro e inmisericorde, y un opresor de los pobres, ella debe invitarlo a tener misericordia; si él es un expoliador, ella debe denunciar el saqueo [...] Puesto que es permisible que una mujer gaste buen parte de los bienes de su marido, sin que él lo sepa, en formas beneficiosas para él y para las causas piadosas.[27]

---

tos". Este lado pacifista de la Iglesia pronto entró en conflicto con las Cruzadas, diseñadas por el papa. En las dos guerras mundiales del siglos XX esta medida de control bélico se redujo a una tregua durante Navidad, que se negoció localmente y sólo en algunos lugares. De hecho, a lo largo del milenio el énfasis de los exponentes del europatriarcado estaba puesto en construir naciones que tuvieran poderío militar, y no en construir comunidades humanas sustentables. En el mundo contemporáneo los conceptos de patriarcado han inspirado las historias de los videojuegos, rebosantes de imágenes de conquista y de violencia masculina contra las mujeres. La paz se ha concebido principalmente como la ausencia de guerra, a pesar de una década de Naciones Unidas; y del aumento del capitalismo, los humanos y las naciones se han convertido, cada vez más, en recursos a controlar y explotar.

[27] Véase Rubin (nota 14) para citas sobre la fuente, el traductor y una fuente relacionada que puede ser de interés. Podrían escribirse otras investigaciones, y escribir-

Si bien algunos en la Iglesia reclutaron a las mujeres para que los ayudaran a "civilizar" a los hombres y a contribuir al engrandecimiento de la Iglesia, dándoles consejos que más tarde alimentarían las críticas misóginas sobre los hábitos de gasto de las mujeres, otros se encontraban en el proceso de "descivilizar" a las mujeres y de excluirlas de la autoridad eclesiástica para que la Iglesia pudiera definirse a sí misma como una institución patriarcal con una estructural jerárquica oficial (un Dios masculino, un papa varón, cardenales, obispos y sacerdotes varones). Sin embargo, en esa época las reglas jerárquicas de la Iglesia no estaban institucionalizadas del todo, como revela el hecho de que dos hombres se declararan papas simultáneamente, y existe un debate popular sobre la posibilidad de que un papa (Juana) fuera mujer. En este momento las abadías no sólo eran comunidades religiosas; también cumplían funciones intelectuales de generación de conocimiento, espiritualidad, aprendizaje mediante la experiencia, conservación del conocimiento y pensamiento visionario. Existían abadías mixtas y segregadas, en particular en los monasterios benedictinos, y eran en buena medida comunidades autosuficientes. Por lo general no sólo se ocupaban de cumplir sus propias necesidades de aprovisionamiento sino que cultivaban las artes de la poesía, la literatura, la música y el canto, además de cuidar la memoria histórica de civilizaciones pasadas al copiar viejos textos, recopilar enciclopedias del conocimiento y mantener tradiciones de historia oral. La igualdad de géneros de la época, relativamente alta, se reflejaba en algunos contextos de aprendizaje mixto claramente igualitarios y colaborativos, espiritualmente equivalentes a María y Jesús en la cristiandad, y en las estructuras paralelas de las abadías segregadas por sexo.

EDUCACIÓN SUPERIOR Y ACCESO A LAS PROFESIONES

Durante los dos primeros siglos del milenio la educación se llevaba a cabo sobre todo en la práctica y en la relación entre maestro y aprendiz. Para casi nadie existía lo que hoy llamamos "niñez" o esco-

---

se muchos libros, usando esta cita como base para la reforma social patriarcal que siguió.

laridad. Sin embargo, la nobleza contrataba tutores para que educaran a sus niños. En las catedrales se establecieron escuelas para formar sacerdotes, y algunas no sólo entrenaban hombres sino también mujeres, especialmente las que pertenecían a la nobleza.[28] En este periodo Hildegarda de Bingen practicaba medicina y escribía sobre la cura de las enfermedades. Cuando se abrió en Salerno, Italia, la primera escuela médica fuera de la tradición monástica, y después otras cinco escuelas médicas italianas, había mujeres presentes tanto en calidad de maestras como de alumnas que recibieron licencias para practicar la medicina, aunque muchas tenían que enfrentar una fuerte resistencia.[29]

[28] Véase Allen (1985, en particular el capítulo 5). También argumenta que las obras aristotélicas sólo se integraron "parcialmente a la educación cristiana institucionalizada" antes de 1200 y la formación de la Universidad de París, que se basó en textos e ideas seculares que excluyeron a las filósofas (pp. 413-415). También apunta, al menos en forma implícita, hacia teorías alternativas para la exclusión de las mujeres: que las universidad tenían como sede escuelas catedrales diseñadas para incrementar el número de sacerdotes (la explicación más común) o que la universidad estaba modelada según conceptos militares de caballería. Allen (1997a: 416) se refiere a la idea de Hastings Rashdall de la "caballería intelectual" y dice que la reina regente de Francia, Blanca de Castilla, podría haber intervenido, alrededor de 1231, durante su disputa, por otros asuntos, con la Universidad de París. Tal vez Blanca de Castilla subestimó los esfuerzos, generalizados y cada vez más intensos, por imponer principios patriarcales en las situaciones que ella describe. Por ejemplo, narra las discusiones entre individuos de las cuatro "naciones" de Francia, Inglaterra (más tarde Alemania), los Normandos y los Picardos que se convirtieron en las bases constitutivas de la Facultas de Artes y Letras en 1231 y de la bula de Gregorio IX de ese mismo año, las negociaciones entre los que ella llama los "obispos seculares" y los eclesiásticos (asociados más institucionalmente con la Iglesia como estudiantes, maestros y, por lo tanto, hombres). Allen menciona el poder de las tradiciones ascéticas de la Iglesia católica, su impacto sobre las mujeres y la exclusión de éstas de la ciencia occidental, aunque no destaca una en particular; lo mismo hace Noble (1993), que parece no estar al tanto del trabajo de Allen (1985).

[29] Allen (1997a: 431) cita el decreto oficial y las razones de la graduación de Francesa, esposa de Merreo de Romana, con un doctorado en cirugía: "si bien las leyes les permiten a las mujeres practicar la medicina, y si bien, desde el punto de vista de la buena moral, las mujeres están mejor adaptadas para el trato de su propio sexo, nosotros, tras recibir el juramento de fidelidad, le permitimos a la mencionada Francesa practicar el dicho arte de la curación, etc." Ya sea que este decreto con énfasis de género sea parte del patrón de lo que podemos llamar excepcionalismo de género, pues se trata de "una hija especial de una padre famoso", o se deba a la capacidad generalizada de las mujeres de obtener licencias de médico en Italia, apunta a la presencia de las mujeres en instituciones médicas a inicios del milenio, y su presencia continua en calidad de parteras y curanderas bajo el radar de las reglas restrictivas y

La relativa igualdad de género en los rudimentos de la educación fue quebrantada por la decisión de excluir el trabajo intelectual de Hildegarda de Bingen en los campos de la filosofía y la medicina del plan de estudios de la Universidad de París, y por la de excluir en forma explícita a todas las mujeres, alumnas y maestras, de esta recién creada universidad. Esta exclusión total de inicio de las mujeres en universidades de Francia y de Alemania, así como de las de Inglaterra, donde se establecieron las de Oxford y la de Cambridge,[30] también provocó que las mujeres fueran excluidas del conocimiento.

La exclusión de las mujeres tuvo un efecto sobre aquello que se consideraba conocimiento. Buena parte del conocimiento diferenciado por géneros y de la perspectiva holista que habían concebido Hildegarda de Bingen y otras se volvió invisible. La visión exclusivamente masculina del patricentrismo moldeó los conceptos nacientes de "razón", y de ciencia y tecnología. Se concentró en el orden, el control, las dicotomías, las abstracciones y los hombres racionales, más que en las relaciones, en una vida agradable y en el bien común. El egoísmo, la violencia, el miedo (a la muerte) y la codicia triunfaron sobre la preocupación por el otro y la convivencia, así como sobre el amor y la vida. Las instituciones patriarcales de lo que se convirtió en el mundo moderno se construyeron lejos de la vida, con base en las habilidades de los hombres de pensar en forma abstracta como individuos. El mundo se veía como un lugar ordenado y controlado en forma patriarcal, en el que las tecnologías y las capacidades de los hombres permitían conquistar la naturaleza. En este mundo las mujeres eran moldeadas y explotadas en beneficio del sistema, abstracto y jerárquico, del "progreso", un sistema construido en forma separada de la vida pero que buscaba transformar el mundo, primero mediante los inventos, la alquimia y la exploración, luego mediante la ciencia, la ingeniería y las nuevas tecnologías y ahora al crear inteligencia artificial, drones militares, biotecnologías y seres vivos "artificiales".

---

excluyentes que se impusieron a las mujeres en varios periodos. Hubo que esperar hasta finales del siglo XX y principios del XXI para que las parteras obtuvieran reconocimiento en algunas provincias de Canadá.

[30] Esto contrasta con universidades italianas en Salerno, Boloña, Padua, Pavía, Roma y Nápoles. Véase casi cualquier cronología o enciclopedia de mujeres famosas que cubra este periodo temprano.

La exclusión de las mujeres también afectó todas las nuevas áreas del aprendizaje y del conocimiento profesional. El derecho y la medicina se volvieron, por definición, nuevas profesiones seculares que, como la clerecía, eran competencia exclusiva de los hombres. La medicina es un caso de particular interés, porque durante mucho tiempo parece haber sido un área que se encontraba en la esfera de lo femenino. En la época sin duda había algunas mujeres que eran conocidas como sanadoras. Antes de que pasara un siglo doctoras como Jacqueline Félicie, que habían practicado la medicina y que eran líderes de la profesión, estaban siendo condenadas por practicar sin un diploma o un título de la Universidad de París, a pesar de que los pacientes aprobaban los conocimientos y habilidades de las doctoras. Su crimen no era la incompetencia sino ser mujeres doctoras.

La exclusión deliberada de las mujeres de las universidades tuvo consecuencias importantes, y cada vez más trascendentales, sobre la desigualdad de las mujeres en la mayor parte de los sectores institucionales y profesionales. También funcionó como motivo para excluir a las mujeres de posiciones remuneradas deseables, como individuos y como categorías. Hay ejemplos de mujeres que fueron expulsadas o no fueron aceptadas por aquella época en los gremios a causa de su género, y con el tiempo la mayor parte de los gremios se volvieron totalmente masculinos. Alice Clark (1919) y Judith Bennett (2006) han estudiado cuidadosamente la reducción de largo plazo en el número de mujeres que desempeñaban un trabajo u ocupación como el de cerveceras (desde comienzos de este periodo, cuando era un oficio que desempeñaban básicamente mujeres, hasta el siglo XVII, cuando casi ninguna lo hacía).[31] French (2002) cita una ley alemana

[31] Si bien Clark se concentra en las transformaciones y Bennett en las continuidades, Bennett (2006: 73) cita el "estudio clásico [de Clark] sobre los efectos negativos del industrialismo y el capitalismo sobre el estatus de las mujeres" como sigue: "con el crecimiento del capitalismo y el establecimiento de un monopolio de 'Cerveceros Comunes' las mujeres se vieron virtualmente excluidas de su viejo oficio de cerveceras". En su estudio sobre este proceso entre 1300 y 1600 a Bennett le sorprendió lo que llamó una "equilibrio patriarcal" un término que sugirió ella misma (2006). Si bien ella usa ese término para señalar la importancia de un patriarcado constante pero en cambio continuo nuestro análisis se concentra en un crecimiento de la misoginia patriarcal, la supresión de las mujeres y la polarización de géneros durante este periodo y después.

de 1356 que le prohibía a las mujeres recibir herencias[32] y desempeñar varios trabajos que antes ocupaban: reclutar tropas, ser oficiales de una corte de justicia, acuñar moneda y participar en asambleas legales. Sería interesante saber más sobre las cambistas que menciona Abu-Lughod (1989: 92); cita a Raymond de Roove, que sostiene que ésta "parece ser una de las pocas profesiones en las que no hubo discriminación contras las mujeres [...] en Europa occidental [...] En una lista de once cambistas aparecen no menos de seis mujeres [...] que hacían negocios [...] en 1368 en Fráncfort del Meno". Estos ejemplos de la presencia fuerte, las limitaciones y la ausencia de las mujeres en la fuerza laboral siguieron distintas rutas a lo largo de las crecientes y diversas formas jurisdiccionales que regirían los pueblos de Europa. A veces, cuando era necesario, las mujeres también eran llamadas a nuevos trabajos y a trabajos que les habían sido prohibidos y de los que se habían retirado, tales como transportadoras de cadáveres, doctoras y directoras de hospitales durante la plaga. En este ejemplo las mujeres actuaron más como el "ejército de reserva" laboral que también ha caracterizado los patrones de trabajo de las mujeres en épocas más contemporáneas.

Tuvieron que pasaron 650 años para que las mujeres volvieran a tener a acceso, a mediados del siglo XIX, a ciertas partes de las universidades. Se permitió su ingreso en forma gradual y reticente, y sólo si se pensaba que encajaban. Las que sugerían cambios en los modos de conocer con frecuencia eran invisibilizadas o expulsadas, y los "padres" académicos siguieron teorizando en formas que socavaban la autonomía y las prioridades de las mujeres. La mayor parte del conocimiento y de las estructuras dentro y fuera de las universidades seguían orientadas fundamentalmente al dominio, la violencia, la competencia y el control más que al fomento de la vida, la creatividad, las relaciones cooperativas y la personeidad.

Así, en los mil años que han pasado desde el 1000 d. C. las estructuras de la educación masculina y femenina pasaron de ser relativamente paralelas a excluir por completo a las mujeres, y luego a incorporarlas en sistemas creados por los varones dentro de estructuras institucionalizadas patriarcales cada vez más grandes

---

[32] Erickson (2005) argumenta que la costumbre de aprovechar las lagunas legales que permitían darle la vuelta a las leyes inglesas sobre herencia y propiedad fue una de las razones principales de que el capitalismo se desarrollara primero en Inglaterra.

y más profundas. Además de la sistemática exclusión patriarcal de las mujeres, las estructuras jerárquicas impuestas a la universidad durante el periodo medieval, como ha demostrado Allen (9185), y las estructuras impuestas de la ciencia occidental (Mechant, 1989; Noble, 1993) aún tienen consecuencias en el siglo XXI para las formas no integradas, explotadoras y fragmentadas de las disciplinas, los cuerpos docentes y los departamentos burocráticos. En añadidura, la lógica dicotómica, binaria, en la que se basan tanto los "argumentos" académicos como las computadoras sigue privilegiando los argumentos simplistas, dicotómicos y no integrados por encima de las ideas, los enfoques y las soluciones para la convivencia más complejas, holísticas, multinivel y basadas en el consenso. Además, durante este periodo la institucionalización de la educación, como ha señalado French (2002) tendió a imponer una uniformidad rígida del conocimiento, con currículos controlados, la medición de los logros mediante exámenes y un lenguaje abstracto para manipular la "realidad" con una lógica y unos temas dicotómicos estrechamente definidos que buscaban controlar el mundo social y natural en vez de aprender de él y de las experiencias humanas. En el proceso, como han señalado Allen, French y muchas otras, se devaluaron las habilidades de las mujeres, asociadas con las bestias o caracterizadas como propias de seres humanos inferiores a los hombres. Esta tradición intelectual de subordinación de las mujeres sirvió como fundamento para borrarlas de la historia de diversas formas.[33] La multiplicación del alfabetismo, que pasó de menos del 1% de la población de mujeres y hombres en Europa occidental a mediados del siglo XI a 40% de los hombres a finales del siglo XIV en Florencia y 50% de los hombres ingleses a finales del siglo XV produjo un continuo ensanchamiento de la brecha en el alfabetismo que contribuyó a consagrar diferencias en el poder social por género, tanto en forma interpersonal como en las nuevas culturas, sociedades, ocupaciones e instituciones europeas.

---

[33] Véase Rogers (1966) sobre las diferentes formas que adoptó la misoginia; describe lo que se consideraba apropiado en periodos históricos sucesivos, por ejemplo la esposa gruñona en la Edad Media, "la cortesana lasciva, la burguesa mandona, [...] a meretriz insaciable", y la puta en el Renacimiento, la mujer poco femenina en el siglo XIX y la madre devoradora en el siglo XX.

LA CONSOLIDACIÓN DEL EUROPATRIARCADO:
LA INVENCIÓN DE LA "CIVILIZACIÓN", LA MISOGINIA
Y LA SUBORDINACIÓN Y SUPRESIÓN DE LAS MUJERES

La codicia, la violencia, las jerarquías, la explotación y la supresión activa de las mujeres fueron temas importantes entre 1250 y 1500, tras el comienzo de lo que Allen (1985) llama la revolución aristotélica. Filósofos como Alberto Magno y su alumno santo Tomás de Aquino defendían activamente la supresión de las mujeres, para lo cual citaban fuentes escritas (tantos eclesiásticas como seculares) de las "civilizaciones" previas de Grecia y Roma, tal como la idea de Aristóteles de que las mujeres eran hombres imperfectos e inmaduros, incapaces de pensar y por lo tanto claramente subordinados.[34] Las interpretaciones bíblicas sobre Adán y Eva, entre ellas las de teólogos misóginos anteriores como san Agustín (354-430), dominaban la discusión y todas apuntaban a las cualidades pecaminosas, malvadas y tentadoras de las mujeres y a los peligros que representaban para los hombres. Estas ideas se extendieron aún más con el desarrollo de la imprenta, en particular en los siglos XV y XVI. Esta época estaba caracterizada por la Inquisición y por las cazas de brujas emprendida por la Iglesia y el Estado, en las que se acusaba de hechicería sobre todo a las mujeres.[35] Las mujeres pobres, independientes y sabias eran particularmente vulnerables, y conforme los derechos de tierra y los cuerpos y las posesiones de las brujas se volvieron propiedad del Estado, o se vieron subordinadas a su autoridad y a sus creencias antinaturales, cambiaron de manos enormes fortunas. Alrededor de este fenómeno se sentaron las bases de profesiones como la medicina (Ehrenreich y English, 1973), el derecho (Mies, 1986) y varios esquemas financieros. La au-

[34] Allen (1985: 362-364) le atribuye a la obra de estos dos filósofos que terminara por adoptarse la teoría de la polaridad de los sexos de Aristóteles; señala además que Alberto Magno fue fundamentalmente "un transmisor de ideas en esta área". Lo que Allen sí hace es reconocerle una teoría interesante: la de que María tenía un conocimiento perfecto en relación con el hombre, pero que el hombre era superior que la mujer en todas las dimensiones relevantes.

[35] Existe una enorme bibliografía sobre las cacerías de brujas o, más tarde, sobre la histeria de las brujas, que parece seguir una pauta. Muchos libros recientes dicen que ocurrió a lo largo de 200 años, pero no especifican cuáles 200 años exactamente dentro de un lapso de 500. Los estudios más antiguos parecen sugerir un periodo más largo (400 años) distribuido en un rango aún más amplio de fechas (por ejemplo a partir de 1100). Las fechas especificadas parecen depender de las definiciones.

toridad papal legitimó la tortura de las mujeres, y no faltaron nuevos inventos y métodos. En ese sentido, el libro *Malleus maleficarum (El martillo de las brujas)* era sobre todo una guía para los juicios a las brujas que detallaba los papeles y los procedimientos que debían seguir doctores, abogados y jueces. Se aseguraba de que la acusada fuera desvestida y rasurada por completo y que se la hiciera entrar a la corte a rastras y de espaldas para proteger al juez de sus maleficios. Este libro, publicado en 1486, es obra de Jacob Sprenger y Heinrick Kraemer, dos inquisidores dominicos; como otros que escribían sobre brujería, pero con una misoginia que no caracterizaba a los escritores creativos de la época, afirmaron que la brujería existía, en particular entre las mujeres, y que no creer en brujas constituía una herejía.[36] Los protestantes también participaron en ataques misóginos a las mujeres, aunque ellos pensaban que las mujeres podían y debían comunicarse directamente con Dios y por lo tanto debían estar alfabetizadas para ser capaces de leer la Biblia por sí mismas. También tendían a citar la misoginia patriarcal de san Pablo (Rogers, 1996). El teólogo protestante John Knox atacó a las mujeres políticas, pero tal vez el avance simbólico conceptual más importante y poco reconocido del europatriarcado fue el énfasis protestante (de motivación puritana) en la subordinación de la esposa, es decir, que en un matrimonio las mujeres debían obedecer a su esposo y reconocer sus fallas. Durante la Reforma y la Contrarreforma esta retórica era particularmente misógina y se le atribuía, implícitamente, a todos los varones. La imagen de la familia se había convertido en una jerarquía, tal como la de la Iglesia y el Estado, con el padre a la cabeza como el líder simbólico: una especie de dios en control de su familia. Sin embargo, la historia de los cuáqueros, y en particular de las cuáqueras en los estados de Boston, indican que estas visiones patriarcales eran desafiadas en las zonas centrales de Europa y en las zonas periféricas emergentes de Estados Unidos. Tanto las consistencias como las reconfiguraciones en la historia de la paz y la igualdad de las mujeres entre los cuáqueros también documenta, en forma implícita, tanto el poder como los cambios a nivel micro del europatriarcado a lo largo del tiempo.

---

[36] También lo respaldaron los maestros de teología de la Universidad de Colonia, y se publicó con muchos añadidos y traducciones a lo largo del tiempo. Véase Rogers (1966: 148) para conocer detalles sobre las acusaciones de brujería y algunos problemas de traducción.

LOS ESPACIOS DE LAS MUJERES Y LA POLARIZACIÓN: UN RESUMEN

Los conceptos de personeidad, patriarcado y espacios de las mujeres que presentamos en este capítulo resultaron útiles tanto conceptual como empíricamente para nuestro énfasis en las estructuras de género de nivel macro. El hallazgo claro es que la personeidad y los espacios de la mujer eran más importantes —y el patriarcado claramente más reducido— en el año 1000 que en el 2000, lo que abona a la idea de polarización. Durante los primeros 650 a 850 o 1000 años estos cambios provocaron que se estableciera una jerarquía de géneros cada vez más sistémica y polarizada en los ámbitos de la religión, la economía, la política y la familia. Se redujeron los espacios políticos y el poder de las mujeres para emprender acciones trascendentales con el fin de obtener las prioridades patriarcales. La forma, amplitud y profundidad cambiante del patriarcado durante este periodo incrementó en forma directa la exclusión de las mujeres y socavó su autonomía y su dignidad. Tanto los pensadores religiosos como los seculares tomaron ideas de los pensadores clásicos que consideraban que las mujeres eran inferiores y estaban asociadas con el mal. La misoginia y la exclusión de las mujeres fue fomentada por la Iglesia y el Estado. Este paradigma no hizo más que fortalecerse y profundizarse durante el resto del milenio, estimulado por los ideales, los conceptos y las prioridades patricéntricos. Las instituciones patriarcales se afianzaron y entretejieron cada vez más con los marcos de desigualdad patriarcal institucional, a veces con énfasis de género y a veces sin él. Este afianzamiento secundario del patriarcado estrechó aún más los espacios de las mujeres y acrecentó las desventajas efectivas que debían enfrentar en comparación con los hombres; también redujo los espacios autónomos tanto de mujeres como de hombres en las que podrían llamarse las esferas pública y privada.[37]

Como parte de nuestros análisis feminista histórico y material también llamamos europatriarcado a un conjunto de relaciones sociales que se desarrollaron históricamente en Europa y se diseminaron a través de los colonialismos y sus instituciones globales explotadoras y totalizadoras de inequidad, violencia y avaricia legitimada, en creciente interacción unas con otras.

---

[37] Esta dicotomía politizada incluye a los hombres como productores y a las mujeres como reproductoras, y cancela cualquier posibilidad diferente.

El hallazgo de la teoría fundamentada es que el sistema europa-triarcal comenzó con la inesperada bonanza económica para la Iglesia católica, producto de los bienes que entregaron los devotos antes del día del juicio final, que se había vaticinado para fines del primer milenio. Esta repentina riqueza provocó dentro de la Iglesia institucional tensiones que condujeron a nuevos edificios, planes, luchas intestinas y expansiones. En el siglo siguiente se inventó la idea de las indulgencias y se sumó a la del diezmo. Con el libro *Domesday* la noción de los impuestos fue la siguiente en implantarse; quienes dirigían iglesias, señoríos, abadías y organismos políticos establecieron y expandieron patrones desiguales de transferencia de la riqueza desde el fondo o la periferia hasta la cima o las zonas centrales del poder. Tanto las cabezas de la Iglesia como las del Estado compitieron y se apoyaron mutuamente para extraer de sus inferiores jerárquicos nuevas formas de beneficios económicos, para obtener acuerdos que les brindaran poder y autoridad y, más adelante, para conseguir el dominio de las mujeres y del medio ambiente. La legitimación y el arraigo de la violencia, la codicia y la desigualdad nos permite entender nuestro pasado y presente violentos y que el hecho de que el sistema que está implantado en nuestras prioridades nacionales, nuestras culturas y nuestras relaciones sociales es uno de explotación en vez de uno basado en las personas y las comunidades.

La codicia, así como la violencia y la desigualdad que forman las bases del europatriarcado adquirieron su sesgo de género en el año 1000. Lady Godiva se convirtió en un personaje folclórico gracias a su pintoresca forma de ayudar a los habitantes de su señorío a combatir la avaricia de su esposo y a pagar menos impuestos. Dos siglos más tarde se describió cómo algunas mujeres se quejaron ante la reina, que estaba de visita, porque les parecía injusto que el abad las obligara a usar y pagar por la nueva tecnología de un molino trapero, en vez de permitirles seguir usando métodos tradicionales. Más o menos por esa época se añadió un personaje ficticio (Peeping Tom) a la historia de lady Godiva, lo cual le añadió un nuevo valor, el de la obediencia a la autoridad, a la historia que enseñaba el castigo a la codicia.

Además de la codicia explotadora y la desigualdad, durante este periodo la Iglesia también legitimó y hasta cierto punto controló la violencia (en las formas descritas en este capítulo), y la regularizó y moderó en las vidas diarias de los europeos. La Iglesia también legitimó la violencia en su búsqueda de apoyo para emprender las Cruzadas y cuando el papa declaró una guerra justa que también garantizaría la salvación completa de quienes participaran en ella.

Así, de la mano de las condiciones que privaban en la época, la violencia, la codicia explotadora y la desigualdad comenzaron a ser legitimadas e institucionalizadas en la Iglesia y el Estado como un rasgo de las relaciones sociales institucionales y siguen siendo valores dominantes del sistema-mundo moderno, a pesar de que la Iglesia ha refrendado una y otra vez los valores primigenios de paz, amor e igualdad que también eran importantes para las mujeres durante el último milenio y un componente *de facto* de muchos paradigmas indígenas.

Muchas feministas internacionales y locales (véase Miles, 2013), redes feministas como Feminists for a Gift Economy (Feministas por una Economía del Regalo), DAWN (Development Alternatives with Women for a New Era; Alternativas de Desarrollo con Mujeres para una Nueva Era) y la Red Universitaria Feminista Internacional, así como distintas trayectorias académicas (por ejemplo el ecofeminismo y los estudios matriarcales modernos) han alimentado los movimientos internacionales de mujeres. Se superponen con otros movimientos sociales, como los movimientos ambientales preocupados por el cambio climático, la Primavera Árabe, Occupy y el movimiento indígena, iniciado por mujeres, Idle No More. Juntos abogan por un cambio fundamental de paradigma que termine con las desigualdades, las injusticias orgánicas y las jerarquías legitimadas de lo que llamamos el europatriarcado. Critican las relaciones verticales contemporáneas y las formas gubernamentales de democracia antiparticipativa, con sus "vías rápidas", su "lógica" de que las instituciones son tan grandes que no pueden fallar y su creación de instituciones como la Organización Mundial del Comercio (OMC).[38] El tiempo dirá

---

[38] En 1995, cuando los gobiernos electos renunciaron a su autoridad para actuar en el interés de sus pueblos, ocurrió en los hechos un golpe de estado económico. Con negociaciones secretas, sin que lo supiera el parlamento o hubiera un debate público, se le entregó a la OMC el poder de aplicar reglas comerciales a los gobiernos y a los intereses de las personas, y a destruir la vida y la naturaleza. Con una omnipotencia desencaminada y arrogante los líderes actuales se comportan como dioses en la tierra, siguiendo una tradición alquímica patriarcal que los hace creer, esta vez, que pueden crear progreso e incluso nuevas formas de vida. Trabajan con los falsos supuestos de que deben liberar los poderes del fundamentalismo económico y tratar de consagrar en el mundo esa lógica dicotómica anticuada y contenida. Es posible que

si la OMC patriarcal está desarrollando el mismo tipo de estructura jerárquica que caracterizó a la Iglesia católica durante su periodo de bonanza, a principios del último milenio, aunque creemos que ya adolece de demasiadas contradicciones y que no tiene ninguna cualidad redentora. Un paradigma basado en la vida y una nueva edad de la razón y la ilustración, que nos incluya a todos esta vez, pueden ser nuestra única esperanza de supervivencia colectiva, una que le dé sentido al progreso y a la idea del bien vivir.

---

muchos miembros de la élite masculina que toma estas decisiones, sin estar al tanto de sus lógicas patriarcales implícitas, ignoren que este énfasis desequilibrado contiene una lógica mortal que bien podría destruir la vida en la Tierra.

11. LA ANORMALIDAD

ARI SITAS, SUMANGALA DAMODARAN,
WIEBKE KEIM y NICOS TRIMIKLINIOTIS

Don Quijote hacía reverencias a los molinos de viento; era considerado un "anormal", pero, claro, se trataba de la opinión de los perplejos dueños de los molinos.

Nuestro estudio comienza en la década de 1600 y continúa hasta el presente. Nos interesa mostrar brevemente cómo la modernidad ha guiado los esfuerzos humanos y cómo la gente se ha agrupado en formas únicas con el objetivo de conseguir sus metas. Comenzamos en un momento histórico en el cual algunos estados recolectores redefinieron las relaciones globales. Esto nos permite incluir, a partir del siglo XVII, a América Latina, África y Asia en el discurso de la modernidad.

Igualmente evitamos el uso de conceptos bobos como "sociedad tradicional" y "solidaridad mecánica", y las escandalosas dicotomías de la sociología evolutiva. No había nada tradicional en el mundo de 1650 y existían muy pocos lugares que no hubieran sido tocados por los vigorosos intercambios de la incipiente modernidad capitalista.

UNA TIPOLOGÍA DE LA ANORMALIDAD

No es extraño que la otredad de los individuos o de los grupos se defina como "anormal". Si bien el mundo ha padecido durante un siglo del abuso de este concepto, aún resulta práctico para describir las cosas que perturban a los vigilantes de las normas dominantes de una sociedad particular. Del mismo modo, no es extraño tener ataques de pánico sobre la anormalidad o los anormales, sobre las condiciones que producen estos fenómenos y personas, o sobre lo que se percibe como un fracaso de las instituciones que debían eliminar, controlar o moldear la anormalidad.

Las instituciones modernas han tratado de agrupar a las personas en ciertas formas con el fin de obtener metas tanto contingentes como de largo plazo. Las especificidades de cada institución tienen que ver, por lo general, con la manera en la que se agrupa a las personas y las modalidades mediante las cuales lo consigue. La conocida lista de instituciones incluye fábricas, minas, plantaciones, empresas, el Estado o la burocracia local, el ejército, la policía, la cárcel, el campo de concentración, el Gulag, la escuela, el hospital, el manicomio, etc. Ya sean "cerradas", "totales" (Goffman, 1974) o de diseño más abierto y permeable, su estructura social está repleta de afinidades y parecidos; su historia tiene un ritmo puntuado por la propiedad y la posesión, por alambradas y límites.

En este texto nos ocuparemos de cuatro formas de supuesta anormalidad cuya importancia y frecuencia aumenta y disminuye en distintos puntos de inflexión de la historia moderna pero que nunca desaparece por completo:

- La anormalidad de comportamiento: cuando el comportamiento de un individuo, un grupo o un conjunto social se percibe como anormal. Se siguen diferentes estrategias para contenerlo, según se piense que es posible o no "reformarlo".
- La anormalidad articulatoria: cuando un individuo o un grupo articula o significa algo en palabras, signos o desempeños simbólicos que se consideran anormales. Puede tratarse de una obra religiosa, un documento o una declaración pública.
- La anormalidad existencial: cuando un grupo nacional, étnico, racial o religioso, o un individuo que pertenece a uno de estos grupos se clasifica como "otro" o "anormal", *sui generis*. Es posible que la mayoría social elimine total o parcialmente a dicho grupo o lo despoje de sus territorios delimitados.
- La anormalidad miasmática: cuando un grupo o un individuo que pertenece a él se considera un vector contaminado de sustancias impuras, tales como malos espíritus o virus.

Pueden hacerse dos críticas a esta subdivisión práctica del concepto de anormalidad: que la modalidad "existencial" es más bien heterodoxa y que la distinción entre "comportamiento" y "articulación" es más bien forzada.

Sin embargo, no es cierto que la modalidad "existencial" sea heterodoxa. Dos leyes que se aprobaron en la Alemania nazi, en 1936, desembocaron en una clasificación de judíos y no judíos que era de naturaleza existencial y, en el largo plazo, letal. Tanto la Ley del ciudadano del Reich como la Ley para la protección de la sangre y el honor alemanes conllevaban una clasificación y una codificación de la anormalidad existencial y, por contraste, de la normalidad. Esta operación se repitió muchas veces a partir del siglo XVII. Con demasiada frecuencia los grupos sociales son clasificados como ajenos, extranjeros, excluibles o exterminables a causa de lo que son y no de lo que han hecho.

En cuanto a la segunda crítica, sabemos, gracias las teorías de la acción social y la comunicación, que un acto de habla puede tener efectos ilocutivos o perlocutivos, de modo que decir algo se transforma en hacer algo (Habermas, 1981: 388-390). En este sentido, el umbral entre lo articulatorio y lo conductual se vuelve permeable, con frecuencia borroso y sujeto a interpretación. Algunas jurisdicciones e instituciones han sido particularmente sensibles a este hecho y se han cuidado de definir las creencias que se expresan como actos subversivos concretos, transformando así la anormalidad articulatoria en anormalidad conductual. Sentimos que era necesario distinguir entre ambas porque con frecuencia hombres y mujeres de modales y comportamientos sociales impecables acabaron en el potro de tortura a causa de lo que dijeron, escribieron o dibujaron. Esto es de particular relevancia en lo que se refiere a las luchas por la libertad de expresión, la libertad científica y la censura.

Así pues, ¿cómo podemos usar estos cuatro tipos de anormalidad para nuestro análisis? Antes de estudiar las formas en las que se expresó la anormalidad durante los últimos cinco siglos necesitamos refinar y enfocar algunas ideas.

DESBROZAR LA MALEZA

La historia comienza con los estados absolutistas en mutua interacción. Existían patrones de expansión y contracción. Los límites cambiaban y las fronteras se volvían permeables. Las personas estaban agrupadas por estados. Hablaremos metafóricamente de recolectores y de constructores de alambradas. Los recolectores establecían límites y fronteras, y los constructores de alambradas las defendían y agrupaban el esfuerzo humano.

Los recolectores se ocuparon de la creación de riqueza. Debían innovar y construir nuevos modelos para tener éxito en el proceso de colonizar el planeta. Los modelos que resultaban exitosos tenían como resultado la expansión y la asimilación, que con frecuencia eran despiadados. Los modelos que tuvieron éxito incluyen en el siglo XVII las Provincias Unidas (Países Bajos), Inglaterra, Francia, Rusia y Estados Unidos, aún en etapa embrionaria. Los modelos que fracasaron terminaron contrayéndose y derrumbándose: el Imperio Mogol o la Corona española. Los estudios de caso de modernidad comparada o de las rutas que condujeron hacia ella tienden a perder de vista estas marañas e interrelaciones.

Establecer y conservar las fronteras era una actividad reservada para conjuntos de hombres armados y bien organizados. Los buenos recolectores creaban redes de larga distancia, una mejor logística y estrategias más efectivas para mantener límites en el largo plazo. También tenían habilidades que les permitían contraer sus fronteras sin perder demasiadas ventajas.

Asimismo, los estados recolectores fueron fundamentales para desarrollar nuevas formas de agrupar personas. Esto nos lleva a nuestra segunda metáfora: los constructores de alambradas (literales y metafóricas) se aseguraron de que la apropiación y la posesión de la superficie de tierras del planeta creciera del original 3 por ciento hipotético al 51 por ciento que se estima para el periodo contemporáneo. Las superficies comunitarias y colectivas, las estatales, las de conservación y las religiosas se contrajeron consiguientemente con el tiempo. El surgimiento de un "derecho absoluto de propiedad" incluyó "el derecho de usarla y administrarla; de obtener ingresos mediante el permiso de que otros la usen; de transferirla a otro como obsequio o herencia; de obtener ingresos por su venta; de exigir la inmunidad contra la expropiación de la propiedad" (Weaver, 2006: 49). Estas instituciones modernas se han preciado de su eficiencia y efectividad, de su racionalidad y su pragmatismo (Weber, 1991: 244). Se trata de una poderosa ideología del éxito y del perfeccionamiento humano que define, por más que sea en forma violenta e inhumana, la humanidad contemporánea.

Entre los recolectores y los constructores de alambradas existe una compleja dialéctica de agrupamiento del esfuerzo humano. Tal vez *Code noir*, de Jean-Beptiste Colbert, publicado en 1685, fue el punto de inflexión que determinó la suerte de lo moderno. Además de los

códigos civil y criminal de la década de 1670, de los que también fue
pionero Colbert, Francia creó instituciones normativas que definie-
ron el espíritu del capitalismo, tal como sucedió con las tempranas
instituciones normativas españolas y las que surgieron después en las
Provincias Unidas.

DOS HIPÓTESIS

En buena medida estamos de acuerdo con Michel Foucault (2004:
52) en que la anormalidad es "productiva". Parte del impulso que
llevó a alcanzar un nivel sin precedentes en la innovación y en las
leyes para la protección de la propiedad intelectual involucró los
esfuerzos por eliminar, controlar y administrar la anormalidad. Fue
al mismo tiempo, como tan atinadamente lo describió Foucault, un
proceso de confinamiento y de segregación de poblaciones anormales en instituciones especializadas en el trabajo, el servicio, el castigo,
el tratamiento o el cuidado. Las evidencias que hemos acumulado a
partir del estudio de cuatro siglos, nos han llevado a desarrollar dos
hipótesis interrelacionadas.

1] Su énfasis en el pensamiento no teleológico, la anormalidad y
las instituciones le conceden a Michel Foucault un lugar central en la
discusión. Nos preocupa, igual que a él, que conforme pasa el tiempo
no hagan más que sucederse distintas formas de control y de dominio
en vez de lograrse más libertades o avances. En sus palabras, somos
testigos de cómo se relanza "sin cesar el juego de la dominación"
(Foucault, 1984a: 85). Pero el filósofo francés sólo cuenta parte de
la historia. El mundo moderno no se trata únicamente del paso de
una forma de dominio a otra. También está el efecto multiplicador
y de cascada que tienen las luchas de los anormales por obtener más
libertades y autonomía. Observamos "avances" cuando la lucha de
los anormales tiene éxito y logra espacios y reconocimiento social.
Muchos tipos de anormalidad se han convertido en parte integral de
la formación de cultura popular y algunos han sido inmortalizados en
historias y canciones: el rebelde, el bandido, el pirata, el campesino
insurrecto, el esclavo. Por más que concordemos con la obra y el análisis de los sistemas-mundo de Immanuel Wallerstein (1974) tenemos
que poner de cabeza la teoría de los ciclos económicos: las etapas

de auge de la economía-mundo están supeditadas a las formas en las que aquellos que son lo suficientemente poderosos han lidiado con la anormalidad y la otredad. Así es como se vuelven posibles nuevas rutas para la acumulación y el crecimiento.

2] El punto central, y tal vez el más importante, es nuestra afirmación de que existen fases anómalas y ciclos de anormalidad que son un fascinante tema de estudio por sí mismos. Nos dicen algo sobre las sociedades en las que vivimos en la actualidad.

CICLOS DE ANORMALIDAD

Un eje fundamental de nuestro trabajo es que existen ciclos de anormalidad que se parecen mucho a los ciclos de alzas y caídas que se suceden en el sistema capitalista y que permiten la destrucción creativa y la innovación.

Creemos que los ciclos de anormalidad han ido de la mano del desarrollo de la modernidad capitalista, lo que les resta méritos a las descripciones simplistas del progreso lineal humano. Algunos periodos estuvieron caracterizados por un escándalo público cada vez más agudo ante la proliferación de lo anormal. Stanley Cohen (1972) definió estos episodios de escándalo frente a la anormalidad real o percibida como "pánicos morales": una reacción amplificada e iracunda ante los individuos o los grupos que se consideraban una amenaza para los valores y que provocó que se exigiera, con una vehemencia creciente, un mayor control social. Los ciclos han ocurrido del siguiente modo: existe una proliferación, real o percibida, de lo anormal y se tiene la impresión de que existe una desorganización y una pérdida de normas sociales que va en aumento, lo que conduce a un pánico moral. Esto ocasiona que se hagan esfuerzos por definir y clasificar "el problema" y que se mantengan debates sobre estas definiciones. Sigue un proceso de clasificación de la anormalidad y de codificación de ésta en forma de reglas, normas o leyes. En este momento comienza el proceso de reorganización, reformas institucionales, violencia, recategorización y creación de nuestras instituciones. Y da inicio una nueva fase de apogeo.

Los fracasos de cada periodo histórico llegaron a la médula de una poderosa ideología del éxito y del progreso que definió la humanidad contemporánea, por más que lo haya hecho en forma violenta e inhumana. Y el pánico alcanzaba su punto culminante porque cada nuevo esfuerzo se percibía como "la forma idónea", la más avanzada, la más sensata en términos técnicos y la más racional. Estamos tratando de darle la vuelta a la "teoría de ciclo": mediante sus innovaciones y su represión, mediante las reconfiguraciones que éstas provocan, los técnicos crean condiciones para una nueva fase A de acumulación. Sin ella, cualquier sistema se habría salido de control.

Nosotros proponemos que este ciclo se convierte en lo que llamamos una "fase anómala" en la que coincide con otros dos procesos cíclicos: una fase B económica y un ciclo de creciente resistencia de los subalternos. La fase B deja en el desempleo, el despojo y la vulnerabilidad a muchas más personas, y generalmente hace que se multipliquen acciones que las élites sociales consideran antisociales. Esta fase ha coincidido frecuentemente con una proliferación de la anormalidad, pero ambas también han coincidido con frecuencia con la aparición de movimientos que desafían el orden social o de clase de una sociedad. En cualquier sistema social existen siempre desacuerdos, que asiduamente se transforman en otredad: la idea de quienes están en los estratos inferiores, de que existe un "nosotros" y un "ellos". Esto puede conducir, o no, a una resistencia, pero cuando lo hace, cuando coincide con una fase B económica y cuando la anormalidad va al alza, se traduce en una fase anómala: un periodo de polarización social.

Con base en nuestra investigación (Sitas *et al.*, 2014) sería posible presentar un narración detallada de los ciclos de anormalidad que han ocurrido en cada siglo, pero el alcance de este capítulo no nos los permite, de modo que sólo ofreceremos un breve resumen de algunos ejemplos.

LA ANORMALIDAD DURANTE EL SIGLO XVII

Durante el primer periodo del siglo XVII la anormalidad que más se atendió fue la de comportamiento, aunque también hubo una fuerte presencia de anormalidad articulatoria, miasmática y existencial.

A principios del siglo XVII se propagó en muchos lugares un evidente pánico moral. Puesto que esto coincidió en buena medida con una desaceleración económica y con el surgimiento de desafíos a las formas consolidadas de autoridad, podemos llamarla una fase anómala. Las razones del pánico eran los "hombres sin amo" que vagaban por el campo e invadían las ciudades; la proliferación de mendigos y vagabundos en todas las grandes ciudades de Occidente; los siervos y esclavos que huían de los dominios rusos; la resistencia de los brahmanes en los intersticios del imperio Mogol; las rebeliones de esclavos en el continente americano; los caudillos recalcitrantes que se resistían al gobierno manchú; los ubicuos piratas y una inquietud generalizada por los encuentros "fronterizos" desde China y Rusia hasta Irlanda, América, India y África Occidental.

Hay un nivel en el que la historia es simple. En la primera parte del siglo XVII hubo una crisis mundial. Millones de persona murieron durante la guerra de los treinta años, la conquista manchú de China, la continua destrucción de los pueblos indígenas de América del Norte, el asesinato masivo de judíos a manos de cosacos en Polonia, las campañas de Aurangzeb en el subcontinente indio y el incremento del mercado esclavista. Los estratos de población que ascendieron reorganizaron los aparatos represivos e introdujeron nuevas reglas de conducta y comportamiento que permitieron "respirar" una nueva etapa económica. El periodo posterior a 1650 debe entenderse como uno de organización metódica de los medios de destrucción emprendida por los estados absolutistas. También fortaleció la reivindicación del Estado de monopolizar los medios de violencia.

El trabajo más vital, sin embargo, fue crear las condiciones propicias para una nueva y dinámica fase de acumulación. En el proceso, los anormales fueron encerrados, transportados o asesinados. A finales de siglo el mundo había sido "normalizado": las nuevas leyes o tropos del poder apuntaban a nuevos índices de dominio que eran más efectivos que nunca. Sin embargo, durante esta transformación algunos estratos ganaron más espacios que otros y se negociaron más derechos nuevos, de los cuales los de propiedad fueron los más duraderos.

Había un abundante suministro de formas de anormalidad existencial y articulatoria, pero era la anormalidad de comportamiento la que más inquietaba a las autoridades. Las rebeliones campesinas y esclavas y "la ociosidad" eran paradigmáticas en el "siglo de hierro" (Kamen, 1971). Estas rebeliones eran comunes en Rusia, Hungría y las partes australes de la zona germánica. Adoptaron modalidades agudas en Francia tras la plaga que asoló el país entre 1627 y 1630 y la deflación de los precios de los productos agrícolas en el decenio de 1630 (LeRoy Ladurie, 1975: 386). La esclavitud proporcionó nuevas imágenes de la anormalidad negra (Fouchard, 1981): una figura incontrolable y salvaje de sensualidad y sexualidad animal, asesina y caníbal, irracional y profundamente destructiva. Desde entonces conforma una base latente para los sentimientos blancos de otredad y de peligro (Sala-Molins, 1987).

Si bien el comportamiento de los campesinos y los esclavos se consideraba altamente anormal, la ociosidad no se quedaba lejos, pues era percibida como un mal social. Una comisión que estableció en 1630 el rey de Francia recomendó que se persiguiera a los mendigos y a los vagabundos, así como a "todos aquellos que viven en el ocio y que no están dispuestos a trabajar a cambio de salario razonable o que gastan en las tabernas lo que tienen" (Foucault, 1984a: 131-132).

Los anormales de comportamiento eran parte integral de las formaciones culturales de las masas de trabajadores en los ámbitos tanto urbano como rural. Lo que era anormal para quienes detentaban el poder era ordinario en la vida de las personas. Estos anormales se encontraban en el eje de la tensión del sistema. El esclavo al que le cortaban las orejas por haber escapado era un ejemplo que ponía a temblar a otros como él, pero no los hacía sentir empatía por quienes administraban el castigo ni le restaba legitimidad a la "huida" como estrategia de supervivencia. Y ocurría lo mismo con los criminales que atacaban la propiedad privada, con quienes transgredían cercados, con los cazadores furtivos y con los indigentes. Era de estos grupos que se obtenían tripulaciones para los barcos, soldados para los ejércitos y colonos para los nuevos territorios.

En cuanto a la anormalidad articulatoria, la apostasía estaba muy extendida (Blackwell, 2006; Embree, 1991; Summer, 1986). Todos los gobiernos de Europa respondieron al auge de la imprenta estableciendo controles y censuras. Si el mundo impreso y una perspectiva radical volvía anormales a las personas, el comportamiento de quienes habían sido colonizados o esclavizados recientemente hacía a las autoridades poner el grito en el cielo. Las instituciones sentían una gran presión para responder ante la sedición, la blasfemia, el pensamiento ateo, la apostasía y las calumnias, pero conforme avanzó el siglo y los estados absolutistas ganaron confianza se refinó el aparato normativo.

Durante el siglo XVII surgió un "interés por el conocimiento". Su racionalismo era embrionario, pero estaba presente (Sumner, 1986). Se vio fortalecido por factores tales como los viajes, nuevos descubrimientos como los de Kepler y Copérnico y las revoluciones en cartografía, filología y medicina. Buena parte de estas ideas viajaron por las redes de la Reforma y la Contrarreforma (Hill, 1991: 287). También fue una época de fermento religioso en el hinduismo y el islam (Chand, 1979; Embree, 1991). En Etiopía, los árabes controlaban la costa y los otomanos el norte. La ruta a Alejandría, una de las patrias espirituales de la cristiandad, estaba bloqueada. Los portugueses ofrecieron una nueva: plata, arcabuces y cañones (Sumner, 1986).

Uno de los rasgos más característicos del absolutismo era una organización militar que creó aparatos represivos muy poderosos que podían defender y extender su dominio. Esto, como argumentó Wallerstein (1974a), iba de la mano con la burocratización, una poderosa herramienta de organización social que ayudó al trono a enfrentarse a caciques rudos e iracundos pero que al mismo tiempo limitó el poder personal del déspota.

En esta época hicieron su aparición nuevas instituciones, aunque las innovaciones centrales en Occidente fueron las empresas fletadoras: la Compañía Holandesa de las Indias Orientales, la Compañía Británica de las Indias Orientales y la Compañía Francesa de las Indias Orientales, así como las importadoras de esclavos que procesaban gente para la travesía transatlántica.

Puesto que cada estado formaba parte, además, de una red de relaciones interestatales, el desarrollo de estrategia, táctica y logística militares los llevó a creer que el equilibrio de fuerzas podía encontrarse en manos de cada uno de ellos. Como era de esperarse, los estados recolectores eran los que más activamente administraban, controlaban y trataban de erradicar la anormalidad. Más tarde, con base en las formas miasmáticas de anormalidad y en los pánicos que seguían a los brotes de plaga y a las enfermedades en las compañías esclavistas, se inauguraron en Europa occidental y en sus nuevas posesiones instituciones médicas integrales, con sus contrapartes en la India mogol. El celo con el que se abordaba la anormalidad del comportamiento, articulatoria, miasmática y existencial no tenía precedentes. Las tensiones sociales que afloraron en la primera mitad del siglo exigían que los estratos sociales emergentes encontraran soluciones rápidas.

En muchos de los nuevos arreglos institucionales subyacía un esfuerzo decidido por clasificar y codificar. Es importante distinguir entre ambas. La clasificación era el ámbito de las nuevas élites intelectuales de Europa, los mandarines en China, los eruditos religiosos del papado y el islam y del cada vez más influyente espíritu científico. La recolección proporcionaba una motivación para las taxonomías y el orden. La codificación, por el otro lado, era el proceso de definir y refinar categorías de disciplina y categorías de personas. Era a través de esta última categoría que las persona se convertían en anormales existenciales.

Durante la última parte del siglo XVII se llevó a cabo la clasificación por razas, que se convertiría en un puntal de los estados recolectores. Aunque las taxonomías y las definiciones biológicas sólo se volvieron populares en el siglo siguiente, su marco conceptual fue establecido en el siglo XVII.

Aquí hay que mencionar a dos personas en particular. François Bernier fue el primero en definir "raza" (Bernier, 1864; 1981; Lach, 1993). La obra de Bernier influyó en la clasificación binomial de las plantas, los animales y los humanos que Carl Linneo haría siete decenios después. El otro fue el gran Jean-Baptiste Colbert, que dirigió los trabajos de la impresionante Ordenanza de Derecho Civil de 1667 y la Ordenanza Criminal de 1670, que destacan como obras notables de racionalización. Colbert y sus ayudantes pensaron detenidamente sobre el mundo de las razas. El Código Negro (Code Noir) de 1685 (Édit du Roi, 1687) fue el formidable resultado final (Sala-Molins, 1987).

El Édit du Roi de 1685 estableció para la esclavitud varias reglas básicas fundamentales. Los esclavos tenían que ser bautizados en la Iglesia católica romana y todos los amos de esclavos debían ser católicos. Los esclavos pertenecían al ámbito económico de sus amos pero al mismo tiempo pertenecían al ámbito estatal (eran propiedad comunitaria) y por lo tanto éste los protegía. Los amos podían golpear a sus esclavos, pero no matarlos ni torturarlos. Los esclavos que pertenecían a diferentes amos tenían prohibido reunirse. Los esclavos no podían llevar armas. A los esclavos que se fugaran hasta por un mes se les cortaban las orejas, si era hasta por dos meses se les cortaban los tendones de la corva y si su ausencia era más larga se les ejecutaba. Pero el código también se ocupaba de los espacios de libertad de los esclavos: éstos podían ser manumitidos y entonces se consideraban súbditos legales del dominio francés.

A pesar de su normalización de corto plazo este periodo dejó atrás la disonancia y la otredad. John Locke, por ejemplo, declaró que los poderes hereditarios no eran absolutos y que los gobernantes debían rendir cuentas mediante un contrato social. Esto creó un nuevo terreno de combate. Entre los "pobres trabajadores" —los asalariados, los siervos, los campesinos, los esclavos y los trabajadores forzados— se afianzaba cada vez más la idea de que la autoridad no era un derecho divino.

LA ANORMALIDAD EN LOS SIGLOS XVIII Y XIX

Puede decirse que en el siglo XVIII, si bien la anormalidad del comportamiento no iba en descenso, las formas articulatorias estaban alcanzando un crescendo, por ejemplo, los pogromos literarios en China (Brook, 2007) y la gran cantidad de Niveladores que existían en Europa. Las formas existenciales de anormalidad también iban al alza conforme la gran fiebre de tierras de este siglo definía y clasificaba a los pueblos indígenas y los convertía en excedentes de las formas de posesión que surgían en el proceso.

Durante la primera mitad del siglo XVIII los poderes nacientes en Europa y los colonos que liberaron a través de sus puntos de recolección estaban muy preocupados por que los pueblos indígenas no cedían sus tierras de buen grado y por el contrario combatían las incursiones con cierta ferocidad. Esto dio origen a un concepto europeo de salvajismo, que se usó para justificar la ferocidad con la que el ejército y las tropas suprimieron a los "salvajes". Esta anormalidad existencial tenía dos dimensiones: su relación con la naturaleza y la tierra, como pastores o cazadores-recolectores, y su paganismo. Los pueblos indígenas eran los otros, inasimilables, que debían ser expulsados de la tierra: las personas sobrantes de una frontera en movimiento. Aquí fue central la idea lockeana de la propiedad privada (Thompson, 1977).

Las ideas de nivelación también se hacían cada vez más populares. Las críticas a la arbitrariedad de la autoridad eran un componente de ciertos textos provocadores que tuvieron gran difusión, como los ensayos de Voltaire sobre la tolerancia y El contrato social de Rousseau. Voltaire afirmaba que todas las personas eran iguales y tenían derecho a la libertad religiosa. Él predicaba, desde un argumento teísta, a tolerar al otro aunque estuviera ostensiblemente equivocado. Rousseau escribió sobre la necesidad de que los gobernantes les rindieran cuentas a sus gobernados. Además, la expresión de ideas igualitarias en los círculos de burgueses y artesanos en Londres desafiaba abiertamente el orden social. Las críticas al gobierno manchú eran más veladas, pero las inquisiciones literarias que se instauraron ubicaron y asesinaron a los disidentes.

Las fronteras de los recolectores y los colonos tenían sus propias definiciones elementales de anormales existenciales. En Europa, sin embargo, había un entusiasmo taxonómico más extendido. Las prácticas de recolección permitieron amasar una gran cantidad de información sobre distintas criaturas animales o humanas. La investigación sistemática alcanzó en Europa niveles sorprendentes de cooperación y de respeto entre pares. La tradición Niveladora condujo a la polarización y a la revolución social, política y nacional. En la mayor parte de los casos los "anormales" se alzaron con la victoria. Al mismo tiempo los recolectores les prohibieron a los sujetos negros que se convirtieran en ciudadanos. Esta tradición se transformó en el núcleo de las ideas antiesclavistas y legitimó la subordinación y, a largo plazo, el colonialismo.

En resumen, en el siglo XVIII las intensidades y las polarizaciones se expresaron como anormalidades existenciales y articulatorias. Por supuesto las fronteras iban avanzando conforme los hombres armados se apoderaban de extensiones cada vez más grandes de terreno. Esto creó sus propias tensiones, que produjeron exclusiones y violencia. Para las sociedades europeas la conquista de América fue el último paso en el desarrollo de un mercado global. En este periodo surgieron formas de anormalidad específicas que amenazaron el funcionamiento del mercado: los piratas en el mar y los bandidos en tierra (Cordingly, 1999; Haude, 2010; Linebaugh y Rediker, 2000).

En contraste, en el siglo XIX el escándalo se presentó en tres ámbitos: el primero fueron las formidables anormalidades de comportamiento y articulatorias que el capitalismo industrial encontró en sus clases trabajadoras y el naciente nacionalismo de sus pueblos; el segundo fueron las gigantescas formas de anormalidad de comportamiento, existencial y miasmático que exhibió el subcontinente indio durante la colonización británica y, el tercero, el surgimiento de marcadas distinciones entre residentes y extranjeros en el continente africano en los estados centralizadores basados en la esclavitud y la captura de esclavos, antes y después de su abolición de jure.

El aspecto más importante de finales del siglo xix y principios del xx fue el estallido de la anormalidad existencial y la velocidad con la cual las rivalidades entre imperios llevó a adoptar definiciones, clasificaciones y formas de control muy similares. Pero también ofrece el contexto en el que sucedió el holocausto y la anormalidad racial (Keim, 2014).

LA ANORMALIDAD EN EL SIGLO XX

El periodo posterior a la segunda guerra mundial estuvo definido por un audaz esfuerzo por crear un sistema transnacional de normas de combate que hicieran imposible que se repitieran los horrores del holocausto. A causa de límites de espacio debemos suponer que el lector está familiarizado con las condiciones de crecimiento y desarrollo social y las formas de relaciones interestatales que existieron en el mundo bipolar que siguió a 1945.

En el periodo contemporáneo, que comenzó en el decenio de 1970, las formas de anormalidad articulatoria y existencial han menguado, pero las formas de anormalidad de comportamiento han cobrado un nuevo impulso.

En el siglo xx la fase anómala ha combinado una fase B económica, un ciclo de aumento en la anormalidad y un nuevo ciclo de resistencias. El declive de los viejos movimientos de acción colectiva no ha terminado con la otredad y el conflicto, sino que ha animado nuevas formas de resistencia, en buena medida a través de nuevas redes y tecnologías. Estas mismas tecnologías permiten, sin embargo, tener mejores sistemas de control, disciplina y vigilancia. Al actuar al unísono producen serias tensiones.

Resulta evidente que hoy vivimos en "un mundo que pasa, dando tumbos, de una crisis a otra" (Krugman, 2008: 184). A diferencia de las fases B y las fases anómalas anteriores, ésta es un atolladero. En Occidente, la reestructuración del estado de bienestar, una nueva ortodoxia de mercado y el monetarismo precedieron el desarrollo de una nueva ideología de cambio institucional, el neoliberalismo. En el Extremo Oriente también se dio paso a una nueva fase que en

el transcurso de un decenio sacó a la economía de su estado de au-
tosuficiencia. El crecimiento inédito de la producción capitalista tuvo
tanto que ver con el primero como con la última.

La fase de ralentización ha tenido efectos polarizadores en varios
niveles. La ruptura de 1989 —el derrumbe del pacto de Varsovia, la
disolución de la Unión Soviética y el anexamiento de la República
Democrática Alemana a la República Federal de Alemania— marcó
la derrota del llamado comunismo en el enfrentamiento bipolar
entre el este y el oeste, y se dijo que demostró la victoria mundial del
capitalismo. Con China e India compitiendo actualmente en el juego
global de acumulación, los esfuerzos por crear un mundo mercantilizado ya son de escala planetaria. Muchos de los anormales de la fase
colonial fueron incorporados y desinfectados. Los nuevos anormales
fueron los que trabajaron contra los consensos de desarrollo nacional
y contra la prioridad de aumentar la producción y llevar a cabo reformas territoriales. Estos enfoques alcanzaron puntos de quiebre a
finales del decenio de 1960 y principios del de 1970, cuando quedó
claro que grandes porciones del mundo en desarrollo eran incapaces
de ocuparse de los medios de subsistencia, la pobreza y el consumo.
Desde entonces el desmantelamiento de las estructuras de los estados
de bienestar y los ajustes estructurales neoliberales han conducido al
declive de los estratos medios. Esto ha tenido un profundo efecto
polarizador entre los ricos poderosos y los pobres impotentes.

En cuanto a las intensidades, afirmamos que podemos ver un
dramático aumento en los pánicos morales sobre la anormalidad del
comportamiento —económico, social y político— aunque pueda
decirse que ha menguado la anormalidad existencial y articulatoria.
La anormalidad existencial ya no es una idea que pueda justificarse,
y la superioridad racial y la discriminación de género no puede ex-
presarse como parte del paradigma de la modernidad. Al conceder
derechos de género, étnicos y raciales se cancela la posibilidad de
definir a cualquier grupo como una categoría que debe ser elimina-
da o disciplinada. En añadidura, ya no es posible condenar las formas
de expresión de grupos enteros de personas ni su difusión. En otras
palabras, los contextos multirraciales y multiétnicos se defienden
como el marco de la modernidad racional capitalista.

Las libertades democráticas son un hecho en cerca de la mitad de
los países del mundo moderno. La reciprocidad formal (Sitas, 2004:
104-113) favorece la legitimidad y la necesidad de que coexistan

opiniones y posturas opuestas y, por lo tanto, la anormalidad articulatoria va a la baja. Sin embargo, algunos casos recientes, como Los versos satánicos de Salman Rushdie o las caricaturas de Mahoma, han forzado los límites de las relaciones interculturales. Hay tensiones que tienen que ver con la explosión de la pornografía. Hay aspectos y formas de vestir que determinan los prototipos de lo anormal en las aduanas y en las calles. Sin embargo, en comparación con otros periodos, la época que siguió a 1970 ha sido más tolerante hacia el mundo de la significación.

Existe una cantidad insospechada de personas pobres, cuyos ingresos suelen estar complementados por las remesas de los migrantes. Han aparecido dos tipos de anormalidades: aquella en las que los campesinos han optado por el cultivo masivo de coca, hachís, opio y mariguana, y aquella en las que han buscado la ayuda de grupos armados. Sus parientes en las áreas rurales también están demostrando ser conflictivos: hay grupos paramilitares que defienden las barriadas, ejecutores, reclutadores de pandillas y piratas costeros.

Asimismo ha habido una descomposición en las distintas categorías de anormalidad. La fusión de la anormalidad de comportamiento, articulatoria y existencial no es nada nuevo, pero ha adoptado una forma particular que está estimulando vigorosamente las dinámicas sociales. El comportamiento supuestamente anormal de migrantes (ilegalizados), narcotraficantes, fundamentalistas religiosos o terroristas se convierte en la anormalidad existencial de ciertos grupos supuestamente fáciles de reconocer. Dadas las profundísimas bases históricas del vínculo entre los grupos subalternos (como los raciales, las minorías étnicas, los migrantes y las personas de clases trabajadores) y el crimen es inevitable que estos grupos resulten señalados.

Existen importantes vínculos coloniales con la actual "era de la migración" (Castles y Miller, 2003). La migración moderna puede rastrearse hasta la era colonial a través de sus antecedentes históricos (la posesión de esclavos, la transmigración, el trabajo forzado). Los sistemas migratorios actuales son producto de la división colonial del mundo. Esta migración de gente de las antiguas colonias al mundo más "desarrollado" ha creado en el norte un entorno multicultural que está redefiniendo el mundo. Las reacciones sociales a lo que se percibe como una inseguridad social ante los otros ha sometido a los estados-nación a una gran presión.

La caracterización existencial de los tipos raciales, culturales y de género vuelve a estar al alza. Esto se mezcla con la anormalidad articulatoria para dar lugar a una peligrosa fusión. En el centro de las políticas antiinmigratorias existe el discurso y la práctica política de combatir la "inmigración ilegal", un tema que está íntimamente vinculado con fenómenos sociales tales como el populismo racista en los debates referentes a la ciudadanía social. Los migrantes ilegales y los refugiados políticos y económicos provocan fácilmente pánicos xenófobos que podrían llevar a genocidios.

La anormalidad articulatoria se ha considerado con frecuencia anormalidad de comportamiento, en la medida en la que se considera que la expresión de una creencia mediante signos visible o audibles representa una amenaza seria y concreta al orden establecido. Los pánicos genéricos sobre los espacios y los lugares peligrosos adquieren cada vez con más insistencia un tinte racial, al grado de que en los discursos dominantes del poder es casi imposible disociar raza, espacios y anormalidad. Se asume que hay categorías de personas que son peligrosas *in potentio*: mares y rutas comerciales peligrosos, los asentamientos de las clases peligrosas. Sin embargo, conforme aumentó la exclusión social urbana y se empujó a los extranjeros de piel oscura a vivir en esos suburbios urbanos, se le adjudicó a su existencia misma una ausencia de leyes y de normas intrínsecas.

Para terminar, hay países cuya población general ha sido identificada como portadora de anormalidad o potencialmente portadora de anormalidad. Estos estados amenazadores se encuentra sobre todo en África y en áreas urbanas ingobernables. La existencia de estos estados y la necesidad de un equilibrio entre las intervenciones directas y las indirectas, refina y transforma continuamente las formas de gobierno necesarias para disminuir las amenazas.

Para resumir lo que presentamos aquí: este "proceso de fusión" tiene tres dimensiones; primero, una tendencia ontologizante compuesta por un conjunto de tautologías sobre los demás; segundo, la creación de tres espacios de anormalidad que necesitan intervención directa o indirecta; tercero, un metadiscurso sobre la necesidad de manejar la crisis definiendo el periodo como un estado de excepción. Se ha transformado la política y la competencia política en la política del desasosiego, y se han abierto espacios para que los medios consideren valioso el miedo.

Muchas instituciones contemporáneas se desarrollaron para ocuparse en forma decidida con las repercusiones del ciclo anterior, por ejemplo la depresión económica del decenio de 1930, el ascenso del fascismo y el holocausto. Las instituciones multilaterales, regionales, nacionales y locales que se crearon enfrentaron, hacia finales de 1960, una seria crisis. Existía un consenso creciente en que los estados de bienestar y desarrollo que emergieron se consideraban un impedimento para la rentabilidad y el crecimiento.

Actualmente hay una serie de instituciones que han terminado por considerarse incapaces de manejar la anormalidad y a los anomales, lo cual ha exacerbado los pánicos morales. Aquí han sido claves los estados-nación, como los vigilantes de fronteras y los aplicadores de normas (Castells, 1999; Sassen, 2005). La desnacionalización de las actividades —ya sean criminales, económicas, militares o políticas— ha incrementado los llamados a tener una coraza global de reglas y normas. Sin embargo, los regímenes internacionales que se formaron para crear estas reglas y normas no fueron capaces de implementarlas.

Como resultado, sigue siendo tan esencial como siempre que los estados-nación definan, controlen y disciplinen a los nuevos anormales de comportamiento, en no menor medida mediante la erección y la expansión de infraestructura de vigilancia, encarcelamiento y castigo. Aunque se hubieran concedido derechos y salvaguardas contra la institucionalización de la anormalidad existencial se permitía la discriminación contra quienes probaban sus límites.

La privatización de la vigilancia policial y el control tecnológico sobre poblaciones completas ha exacerbado el problema para el ámbito institucional que define, administra y maneja a los anormales. Al mismo tiempo, la violencia organizada —como las redes de asociaciones terroristas, las estructuras mafiosas de narcotráfico, venta de armas y tráfico de personas, y el comportamiento criminal violento de los exsoldados (que con frecuencia están interrelacionados o combinados)— ha ido en aumento. La transferencia de funciones policiales a la sociedad civil no ha conducido necesariamente a un mayor "éxito" o a más democracia sino que ha galvanizado la frustración de las comunidades con el Estado y las ha hecho adoptar un papel más desconfiado.

Sin embargo, el Estado no ha cedido. A lo largo de la interacción entre estados durante el periodo contemporáneo se han ido formando tres patrones. El primero, la "guerra contra el terror" ha dado origen a un sistema de inteligencia y vigilancia coordinado por Estados Unidos que no rinde cuentas a las legislaturas nacionales o a la ONU. El segundo es que hay un compromiso de los poderes ejecutivos con un regionalismo que es una nueva forma de relación interestatal multilateral, cuyo ejemplo es la Unión Europea. El tercero es una administración nacional reformada que en términos fiscales es más grande que nunca y cuya *raison d'etre* ha sido la de propiciar nuevas prioridades de asignación de recursos, lo cual ha creado las precondiciones para un tránsito global más fluido de bienes, información, comunicaciones, transacciones financiera y, en menor medida, personas. Ni los nuevos sistemas de vigilancia ni un regionalismo más acendrado parecen haber moderado los pánicos morales sobre la quiebra institucional.

LA BÚSQUEDA DE UN NUEVO DON QUIJOTE

Miles de personas se reunieron para atestiguar la lapidación de una adúltera y los equipos de noticias televisaron esas imágenes a todo el mundo. Decenas de millones presenciaron los últimos momentos de Saddam Hussein con una cuerda alrededor del cuello gracias a la función de videograbación de un teléfono celular. Se usaron cuchillos para apoderarse de aviones y hacerlos estrellarse contra el World Trade Center. Piedras, cueras y cuchillos, los medios de violencia más antiguos, conectados con las últimas tecnologías para traernos espectáculos de violencia y anormalidad hasta nuestros espacios íntimos.

El pánico moral es tal vez más agudo en la actualidad a causa de la dualidad contradictoria que hemos descrito hasta ahora. Por un lado hay progreso, en términos del reconocimiento de los derechos como el resultado de luchas históricas. Por el otro hay una expansión de la vigilancia disciplinaria y de las instituciones del orden público para controlar la sociedad.

Las evidencias que hemos obtenidos apuntan hacia dos direcciones. La primera es que hay ciclos en los que en vez de más libertades o avances vemos más control y dominio. En palabras de Foucault (1984b: 85), observamos cómo se relanza "sin cesar el juego de la dominación" o cómo "la humanidad instala cada una de estas violen-

cias en un sistema de reglas y va así de dominación en dominación".
Algunos periodos se definen como polarizadores, como una amenaza para el sistema socioeconómico, que muestran señales de colapso
inminente a los que sigue una acción decidida, un cambio y un re-
encauzamiento. Sí, hay ciclos que implican una amplificación de la
percepción de anormalidad (las fases anómalas) que parecen indicar
que hay fallas institucionales. Estos ciclos no sólo generan preocupación sino que van de la mano de la improvisación, la innovación y
las reconfiguraciones institucionales. Sin embargo, también podemos
observar una cascada de "avances" cuando los anormales luchan con
suficiente vigor por ganar espacios o reconocimiento social. No todos
los anormales han podido hacerlo en forma efectiva, pero muchos
consiguieron reconducir el sistema para obtener mayor igualdad y
libertad. Así que para el periodo actual las preguntas son ¿cuáles son
polarizaciones que están incrustadas en las formas actuales de anormalidad? ¿Esta fase anómala puede ser corregida?

Sin importar qué tan sofisticadas se hayan vuelto las tecnologías
de vigilancia y control a partir de las revoluciones digital y genética,
y en qué medida han invertido en ellas las 226 naciones-estado que
conforman el mapa, las burbujas de pánico aún existen, como parte
de una fase B muy larga. Podemos esbozar la fase anómala, pero aún
no podemos saber quiénes son los fijadores y los emprendedores
morales. La tecnología ha provocado que la anormalidad se vuelva
teatral e inmediata, pero el mundo no está en absoluto "normalizado". Así, los vectores de virus, los migrantes extranjeros, los terroristas, los traficantes y los canallas mantienen ocupada a la prensa, vigente el pánico y al mundo en ascuas mientras continúa su búsqueda
de un nuevo don Quijote.

12. CONCLUSIÓN

IMMANUEL WALLERSTEIN

Como resultaba evidente desde el inicio, en la historia del sistema-mundo moderno no es nada fácil distinguir entre tendencias homogeneizantes y heterogeneizantes (o entre convergentes y polarizantes). Es evidente que ambos impulsos han sido inherentes a la operación del sistema; éste no es el problema.

Quienes defienden la idea de que resulta imposible frenar la convergencia progresiva de todo el planeta han argumentado que las divergencias que aún existen o incluso las que están surgiendo actualmente no son más que anomalías y están destinadas a ser superadas, tarde o temprano, por las operaciones racionales que nos conducen a todos hacia las elecciones sensatas de la modernidad. La versión extrema de este argumento es la que han adelantado los expositores neoliberales, sobre la primacía indispensable del mercado en todas las tomas de decisiones individuales y colectivas. O, como dijo Margaret Thatcher, no hay alternativa.

Lo que hemos explorado en este libro es en qué medida esta visión de la realidad resulta falsa, en tres sentidos.

1] A pesar de las muchas formas de convergencia de las que hemos sido testigos, al mismo tiempo ha ocurrido una fuerte polarización que con frecuencia no se ve a simple vista. Buena parte de esta polarización sólo puede observarse si consideramos el sistema-mundo una sola entidad en interacción en vez de una serie de unidades "nacionales" autocontenidas. Sólo así podemos observar el tipo de polarización que separa distintas regiones del mundo.

2] A diferencia de la tesis de la convergencia inevitable, que asume la linealidad permanente de la existencia social, creemos que los sistemas históricos, como todos los sistemas, tienen vidas. Nacen, viven sus vidas según las reglas del sistema y, en algún momento, entran en una crisis estructural y dejan de existir para ser reemplazados por otro u otros sistemas.

3] Creemos que los sistemas históricos opresivos engendran su propia resistencia que nunca desaparece y que termina por desempeñar una papel central durante dichas crisis estructurales. Esto nos abre la puerta para analizar los grados de libertad que todos tenemos en este momento para construir el futuro.

¿Qué hemos aprendido que respalde estas tres premisas? La premisa 1 resulta crucial, puesto que si no se sostiene, no tiene caso argumentar la segunda y la tercera.

PREMISA 1: EXISTE UNA POLARIZACIÓN IMPORTANTE

El capítulo 3, sobre desigualdad económica, muestra dos cosas. La primera es que la polarización asume un aspecto muy distinto si nos ocupamos únicamente o principalmente de lo que sucede en los estados relativamente ricos o si observamos con el mundo como un todo. Si adoptamos este último punto de vista descubrimos que en el siglo xx el grado de desigualdad inter-estatal (se mida como se mida) se ha vuelto mayor que el grado de desigualdad interna de los estados.

Pero luego aprendimos una segunda cosa. Esta afirmación sólo empieza a ser verdadera en el siglo xix y, por lo tanto, el proceso se ha ido ampliando con el tiempo. Esto se ve reforzado por un hallazgo que se reporta en el capítulo 5, acerca de los campesinados, donde se nos informa que la diferencia en los ingresos reales entre las zonas rurales más y menos ricas, que en 1950 tenía una proporción de 1:40, para 2000 se elevó a 1:20.

Esta imagen, de una polarización parcialmente oculta, se ve claramente reforzada en el capítulo 4, sobre ciudades. La creciente urbanización del mundo, un fenómeno incuestionable que todos percibimos, ha sido durante mucho tiempo un eje del argumento a favor de la convergencia lineal. Hoy encontramos que durante el periodo 1950-2000 lo que hemos bautizado procesos de crecimiento urbano de formación de periferias exceden los procesos de crecimiento de formación de centros y esto está pasando por primera vez desde 1500. Así, esto parece demostrar una "convergencia", puesto que actualmente hay un notable crecimiento en el tamaño de las ciudades periféricas. Al observar con cuidado descubrimos que el resultado de este crecimiento es muy distinto al crecimiento de las ciudades formadoras de centros, puesto que básicamente crea ciudades de megabarrios marginales poblados por los desposeídos del mundo, que cada vez con más frecuencia se encuentran en zonas urbanas.

Si volvemos al capítulo 5, sobre los campesinados, descubrimos que, sí, es verdad que hay una desagrarización, una desruralización y una descampesinización en el sistema-mundo de todo el planeta, tal como lo muestra nuestra tesis sobre la convergencia y nuestro análisis para tres zonas radicalmente diferentes del planeta. Sin embargo, no es verdad que el campesinado simplemente haya desaparecido o esté desapareciendo. Resulta que la incorporación irregular de zonas rurales conduce, recurrentemente, a la creación de nuevas zonas fronterizas. Lo que en el nivel macro parece homogeneización, en el nivel micro resulta ser heterogeneización, puesto que los productores rurales encuentran nichos en los cuales pueden sobrevivir incluso cuando el clásico papel de las comunidades campesinas como redes informales de crédito ha sido reemplazado por un individualismo dominante en el que las oligarquías de terratenientes se han apoderado de los subsidios a los pobres.

Del mismo modo, cuando observamos la construcción de las burocracias estatales y sus papeles encontramos que, en efecto, los estados han ido ampliando su papel (a pesar de la atronadora retórica antiestatista) y que esto está ocurriendo en todo el mundo. Pero los resultados en diferentes partes del sistema-mundo no son todos iguales. Existe una similitud superficial, pero hay desigualdades agravadas y asimetrías radicales. Cuando leemos el capítulo 9, sobre ciudadanía, descubrimos que si bien ésta parece ser una forma de ampliar la inclusión en el marco social, las inclusiones son equilibradas continuamente por nuevas formas de exclusión.

Para terminar, el capítulo 10, sobre los espacios de las mujeres y los sistemas patriarcales, va contra la corriente de la mayor parte de los textos, incluso los feministas, acerca de lo que ha estado sucediendo. El argumento es que si uno empieza a estudiar el panorama del mundo europeo en el año 1000, en vez de hacerlo cerca del año 1500, como es lo común, se revela un patrón que desciende ininterrumpidamente de un mundo con más igualdad de género a uno con mucha menos. Podemos hablar de la creación de lo que hemos llamado el europatriarcado, un conjunto de premisas de valor institucionalizadas y ocultas que han reducido continuamente los espacios de autonomía relativa de las mujeres. Se argumenta que esta reducción de los espacios de las mujeres no ha sido atenuada en forma significativa por los cambios legislativos recientes, tales como el derecho al sufragio femenino.

PREMISA 2: CRISIS ESTRUCTURAL DEL SISTEMA-MUNDO MODERNO

El objetivo principal de nuestro análisis fue defender el argumento de la premisa 1. La mayor parte de los capítulos no se ocupó directamente de la premisa 2, aunque muchas observaciones de los distintos capítulos la discuten en forma implícita o explícita. El capítulo 2, sobre ecología, es el que lo defiende de manera más directa. Describe las enormes escalas de producción-apropiación-objetivación que han sido "desproporcionadas" y que equivalen a un "sobregiro ecológico". Argumenta que esto ha llevado a una catástrofe en la que los avances científicos que han permitido este sobregiro son los que han forzado las estructuras planetarias más allá de las habilidades de la ciencia misma para asegurar "la perdurabilidad de la vida en el planeta".

El capítulo 11, sobre anormalidad, termina diciendo que la evidencia apunta en dos direcciones. Por un lado ha existido un patrón cíclico de tipos y magnitudes de anormalidad en lo que puede entenderse como un "juego de dominios" a todo lo largo de la historia del sistema-mundo. Pero por el otro lado la pregunta correcta a formular para el periodo actual es cuáles son las polarizaciones insertadas en las formas actuales de anormalidad y si puede corregirse esta fase anómala. Las así llamadas "burbujas de pánico" siguen existiendo como parte de una fase b muy larga. Así, uno puede preguntarse si ésta es la fase de una "crisis estructural".

Si releemos todos los argumentos que se presentan para sustentar la premisa 1 veremos que sin excepción hacen énfasis en un recrudecimiento continuo de las desigualdades. Hay que preguntarse, entonces, si este recrudecimiento puede seguir indefinidamente o si hay otros "sobregiros" comparables a los "sobregiros ecológicos".

Luego debemos pensar en las "resistencias". Una vez más, el capítulo 2, sobre ecología, opone el sombrío escenario del sobregiro, sobre el que la ciencia no puede hacer gran cosa, a la supervivencia de un "magma heterogéneo subterráneo" de resistencia que ha "limitado el poder destructivo del sistema". Es verdad que "estas incipientes alternativas sistémicas potenciales conllevan las contradicciones de la modernidad en la que fueron forjadas". Pero lo que se critica es "la modernidad y no sólo el capitalismo".

El capítulo 4, sobre ciudades, sostiene que si los agentes de cambio ya no pueden ubicarse en el proletariado urbano o en el campesinado periférico, su papel puede ser desempeñado por los "desposeídos urbanos globales". Pero siguen siendo agentes de cambio, por más que no sean los que parecían ser tan destacados en el siglo XIX y principios del XX. El capítulo 8, sobre los estados, localiza los puntos de resistencia en los estados relativamente más "democráticos", que son los más ricos, puesto que en ellos es más difícil, en términos políticos, reducir las ventajas del estado de bienestar keynesiano. Más difícil, sin embargo, no significa imposible, puesto que las "burbujas de pánico" van volviéndose más potentes.

PREMISA 3: ERGO, ¿QUÉ?

A menos de que uno sea muy obtuso, resulta perfectamente evidente que no pueden evitarse las implicaciones políticas de las formas alternativas de entender los asuntos. Quienes comienzan con la premisa de un avance lineal continuo deben creer, necesariamente, que cualquier dificultad en la que se encuentre el mundo es esencialmente pasajera y momentánea; tarde o temprano la lógica y las presiones de nuestro sistema superarán estas dificultades. En nuestra situación actual hay dos variantes principales de estas expresiones de certeza sobre el futuro.

Un grupo cree que siempre y cuando maximicemos la prioridad del "libre mercado" se superarán las dificultades aparentes del momento y seguirá un crecimiento económico aún mayor, para el beneficio mutuo de todos. Un segundo grupo cree que mientras defendamos y ampliemos un "estado de bienestar" socialdemócrata eso será posible. Sin embargo, si creemos que ha ocurrido una polarización creciente y que los sistemas tienen vida finitas, y por lo tanto es posible que nos encontremos ahora mismo en la crisis estructural de nuestro sistema, ninguno de estos escenarios optimistas parece muy plausible. ¡Por el contrario! De la tesis de la polarización creciente se desprende la conclusión de que no se ve en el horizonte una "solución" a nuestras dificultades actuales. Para la crisis estructural no existe ni una salida neoliberal ni una socialdemócrata.

Así que tenemos que buscar en otro lado para encontrar el resultado deseado. Tendríamos que echar mano de lo que sabemos sobre las crisis estructurales, cómo funcionan y qué podemos hacer dentro de ellas. Lo que pasa durante una crisis estructural es que el sistema se bifurca, lo que básicamente quiere decir que emergen dos vías alternativas para ponerle fin a dicha crisis, en las cuales "nosotros" (¿pero quiénes somos "nosotros" exactamente?) nos "decidimos" en forma colectiva por una de las alternativas.

La característica principal de una crisis estructural es la presencia de una serie de fluctuaciones caóticas y descontroladas en todo: los mercados, las alianzas geopolíticas, la estabilidad de las fronteras estatales, el empleo, las deudas, los impuestos y los grupos que culpamos por la crisis. La incertidumbre se vuelve crónica, incluso a corto plazo. Y la incertidumbre tiende a paralizar los procesos de toma de decisiones, lo cual, por supuesto, lo empeora todo, en particular al reducir los niveles reales de ingreso de la gran mayoría de la población mundial.

Enumeremos algunas de las cosas que podemos esperar, a mediano plazo, dentro de uno o dos decenios. La mayor parte de los estados está atrapada entre la reducción en el ingreso y el aumento en los gastos... y seguirá estándolo. La mayor parte de los estados ha reducido los gastos de una de dos formas: la primera es recortar (e incluso eliminar) muchas de las redes de seguridad que se construyeron en el pasado para ayudar a las personas normales a superar las contingencias que deben enfrentar. Pero también hay un segundo camino. Muchos estados están recortando las transferencias monetarias a las entidades estatales subordinadas: las estructuras federadas, si es que el estado soberano es una federación, y los gobiernos locales. Esto no hace más que transferir el problema a estas unidades subordinadas, que a su vez pueden o bien reducir sus gastos o aumentar los impuestos. Si esto resulta imposible para las estructuras de nivel inferior posiblemente se irán a la quiebra, lo que entonces suprime otras partes de las redes de seguridad (en particular las pensiones).

Esto tiene un efecto inmediato sobre los estados. Por un lado los debilita porque hay más unidades que buscan la secesión de sus estados si creen que puede reportarles beneficios económicos, al menos de corto plazo. Pero por el otro lado los estados resultan ser más importantes que nunca puesto que hay más y más poblaciones que buscan refugio en las políticas proteccionistas estatales para conservar sus empleos a expensas de los empleos de otros. Las fronteras estatales siempre han ido cambiando, pero la crisis estructural genera presiones para redefinir estas fronteras con más frecuencia que antes. Al mismo tiempo hay nuevas estructuras regionales que vinculan entre sí estados que existen (o sus subunidades) —tales como la Unión Europa (UE) y la nueva estructura sudamericana (UNASUR)— que seguirán floreciendo y desempeñando papeles geopolíticos cada vez más importantes.

La capacidad de conciliar entre múltiples centros de poder político también irá haciéndose más inestable en una situación en la que ninguno de estos centros tendrá la capacidad de dictar las reglas interestatales. Estados Unidos ya no es hegemónico; se ha convertido en una vieja potencia con pies de barro. Sin embargo, sigue siendo lo suficientemente poderoso como para producir graves daños con sus traspiés.

China parece estar hoy en la posición económica emergente más poderosa, pero tal vez sea menos fuerte que lo que ella misma y otros creen. No parece probable que pueda mantener el nivel de crecimiento anual que tuvo en el primer decenio del siglo XXI.

Está por verse en qué medida se acercarán Europa occidental y Rusia, una posibilidad que está muy presente en la agenda de ambas partes. India aún no decide cómo jugar sus cartas. Esto significa, para lo que se refiere a las guerras civiles, que la intervención extranjera tiende a cancelarse mutuamente y que los conflictos internos se organizan cada vez más alrededor de grupos de identidad fratricidas.

Es evidente que estas enormes oscilaciones y la multiplicación de las incertidumbres de corto plazo no ofrecen finales felices para la mayor parte de las personas. Cabe esperar que el desempleo mundial aumente, no que disminuya. Y la gente normal sentirá hondamente el efecto; ya ha demostrado que está lista para defenderse de múltiples formas y esta resistencia no hará sino crecer. Nos encontraremos en medio de una colosal batalla política para determinar el futuro del mundo.

Quienes hoy en día gozan de riquezas y privilegios no van a quedarse sentados, pero les resultará cada vez más claro que no pueden asegurar su futuro mediante el sistema capitalista actual. Buscarán implantar algún otro sistema que no esté basado en el papel central del mercado sino en una combinación de fuerza bruta y mentiras. El objetivo principal será asegurarse de que el nuevo sistema garantice que continúen existiendo los tres rasgos centrales del sistema actual: la jerarquía, la explotación y la polarización.

Por el otro lado se movilizarán fuerza populares en todo el mundo que también buscarán crear un nuevo tipo de sistema histórico, uno basado en una democracia y una igualdad relativas. Este sistema aún no ha existido. Es imposible anticipar qué significaría en términos de las instituciones que se crearían en el mundo. Descubriremos cómo son cuando construyamos este sistema en las décadas por venir.

¿Quién va a ganar esta batalla? No es posible predecirlo. Será el resultado de un número infinito de nanoacciones que llevarán a cabo un número infinito de nanoactores en un número infinito de nano-momentos. En algún punto las acciones sumadas de todos los que se decantan por una de las dos soluciones alternativas inclinará la balanza definitivamente a favor de un lado o el otro. No hay manera de predecir el resultado. Pero esta incertidumbre es precisamente lo que nos da esperanza: resulta que lo que cada uno de nosotros hace a cada momento sobre cada tema inmediato realmente importa. Algunas personas lo llaman "el efecto mariposa". El batir de las alas de una mariposa de verdad afecta el clima en el otro extremo del mundo. En ese sentido, hoy todos somos maripositas. Es más que una metáfora: es una realidad que opera en el mundo, por más que sea imposible de calcular (y, por lo tanto, de predecir).

En este libro procuramos esbozar una visión alternativa de la realidad social. Esperamos haber construido un argumento lo suficientemente plausible como para que los académicos, los actores políticos y las personas normales que se ven afectadas por todas estas realidades discutan sus premisas de manera formal y pública. No cabe duda que aún es indispensable hacer investigación seria y el mundo necesita muchos debates sobre estrategia política. Lo que hayamos podido contribuir aquí es sólo el comienzo, así que serán bienvenidas no sólo las críticas a nuestros argumentos sino cualquier esfuerzo por ir más lejos que nosotros. Esta es una tarea intelectual, una obligación moral y un esfuerzo político.

BIBLIOGRAFÍA

Abu-Lughod, Janet (1989), *Before European hegemony: The world system a. D. 1250-135,* Nueva York, Oxford University Press.

Achard, Frédéric *et al.* (2002), "Determination of deforestation rates of the world's humid tropical forests", *Science,* 297(5583) (9 de agosto): 999-1002.

Ahn, Christine y Kavita Ramdas (2011), "The IMF: Violating women since 1945", Issues/Global Governance, *Foreign Policy in Focus* (Washington, D. C.: FPIP@ips-dc.org), www.ips-dc.org/FPIP, 19 de mayo, reproducido en Common Dreams: www.commondreams.org/view/2011/05/20-3. Consultado el 11 de agosto de 2014.

Allen, Ann Taylor (1999), "Feminism, social science, and the meanings of modernity: The debates on the origin of the family in Europe and the United States, 1860-1914", *American Historical Review,* CIV(4) (octubre): 1085-1113.

Allen, Prudence (monja) (1985), *The concept of woman: The aristotelian revolution, 750 b. C.-a. D. 1250,* Montreal, Eden Press.

_____ (1997a), *The concept of woman: The aristotelian revolution, 750 b. C.-a. D. 1250,* vol. I, Grand Rapids, William B. Eerdmans Publishing.

_____ (1997b), *The concept of woman: The early humanist reformation, 1250-1500,* Grand Rapids, William B. Eerdmans Publishing.

Allen, Robert C. (2009), *The British industrial revolution in global perspective,* Cambridge, Cambridge University Press.

Alva Ixtlilxóchitl, Fernando de (1989), "De la venida de los españoles y principios de la ley evangélica", en Miguel León-Portilla, *La visión de los vencidos,* México, UNAM, Biblioteca del Estudiante Universitario.

Amnistía Internacional (2007), *The reality of trade unionism in Colombia,* Londres, Amnesty International Publications.

Anderson, Benedict R. (1991), *Imagined communities: Reflections on the origin and spread of Nationalism,* 2a. ed., Londres, Verso [ed. en esp.: *Comunidades imaginadas. Reflexiones sobre el origen y la difusión del nacionalismo,* México, Fondo de Cultura Económica, 1993].

Anderson, Bonnie S. (2000), *Joyous greetings: The first international women's movement, 1830-1860,* Nueva York, Oxford University Press.

Anderson, Bonnie S. y Judith P. Zinsser (2000), *A history of their own: women in Europe from prehistory to the present,* edición revisada, 2 vols., Nueva York, Oxford University Press Hay edición en español: *Historia de las mujeres: Una historia propia,* Barcelona, Crítica, 1991

Andreff, Wladimir y Olivier Pastré (1981), "La genèse des banques multina-
  tionales et l'expansion du capital financier international", en *Internation-
  alisation des banques et des groupes financiers,* París, Centre National de la
  Recherche Scientifique, 51-103.

Andrien, Kenneth J. (2001), *Andean worlds: Indigenous history, culture, and
  consciousness under Spanish rule, 1532-1825,* Albuquerque, University of New
  Mexico Press.

Antrobus, Peggy (2004), *The global women's movement: Origins, issues and strategies,* Londres, Zed Books.

Arrighi, Giovanni (1994), *The long twentieth century: Money, power and the origins
  of our times,* Londres, Verso [ed. en esp.: *El largo siglo xx,* Madrid, Akal, 1999].

Assadourian, Carlos Sempat (1982), *El sistema de la economía colonial: Mercado
  interno, regiones, y espacio económico,* Lima, Instituto de Estudios Peruanos.

Atwell, William S. (1982), "International bullion flows and the Chinese economy, circa 1530-1650", *Past and Present,* 95 (mayo): 68-90.

Ayala Mora, Enrique (coord. gen.) (1999), *Historia de América andina,* vol. 2,
  Manuel Braga (ed.), *Formación y apogeo del sistema colonial;* vol. 3, Margarita
  Garrido (ed.), *El sistema colonial tardío,* Quito, Universidad Andina Simón
  Bolívar.

Aylwin, José (2002), *El acceso de los indígenas a la tierra en los ordenamientos
  jurídicos de América Latina: Un estudio de casos,* 2 vols., Serie Desarrollo
  Productivo, núm. 128, Santiago, CEPAL.

Backer, Dorothy Anne Liat (1974), *Precious women: A feminist phenomenon in
  the age of Louis XIV,* Nueva York, Basic Books.

Bacon, Margaret Hope (1986), *Mothers of feminism: The story of quaker women
  in America,* San Francisco, Harper and Row.

Bailey, Michael D. (2009), *The A to Z of witchcraft,* Lanham, Scarecrow Press.

Banco Mundial (2008), *World development indicators,* Washington, D. C., Banco Mundial.

Belich, James (2009), *Replenishing the earth: The settler revolution and the rise of
  the anglo-world, 1783-1939,* Oxford, Oxford University Press.

Ben-Atar, Doron (2004), *Intellectual piracy and the origins of American power,* New
  Haven, Yale University Press.

Benjamin, Walter (2008), *Tesis sobre la historia y otros fragmentos,* México, ITACA.

Bennett, Judith M. (2006), *History matters: Patriarchy and the challenge of feminism,* Filadelfia, Temple University Press.

Berberoglu, Berch (1987), *The internationalization of capital. Imperialism and
  capitalist development on a world scale,* Nueva York, Praeger.

Berkeley Earth (2011), *Cooling the warming debate,* http://static.berkeleyearth.
  org/pdf/berkeley-earth-announcement-oct-20-11.pdf. Consultado el 11
  de agosto de 2014.

Bernier, François (1864), "A new division of the Earth", publicado originalmente en *Journal des Savants,* 24 de abril de 1684, traducción de T. Ben-

dyphe en "Memoirs read before the Anthroplogical Society of London", I: 360-364.

_____ (1981) [1670], *Voyage dans les états du Grand Mogol*, introducción de France Bhattacharya, París, Fayard [ed. en esp.: *Viaje al gran Mogol, Indostán y Cachemira*, Madrid, Espasa Calpa, 2004].

Bernstein, Henry (2010), *Class dynamics of agrarian change*, Halifax, Fernwood Publishing y Kumarian Press [ed. en esp.: *Dinámicas de clase y transformación agraria*, Zacatecas, Miguel Ángel Porrúa-Universidad Autónoma de Zacatezas-Red Internacional de Migración y Desarrollo, 2012].

Biaggi, Christina (2005), *The rule of Mars: Readings on the origins, history and impact of patriarchy*, Manchester, Knowledge, Ideas and Trends (KIT).

Biagioli, Mario (2006), "From print to patents: Living on instruments in early modern Europe", *History of Science*, XLIV: 139-186.

Black, Edwin (2001) *IBM y el holocausto*, Buenos Aires, Atlántida.

Blackwell, Richard J. (2006), *Behind the scenes at Galileo's trial*, Notre Dame, Notre Dame University Press.

Boles, Judith K. y Diane Long Hoeveler (2006), *The A to Z of feminism*, Nueva York, Scarecrow Press.

Bonilla, Heraclio (2007), "Los Andes: La metamorfosis y los particularismos de una región", en *Congreso en conmemoración de 50 años de Flacso, 29-31 octubre 2007*, Quito, Flacso.

Bosch, Alfred (2007), *El atlas furtivo*, México, Planeta.

Boulding, Elise (1976), *The underside of history: A view of women through time*, Nueva York, Halsted.

Boyle, James (1997), *Shamans, software, and spleens: Law and the construction of the information society*, Cambridge, Harvard University Press.

Brading, D. A. (1990), "La España de los Borbones y su imperio americano", en L. Bethell (ed.), *Historia de América Latina*, Barcelona, Crítica.

Brakeman, Lynne y Susan Gall (1997), *Chronology of women worldwide: People, places and events that shaped women's history*, Detroit, Gale Research.

Braudel, Fernand (1979), *La civilization matérielle*, París, Armand Colin [ed. en esp.: *Civilización material, economía y capitalismo*, Madrid, Alianza, 1984].

_____ (1981), *The structures of everyday life*, Nueva York, Harper and Row [ed. en esp.: *Estructuras de lo cotidiano*, Madrid, Alianza, 1984].

_____ (1982), *The wheels of commerce*, Nueva York, Harper and Row.

_____ (1984), *The perspective of the world*, Nueva York, Harper and Row.

Brennan, Margaret (1985), "Enclosure: Institutionalizing the invisibility of women in ecclesiastical communities", en E. S. Fiorenza y M. Collins (eds.), *Women-Invisible in theology and church, Concilium*, 192(6) (diciembre) y Edimburgo, T. and T. Clark.

Bridenthal, Renate y Claudia Koonz (1977), *Becoming visible: Women in European history*, Boston, Houghton Mifflin.

Brinkhoff, Thomas (2007), "The principal agglomerations of the world", *City Population*, consultado el 11 de diciembre de 2007; www.citypopulation. de, consultado el 11 de agosto de 2014.

Brook, Timothy (2007), *Vermeer's hat*, Londres, Bloomsbury.

Brown, Mark (2003), "Ethnology and colonial administration in Nineteenth-century British India: The question of native crime and criminality", *British Journal for the History of Science*, XXXVI(2): 201-219 (junio).

Brubaker, Rogers W. (1989), "The French revolution and the invention of citizenship", *French Politics and Society*, VII(3): 30-49.

Brugmann, Jeb (2009), *Welcome to the urban revolution*, Nueva York, Bloomsbury.

Bryceson, Deborah Fahy (1999), *African rural labour, income diversification and livelihood approaches: A long-term development perspective*, Leiden, African Studies Center.

Bryceson, Deborah Fahy *et al.* (eds.) (2000), *Disappearing peasantries? Rural labour in Africa, Asia and Latin America*, Londres, Intermediate Technology Publications.

Bulmer-Thomas, Victor *et al.* (eds.) (2006), *Cambridge economic history of Latin America*, vol. I, *The Colonial era and the short Nineteenth century*; vol. II, *The long Twentieth century*, Cambridge, Cambridge University Press.

Bustelo, Pablo (2010), *Chindia: Asia a la conquista del siglo XXI*, Madrid, Tecnos.

Carmagnani, Marcello, Alicia Hernández Chávez y Ruggiero Romano (1999), *Para una historia de América*, vol. I, *Los nudos*, México, Colegio de México, Fideicomiso Historia de las Américas.

Carpentier, Alejo (2001), *El siglo de las luces*, La Habana, Instituto Cubano del Libro.

_____ (2009), *El reino de este mundo*, España, Alianza Editorial.

Carter, Michael R. *et al.* (1996), "An empirical analysis of the induced institutional change in post-reform rural China", mimeo., Department of Agricultural and Applied Economics, University of Wisconsin-Madison.

Castells, Millenium (1996), *The rise of the network society*, Oxford, Blackwell [ed. en esp.: *La sociedad red*, Madrid, Alianza, 2006].

_____ (1999), *End of millenium*, Oxford, Blackwell [ed. en esp.: *Fin de milenio*, Madrid, Alianza, 1999].

Castles, Stephen (2005), "Hierarchical citizenship in a world of unequal nation-states", *Political Science and Politics*, XXXVIII(4): 689-692.

Castles, Stephen y Mark J. Miller (2003) [1983], *The age of migration: International population movements in the modern world*, 3a. cd. revisada, Basingstoke, Palgrave Macmillan y Guilford Books [ed. en esp.: *La era de la migración: Movimientos internacionales de población*, México, Universidad Autónoma Metropolitana, 2007].

Castro, Guillermo (1994), *Los trabajos de ajuste y combate. Naturaleza y sociedad en la historia de América Latina*, La Habana, Casa de las Américas.

—— *Transformaciones de la Tierra. Una antología mínima de la Tierra*, Montevideo, Donald Worster.

Caton, Hiram (1988), *The politics of progress*, Gainsville, University of Florida Press.

Ceceña, Ana Esther (2008), *Derivas del mundo en el que caben todos los mundos*, México, Siglo XXI Editores-Clacso.

Centro Peruano de Estudios Sociales (Cepes) (1998), *Regional report on South America*, Roma, International Land Coalition (ILC).

Chand, Tara (1979), "Indian thought and the sufis", en Idries Shah (ed.), *The world of the sufi: An anthology of writings about sufis and their work*, Londres, Octagon Press.

Chandler, Tertius (1987), *Four thousand years of urban growth: A historical census*, Lewiston, Edwin Mellen.

Chang, Ha-Joon (2004), *Kicking away the ladder: Development strategy in historical perspective*, Londres, Anthem Press [ed. en esp.: *Retirar la escalera: La estrategia del desarrollo en perspectiva histórica*, Madrid, La Catarata, 2004].

Chao, Kang (2006), *Land distribution in traditional rural China (zhongguo chuantong nongcun de diquan feipei)*, Beijing, New Star Press.

Christiansen-Ruffman, Linda (1980), "Women as persons in Atlantic Canadian communities", *Resources for Feminist Research*, número especial, núm. 8: 55-57.

—— (1989), "Inherited biases within feminism: The 'patricentric syndrome' and the 'either/or syndrome' in sociology", en A. Miles and G. Finn (eds.), *Feminism: From pressure to politics*, Montreal, Black Rose Books.

—— (1998), "Developing feminist sociological knowledge: Processes of discovery", en L. Christiansen-Ruffman (ed.), *Feminist perspectives: The global feminist enlightenment: Women and social knowledge*, Madrid, International Sociological Association: 13-36.

Clancy-Smith, Julia A. (2004), "Exemplary women and sacred journeys: Women and gender in judaism, christianity, and islam from late antiquity to the eve of modernity", en Bonnie G. Smith (ed.), *Women's history in global perspective*, vol. I, Urbana, University of Illinois Press: 92-144.

Clark, Alice (1919), *Working life of women in the Seventeenth century*, Nueva York, E. P. Dutton.

Claster, Jill N. (2009), *Sacred violence: The European crusades to the Middle East, 1095-1396*, Toronto, University of Toronto Press.

Cohen, Stanley (1972), *Folk devils and moral panics*, nueva ed., Oxford, Martin Robertson.

Cohn, Carol (1996), "Sex and death in the rational world of defense intellectuals", en B. Laslett *et al.*, *Gender and scientific authority*, Chicago, University of Chicago Press: 183-214 [tomado de *Signs*, 1987].

Collier, George A., Renato I. Resaldo y John D. Wirth (eds.) (1982), *Inca and Aztec states, 1400-1800: Anthropology and history*, Nueva York, Academic Press.

Colón, Cristóbal (1990) [1493], "Cartas", en Francisco Morales Padrón, *Primeras cartas sobre América (1493-1503)*, Sevilla, Universidad de Sevilla.

Convenio sobre la Diversidad Biológica (CDB) (2010), *Perspectiva mundial sobre la biodiversidad 3*, Ginebra, ONU.

Cordingly, David (1999), *Unter schwarzer Flagge. Legende und Wirklichkeit des Piratenlebens*, Zurich, Sanssouci [ed. en esp.: *Bajo bandera negra: La vida entre piratas*, Madrid, Edhasa, 2005].

Cortés, Hernán (1970), *Cartas de Relación*, México, Porrúa.

Crook, Clive (1997), "The Future of the State", *Economist*, 18 de septiembre, www.economist.com/node/850929, consultado el 11 de agosto de 2014.

Crosby, Alfred W. (1993), *Ecological imperialism: The biological expansion of Europe, 900-1900*, Cambridge, Cambridge University Press [ed. en esp.: *Imperialismo ecológico*, Barcelona, Crítica, 1988].

CNUCYD (Conferencia de las Naciones Unidas sobre Comercio y Desarrollo) (2010), *World Investment Report*, Ginebra, CNUCYD.

Davis, Clarence B. y Kenneth E. Wilburne (1991), *Railway imperialism*, Nueva York, Greenwood Press.

Davis, Elizabeth Gould (1971), *The first sex*, Nueva York, G. P. Putnam.

Davis, Mike (2006), *Planet of slums*, Londres, Verso [ed. en esp.: *Planeta de ciudades miseria*, Madrid, Akal, 2008].

Davis, Stephen A. (1992), *Micmac*, 2a. ed., parte de la serie *Peoples of the Maritimes*, Tantallon, Four East Publications.

De Ayala, Felipe Guaman Poma (2009), *The first chronicle and good government: On the history of the world and the incas up to 1615*, Houston, Texas University Press [ed. en esp.: *El primer nueva corónica y buen gobierno*, México, Siglo XXI Editores, 2006].

De Ferranti, David, Guillermo E. Perry, Francisco H. G. Ferreira y Michael Walton (2004), *Inequality in Latin America: Breaking with history?*, Washington, D. C., Banco Mundial [ed. en esp.: *Desigualdad en América Latina y el Caribe: ¿Ruptura con la historia?*, Bogotá, Banco Mundial-Alfaomega, 2005].

De Gramont, Sanche (1975), *El dios indómito. La historia del río Níger*, México-Madrid, Turner-FCE.

De Grazia, Victoria (2005), *Irresistible empire: America's advance through Twentieth-century Europe*, Cambridge, Harvard University Press [ed. en esp.: *El imperio irresistible. Un minucioso análisis del triunfo de la sociedad de consumo estadounidense sobre la civilización europea*, Barcelona, Belacqua, 2006].

De la Court, Pieter (1972) [1662], *The true interests and political maxims of the republic of Holland*, Nueva York, Arno.

De Pisano, Cristina (1982) [1374], *The book of the city of ladies*, trad. de Earl Jeffrey Richards, Nueva York, Persea Books.

De Vries, Jan (1984), *European urbanization, 1500-1800*, Londres, Methuen [ed. en esp.: *La urbanización de Europa, 1500-1800*, Barcelona, Crítica, 1987].

De Vries, Jan y Ad van der Woude (1987), *The first modern economy: Success, failure, and perseverance of the Dutch economy, 1500-1815,* Cambridge, Cambridge University Press.

Deacon, Desley (1996), "Political Arithmetic: The Nineteenth-century Australian census and the construction of the dependent woman", en B. Laslett *et al., Gender and scientific authority,* Chicago, University of Chicago Press: 103-123 [tomado de *Signs,* 1985].

Debord, Guy (1994), *The society of the spectacle,* Brooklyn, Zone Books [ed. en esp.: *La sociedad del espectáculo,* 2a. ed., Madrid, Pre-Textos, 2005].

Deegan, Mary Jo (1991), *Women in sociology: A bio-bibliographical sourcebook,* Nueva York, Greenwood.

Diamond, Jared (1999), *Guns, germs, and steel: The fates of human society,* Nueva York, Norton [ed. en esp.: *Armas, gérmenes y acero: Breve historia de la humanidad en los últimos trece mil años,* Barcelona, Debate, 2016].

Du Boff, Richard B. (1989), *Accumulation and power. An economic history of the United States,* Nueva York, M. E. Sharpe.

Dunning, John H. y Sarianna M. Lundan (2008), *Multinational enterprises and the global economy,* 2a. ed., Northampton, Edward Elgar.

Durkheim, Émile (1952) [1897], *Suicide, a study in sociology,* Londres, Routledge y Kegan Paul [ed. en esp.: *El suicidio: Estudio de sociología,* Buenos Aires, Losada, 2004].

Dussel, Enrique (1993), *Von der Erfindung Amerikas zur Entdeckung des Anderen. Ein Projekt der Transmoderne,* Dusseldorf, Patmos.

Dyer, Christopher (2005), *An age of transition? Economy and society in late medieval England,* Oxford, Oxford University Press.

Earth Policy Institute (EPI) del U.S. Department of Agriculture (s.f.), *Production, supply, and distribution,* base de datos en www.fas.usda.gov/psdonline, actualizada el 9 de juio de 2010, consultada el 11 de agosto de 2014.

Edicto real (1687), *Touchant la Police des Isles de l'Amérique Française,* París.

Ehrenreich, Barbara y Deirdre English (1973), *For her own good: 150 years of the experts' advice to women,* Garden City, Anchor Books [ed. en esp.: *Por su propio bien,* Madrid, Taurus, 1990].

Eisenstein, Elizabeth L. (1979), *The printing press as an agent of change,* Cambridge, Cambridge University Press [ed. en esp.: *La imprenta como agente de cambio. Comunicación y transformaciones culturales en la Europa moderna temprana,* México, FCE-Libraria, 2010].

Eisler, Riane (1987), *The chalice and the blade: Our history, our future,* San Francisco, Harper One [ed. en esp.: *El cáliz y la espada. La mujer como fuerza en la historia,* Santiago, Cuatro Vientos, 2003].

Elias, Norbert (1996) [1984], *Du temps,* París, Fayard [ed. en esp.: *Sobre el tiempo,* 3a. ed., México, FCE, 2010].

Elliot, John H. (1990a), "La conquista española y las colonias de América", en L. Bethell (ed.), *Historia de América Latina. América Latina colonial: La América precolombina y la conquista,* Barcelona, Crítica.

_____ (1990b), "España y América en los siglos XVI y XVII", en L. Bethell (ed.), *Historia de América Latina. América Latina colonial: Europa y América en los siglos XVI, XVII, XVIII*, Barcelona, Crítica.

Embree, Ainslie T. (ed.) (1991) [1958], *Sources of indian tradition*, 3a. ed., Nueva Delhi, Penguin Books.

Engels, Friedrich (1896), "The part played by labour in the transition from ape to man", *Die Neue Zeit* [ed. en esp.: *El papel del trabajo en la transformación del mono en hombre y otros textos*, Buenos Aires, Ediciones Godot, 2014].

Erickson, Amy Louise (2005), "Coverture and capitalism", *History Workshop Journal*, 59: 1-16, primavera.

Fagan, Brian (2000), *The little ice age. How climate made history*, Nueva York, Basic Books [ed. en esp.: *La pequeña edad del hielo. Cómo el clima afectó a la historia de Europa, 1300-1850*, Barcelona, Gedisa, 2009].

Fan, Jinmin (2008), *National economy and people's livelihood, socioeconomic studies of Ming and Qing (Guoji mingsheng, mingqing shehui jingji yanjiu)*, Fuzhou, Fujian People's Press.

Fan, Shuzhi (2005), *Jiangnan towns: Tradition and transition (Jiangnan shizhen: Chuantong yu bianqian)*, Shanghai, Fudan University Press.

Feng, Xianliang (2002), *Environmental change and social control in Jiangnan during Ming-Qing period (MingQing Jiangnan diqu de huanjing biandong yu shehui kongzhi)*, Shanghai, Shanghai People's Press.

Ferguson, Kathy E. (1984), *The feminist case against bureaucracy*, Filadelfia, Temple University Press.

Flynn, Dennis O. y Arturo Giráldez (1995), "Born with a 'silver spoon': The origin of world trade in 1571", *Journal of World History*, VI(2): 201-221, otoño.

Fonseca, Jorge (1992), *Especialización productiva dentro de la economía mundial. Industrialización y desindustrialización en Argentina*, Madrid, Editorial de la Universidad Complutense de Madrid.

_____ (1993), "The restructuring of production, global markets and critical economics", en J. Torras *et al.*, *The spaces of the market*, Valencia, Centre d'Estudis d'Història Local: 301-346.

_____ (2008), "Corporaciones transnacionales y tendencias en la inversión extranjera en la globalización", *Ekonomiaz*, 68: 310-353.

Fonseca, Jorge y Martínez Gz.-Tablas (2008), "Economía política de la globalización y sus crisis", en *La globalización en el siglo XXI: Retos y dilemas*, Vitoria, Federación de Cajas de Ahorros Vasco-Navarras: 33-54.

Forbath, Peter (1977), *The river Congo: The discovery, exploration, and exploitation of the world's most dramatic river*, Nueva York, Harper and Row-Mariner Books [ed. en esp.: *El río Congo: Descrubrimiento, exploración y explotación del río más dramático de la Tierra*, Madrid, Turner, 2002].

Forbes (2011), *Global 2000*, www.forbes.com.

Fortune (2007), *Global 500*, Nueva York, Time.

Foster, John Bellamy (2000), *Marx's ecology: Materialism and nature*, Nueva York, Monthly Review Press [ed. en esp.: *La ecología de Marx. Marxismo y naturaleza*, Barcelona, Ediciones de Intervención Cultural-El viejo Topo, 2000].

—— (2009), *The ecological evolution: Making peace with the planet*, Nueva York, Monthly Review Press.

Foucault, Michel (1974) [1971], *The order of things*, Londres, Routledge [ed. en esp.: *Las palabras y las cosas. Una arqueología de las ciencias humanas*, México, Siglo XXI Editores, 2008].

—— (1977), *Discipline and punish: The birth of the prison*, Harmondsworth, Penguin [ed. en esp.: *Vigilar y castigar. Nacimiento de la prisión*, 13a. ed., México, Siglo XXI Editores, 2015].

—— (1984a) [1961], "The great confinement", in Paul Rabinow (ed.), *The Foucault reader*, Hammondsworth, Penguin: 124-140.

—— (1984b) [1971], "Nietzsche, genealogy, history", en Paul Rabinow (ed.), *The Foucault reader*, Hammondsworth, Penguin: 76-100.

—— (2004), *Abnormal: Lectures at the Collège de France, 1974-1975*, Londres, Picador [ed. en esp.: *Los anormales. Curso en el Collège de France (1974-1975)*, México, FCE, 2001].

Fouchard, Jean (1981), *The Haitian maroons: Liberty or death*, Nueva York, Edward W. Blyden Press.

Frank, Andre Gunder (1967), *Capitalism and underdevelopment in Latin America. Historical studies of Chile and Brazil*, Nueva York, Monthly Review Press [ed. en esp.: *Capitalismo y subdesarrollo en América Latina*, México, Siglo XXI Editores, 1970].

—— (1969), *Latin America: Underdevelopment or revolution*, Nueva York, Monthly Review Press.

Franklin, Ursula M. (2006), *The Ursula Franklin reader: Pacifism as a map*, Toronto, Between the Lines.

Fredrickson, George M. (1982) [1981], *White supremacy: A comparative study in American and South African history*, Nueva York, Oxford University Press.

French, Marilyn (2002), *From eve to dawn: A history of women*, vol. 2, *The masculine mystique*, Toronto, McArthur and Co.

—— (2003), *From eve to dawn: A history of women*, vol. 3, *Infernos and paradises*, Toronto, McArthur and Co.

French, William E. (1991), "In the path of progress: Railroads and moral reform in porfirian Mexico", en C. B. Davis *et al.*, *Railway imperialism*, Westport Greenwood Press.

Frith, Simon y Lee Marshall (2004), *Music and copyright*, Edimburgo, Edinburgh University Press.

Frye, Marilyn (1983), *The politics of reality: Essays in feminist theory*, Freedom, Crossing Press.

Fuma, Susumu (2005), *A study of benevolent societies and benevolent halls in China (Zhongguo shanhui shantangshi Yangjiu)*, Beijing, Commercial Press.

Fundación TIERRA (2003), *Collana: Conflicto por la tierra en el altiplano,* La Paz, Plural Editores.

Gaines, Jane (2006), "Early cinema's heyday of copying", *Cultural Studies* xx(2-3): 227-244.

Gao, Wangling (2005), *New discussion on the tenancy relationship: Landlords, peasants and rents (Zudian guanxi xinlun: Dizhu, nongmin he dizu),* Shanghai, Shanghai Bookstore Publishing House.

Garavaglia, Juan Carlos (1983), *Mercado interno y economía colonial,* México, Grijalbo.

García Canclini, Néstor (2001), *Consumers and citizens: Globalization and multicultural conflicts,* Mineápolis, University of Minnesota Press [ed. en esp.: *Consumidores y ciudadanos. Conflictos multiculturales de la globalización,* México, Grijalbo, 1995].

Garner, Richard L. (1988), "Long-term silver mining trends in Spanish America: A comparative analysis of Peru and Mexico", *American Historical Review,* xciii(4): 898-935, octubre.

Garrido, Margarita (ed.) (2001), *Historia de América Andina,* vol. 2, *El sistema colonial tardío,* Quito, Universidad Andina Simón Bolívar.

George, Margaret (1973), "From goodwife to mistress: The transformation of the female in bourgeois culture", *Science and Society,* CCCVII(2): 152-177, verano.

_____ (1988), *Women in the first capitalist society: Experiences in Seventeenth-century England,* Urbana, University of Illinois Press.

Giordano, Eduardo (2002), *Las guerras del petróleo,* Barcelona, Icaria.

Glade, William (1991), "América Latina y la economía internacional, 1870-1914", en L. Bethell (ed.), *Historia de América Latina,* vol. 7, Barcelona, Crítica.

Glaser, Barney y Anselm Strauss (1967), *The discovery of grounded theory,* Chicago, Aldine Press.

Glave Testino, Luis Miguel (1986), *El virreinato peruano y la llamada "crisis general" del siglo XVII,* Lima, Universidad de Lima, Departamento Académico de Ciencias Humanas.

Global Footprint Network (GFN) (2009), *Ecological footprint atlas 2008,* www.footprintnetwork.org/download.php?id=506, consultado el 11 de agosto de 2014.

Goettner-Abendroth, Heide (ed.) (2009), *Societies of peace: Matriarchies past, present and future,* Toronto, Inanna Publications and Education.

Goffman, Erving (1974), *Asylums,* Harmondsworth, Penguin [ed. en esp.: *Internados. Ensayos sobre la situación social de los enfermos mentales,* 2a. ed., Buenos Aires, Amorrortu, 2008].

Goldstone, Jack (2009), *Why Europe? The rise of the West in world history, 1500-1850,* Boston, McGraw Hill.

Golte, Jürgen (1980), *Repartos y rebeliones: Túpac Amaru y las contradicciones de la economía colonial,* Lima, Instituto de Estudios Peruanos.

Gonzalez, Ellice B. (1981), *Changing economic roles for micmac men and women: An ethnohistorical analysis*, Ottawa, National Museum of Man Mercury Series, Canadian Ethnology Service Paper, núm. 72.

González Echevaría, Roberto y Enrique Pupo-Walker (eds.) (1996), *The Cambridge history of Latin American literature*, vol. 1, Cambridge, Cambridge University Press.

Goodwin, Crauford D. W. (1974), *The image of Australia: British perceptions of the Australian economy from the Eighteenth to the Twentieth century*, Durham, Duke University Press.

Gotkowitz, Laura (2007), *A revolution for our rights: Indigenous struggles for land and justice in Bolivia, 1880-1952*, Durham, Duke University Press.

Green, Glen M. y Robert W. Sussman (1990), "Deforestation history of the eastern rain forests of Madagascar from satellite images", *Science*, 248(4952): 212-215, 13 de abril.

Green-Devins, Carol (1992), *Countering colonization: Native American women and Great Lakes missions, 1630-1900*, Berkeley, University of California Press.

Grieshaber, Erwin P. (1980), "Survival of indian communities in Nineteenth-century Bolivia: A regional comparison", *Journal of Latin American Studies*, xii(2): 223-269.

Griffiths, Naomi E. S. (1976), *Penelope's web: Some perceptions of women in European and Canadian society*, Toronto, Oxford University Press.

Gwynne, Robert N. y Cristóbal Kay (eds.) (2004), *Latin America transformed: Globalization and modernity*, Londres, Arnold.

Habermas, Jürgen (1981), "Erste Zwischenbetrachtung: Soziales Handeln, Zwecktätigkeit und Kommunikation", *Theorie des kommunikativen Handelns*, vol. 1, *Handlungsrationalität und gesellschaftliche Rationalisierung*, Frankfurt, Suhrkamp [ed. en esp.: *Teoría de la acción comunicativa: racionalidad de la acción*, Madrid, Taurus, 1999].

Hall, Thomas (2000), "Frontiers, ethnogenesis, and world-systems: rethinking the theories", en T. Hall (ed.), *A world-systems reader: new perspectives on gender, urbanism, cultures, indigenous peoples, and ecology*, Oxford, Rowman and Littlefield: 237-270.

Hamilton, Roberta (1978), *The liberation of women: a study of patriarchy and capitalism*, Londres, George Allen and Unwin [ed. en esp.: *La liberación de la mujer: patriarcado y capitalismo*, Madrid, Península, 1980].

Haude, Rüdiger (2010), reseña de Gabriel Kuhn, *Life under the jolly roger. Reflections on golden age piracy*, Oakland, PM Press; H-Soz-u-Kult, H-Net Reviews, octubre, <www.hnet.org/reviews/showrev.php?id=31396>, consultado el 11 de agosto de 2014.

Haynes, Jonathan y Onookome Okome (1998), "Evolving popular media: nigerian video films", *Research in African Literatures*, xxix(3): 106-128.

Higham, Charles (1993), *Trading with the enemy. 1933-1949*, Nueva York, Delacorte Press.

Hill, Christopher (1991), *The world turned upside down: radical ideas during the English revolution*, nueva ed., Harmondsworth, Penguin.

Hillman, Ben (2004), "The rise of the community in rural China: village politics, cultural identity and religious revival in a HUI hamlet", *China Journal*, LI: 53-73, enero.

Hilton, Rodney H. *et al.* (1978), *The transition from feudalism to capitalism*, Londres, Verso [ed. en esp.: *La transición del feudalismo al capitalismo*, Barcelona, Crítica, 1978].

Hirth, Kenn y Joanne Pillsbury (eds.) (2013), *Merchants, markets, and exchange in the pre-Columbian world (Dumbarton Oaks Pre-Columbian Symposia and Colloquia)*, Washington, D. C., Dumbarton Oaks Research Library and Collection.

Ho, Ping-ti (2000), *Studies on the population of China, 1368-1953*, Beijing, SDX Joint Publishing Company.

Hoberman, Louisa S. y Susan M. Socolow (eds.) (1996), *The countryside in Colonial Latin America*, Albuquerque, University of New Mexico Press.

Holland, Jack (2006), *A brief history of misogyny: the world's oldest prejudice*, Londres, Robertson [ed. en esp.: *Una breve historia de la misoginia*, México, Océano, 2013].

Hoppenbrouwers, Peter y Jan Luiten van Zanden (eds.) (2001), *Peasants into farmers? The transformation of rural economy and society in the low countries (middle ages-19th Century) in light of the Brenner debate*, CORN Publication, serie 4, Turnhout, Brepols.

Hourani, Albert (2007), *La historia de los árabes*, Barcelona, Vergara.

Hristov, Romeo y Santiago Genovés (1998), "Viajes transatlánticos antes de Colón", *Arqueología mexicana* VI(33), septiembre-octubre.

Huang, Philip C. (1990), *The peasant family and rural development in the Yangzi delta, 1350-1988*, Stanford, Stanford University Press.

Hufton, Olwen (1995), *The prospect before her: a history of women in Western Europe, 1500-1800*, Londres, Fontana Press.

Hughes, Sarah Shaver y Brady Hughes (1997), *Women in world history*, vol. 2, *Readings from 1500 to the present*, Armonk, M. E. Sharpe.

Intergovernmental Panel on Climate Change (IPCC) (2009a), *Cambio climático 2007: Informe de síntesis*, <www.ipcc.ch/pdf/assessment-report/ar4/syr/ar4syrsp.pdf>, consultado el 11 de agosto de 2014.

_____ (2009b), *Climate change 2007: The physical science basis*, <http://ipcc-wg1.ucar.edu/wg1/Report>.

Isin, Engin F. y Bryan S. Turner (eds.) (2002), *Handbook of citizenship studies*, Londres, Sage.

ISSOCO, Fondazaione Lelio e Lisli Basso (ed.) (1976), *Le multinazionali in America Latina*, Roma, Coines [ed. en esp.: *Las multinacionales en América Latina*, Madrid, Cambio, 1977].

Jackson, Robert H. (1997), *Liberals, the church, and indian peasants corporate lands and the challenge of reform in Nineteenth-century Spanish America*, Albuquerque, University of New Mexico Press.

Jacobs, Jane (1969), *The economy of cities*, Nueva York, Vintage [ed. en esp.: *La economía de las ciudades*, Barcelona, Península, 1975].

―――― (1984), *Cities and the wealth of nations*, Nueva York, Vintage [ed. en esp.: Las ciudades y la riqueza de las naciones, Barcelona, Ariel, 1986].

Jacobsen, Nils (1993), *Mirages of transition: the Peruvian altiplano, 1780-1930*, Berkeley, University of California Press.

Jacques, Martin (2009), *When China rules the world: the rise of the middle kingdom and the end of the Western world*, Londres, Allen Lane.

James, Cyril L. R. (1963), *Black Jacobins*, 2a. ed., Nueva York, Vintage [ed. en esp.: *Los Jacobinos Negros*, La Habana, Casa de las Américas, 2011].

Janoski, Thomas (2010), *The ironies of citizenship: naturalization and integration in industrialized countries*, Cambridge, Cambridge University Press.

Jaszi, Peter (1994), "On the author effect: contemporary copyright and collective creativity", en M. Woodmansee y P. Jaszi (eds.), *The construction of authorship: textual appropriation in law and literature*, Durham, Duke University Press: 29-56.

Johns, Adrian (1998), *The nature of the book: print and knowledge in the making*, Chicago, University of Chicago Press.

―――― (2009), *Piracy: the intellectual property wars from Gutenberg to Gates*, Chicago, University of Chicago Press [ed. en esp.: *Piratería. Las luchas por la propiedad intelectual de Gutenberg a Gates*, Madrid, Akal, 2013].

Johnson, Heather (2004), "Subsistence and control: the persistence of the peasantry in the developing world", *Undercurrent*, I(1): 55-65.

Johnson-Odim, Cheryl (2004), "Women and gender in the history of Sub-Saharan Africa", en B. B. Smith (ed.), *Women's history in global perspective*, vol. 3, Urbana, University of Illinois Press: 9-67.

Joint Chiefs of Staff (JCS) (2000), *Joint vision 2010*, Washington, D. C.

Kahn, Mark E. (2005), "Perpetuating patriarchy after the American revolution", en C. Biaggi, *The Rule of Mars: readings on the origins, history and impact of patriarchy*, Manchester, Knowledge, Ideas and Trends (KIT): 249-262.

Kamen, Henry (1971), *The iron century, social change in Europe, 1550-1660*, Worcester, Trinity Press [ed. en esp.: *El siglo de hierro. Cambio social en Europa, 1550-1660*, Madrid, Alianza, 1977].

Kanner, Barbara Penny (1997), *Women in context: two hundred years of British women autobiographers: a reference guide and reader*, Nueva York, G. K. Hall and Co.

Kastoryano, Riva (2005), "Citizenship, nationhood and non-territoriality: transnational participation in Europe", *PS: Political Sciences and Politics*, XXXVIII(4): 693-696.

Kay, Cristóbal (1998), "Latin America's agrarian reform: lights and shadows", en P. Groppo (ed.), *Land reform, land settlement and cooperatives*, Roma, FAO: 8-31.

Keim, Wiebke (2014), "Colonialism, national-socialism and the Holocaust. On modern ways of dealing with deviance", en A. Sitas *et al.*, *Gauging and engaging deviance, 1600-2000*, Delhi, Tulika Books: 109-188.

Keller, Evelyn Fox (1996), *Reflections on gender and science,* New Haven, Yale University Press [ed. en esp.: *Reflexiones sobre género y ciencia,* Valencia, Alfons el Magnànim, 1991].

Kelly, Joan (1982), "Early feminist theory and the querelle des femmes, 1400-1789", *Signs,* VIII(2): 4-28.

———— (1984), *Women, history, and theory: the essays of Joan Kelly,* Chicago, University of Chicago Press.

Klein, Herbert S. (1993), *Haciendas and ayllus: rural society in the Bolivian Andes in the Eighteenth and Nineteenth centuries,* Stanford, Stanford University Press.

Knockwood, Isabelle (2001), *Out of the depths: the experiences of mi'kmaw children at the Indian residential school at Shubenacadie, Nova Scotia,* 3a. ed., Black Point, Roseway Publishing.

Korzeniewicz, Roberto Patricio y Timothy Patrick Moran (2009), *Unveiling inequality: a world-historical perspective,* Nueva York, Russell Sage Foundation.

Krugman, Paul (2008), *The great unraveling,* Nueva York, Penguin [ed. en esp.: *El gran resquebrajamiento,* Bogotá, Norma, 2004].

Lach, Donald F. (1993) [1965], *Asia in the making of Europe,* vol. 3, *A century of advance,* libros 1-4, Chicago, University of Chicago Press.

Lalor, John J. (ed.) (1899) [1881], *Cyclopedia of political science, political economy, and the political history of the United States,* 3 vols., Nueva York, Maynard Merrill.

Lane, Frederic C. (1979), *Profit from power. Readings in protection rent and violence-controlling enterprises,* Albany, SUNY Press.

———— (1992) [1934], *Venetian ships and shipbuilders of the Renaissance,* Baltimore, Johns Hopkins University Press.

Langer, Eric D. (1989) *Economic change and rural resistance in southern Bolivia, 1880-1930,* Stanford, Stanford University Press.

———— (2004), "Indian trade and ethnic economies in the Andes 1780-1880", *Estudios Interdisciplinarios de América Latina y el Caribe,* XV(1).

Larson, Brooke (1995), "Andean communities, political cultures, and markets: the changing contours of a field", en Brooke Larson y Olivia Harris (eds.), *Ethnicity, markets, and migration in the Andes. At the crossroads of history and anthropology,* Durham, Duke University Press: 5-54.

———— (2004), *Trials of nation making. Liberalism, race, and ethnicity in the Andes, 1810-1910,* Cambridge, Cambridge University Press.

Larson, Brooke y Olivia Harris (eds.) (1995), *Ethnicity, markets, and migration in the Andes. At the crossroads of history and anthropology,* Durham, Duke University Press.

Lawler, Jennifer (2001), *Encyclopedia of women in the middle ages,* Jefferson, McFarland.

Lehmann, David (ed.) (1982), *Ecology and exchange in the Andes,* Cambridge, Cambridge University Press.

Lengermann, Patricia Madoo y Gillian Niebrugge (2007), *The women founders: sociology and social theory, 1830-1930–A text/Reader*, Long Grove, Waveland Press.

Lenkersdorf, Gudrun (2001), *Repúblicas de indios*, México, UNAM.

León-Portilla, Miguel (1989), *Visión de los vencidos: relaciones indígenas de la Conquista*, México, UNAM.

_____ (1992), "Quinto centenario: tomar en cuenta a los otros", *Mexican Studies/Estudios Mexicanos*, VIII(2): 155, 166.

Lerner, Gerda (1979), *The majority finds its past: placing women in history*, Nueva York, Oxford University Press.

_____ (1986), *The creation of patriarchy*, Nueva York, Oxford University Press [ed. en esp.: *La creación del patriarcado*, Barcelona, Crítica, 1990].

_____ (1993), *The creation of feminist consciousness: from the middle ages to Eighteen-seventy*, Nueva York, Oxford University Press.

LeRoy Ladurie, Emmanuel (1975), *The French peasantry, 1450-1660*, Berkeley, University of California Press.

Lessig, Lawrence (2004), *Free culture: how big media uses technology and the law to lock down culture and control creativity*, Nueva York, Penguin [ed. en esp.: *Por una cultura libre: cómo los grandes medios de comunicación utilizan la tecnología y la ley para clausurar la cultura y controlar la creatividad*, Madrid, Traficante de Sueños, 2005].

Levanon, Asaf y Noah Lewin-Epstein (2010), "Grounds for citizenship: Public attitudes in comparative perspective", *Social Science Research*, XXXIX: 419-431.

Lewis, Colin M. (2009), "Las economías de exportación: América Latina c. 1870-1930", <www.lse.ac.uk/economicHistory/pdf/Lewis/TRADUCTION-Cap-Vol%207-Lewis-260606.pdf>, consultado el 11 de agosto de 2014.

Li Bozhong (1998), *Agricultural development in Jiangnan, 1620-1850*, Nueva York, St. Martin's Press.

Li, Wenzhi y Taixin Jiang (2000), *Chinese patriarchal system and clan-owned common land (Zhongguo zongfa zongzu zhi he zutian Yizhuang)*, Beijing, Social Science Academic Press.

Liang, Fangzhong (1980), *Statistics of population, agricultural land and taxation of all dynasties in China (Zhongguo lidai hukou, tiandi, tianfu tongji)*, Shanghai, Shanghai People's Publishing House.

Linebaugh, Peter y Marcus Rediker (2000), *The many-headed hydra: sailors, slaves, commoners, and the hidden history of the revolutionary atlantic*, Boston, Beacon Press [ed. en esp.: *La hidra de la revolución. Marineros, esclavos y campesinos en la historia oculta del Atlántico*, Barcelona, Crítica, 2005].

Litman, Jessica (2000), *The demonization of piracy*, <www-personal.umich.edu/~jdlitman/>, consultado el 11 de agosto de 2014.

Locke, John (2003) [1689], *Two treatises of government and a letter concerning toleration*, New Haven, Yale University Press [eds. en esp.: *Dos tractos sobre el gobierno*, Madrid, Biblioteca Nueva, 2015; *Carta sobre la tolerancia*, Madrid, Tecnos, 2008.

Logan, F. Donald (1983), *The vikings in history*, Totowa, Barnes and Noble Books [ed. en esp.: *Los vikingos en la historia*, México, FCE, 2014].

Long, Pamela O. (2001), *Openness, secrecy, authorship: technical arts and the culture of knowledge from the Antiquity to the Renaissance*, Baltimore, Johns Hopkins University Press.

López Austin, Alfredo y Leonardo López Luján (1996), *El pasado indígena*, México, FCE.

Lowry, Bullitt y Elizabeth Ellington Gunter (eds. y trads.) (1981), *The red virgin: memoirs of Louise Michel*, Tuscaloosa, University of Alabama Press.

MacFarquhar, Roderick (1997), *The politics of China, the eras of Mao and Deng*, 2a. ed., Cambridge, Cambridge University Press.

Macleod, Murdo J. (1990), "España y América: el comercio atlántico, 1492-1720", en L. Bethell (ed.), *Historia de América Latina*, vol. 2, *América Latina colonial: Europa y América en los siglos XVI, XVII, XVIII*, Barcelona, Crítica.

MacNutt, Francis Augustus (1908), *The five letters of relation from Fernando Cortés to the emperor Charles V*, Nueva York, Putman's.

Macy, Gary (2008), *The hidden history of women's ordination: female clergy and the medieval West*, Nueva York, Oxford University Press.

Maddison, Angus (2001), *The world economy: a millennial perspective: historical statistics*, Ginebra, OCDE [ed. en esp.: *La economía mundial: Una perspectiva milenaria*, México, Mundi-Prensa, 2002].

—— (1995), *Monitoring the world economy, 1820-1992*, París, OCDE.

Malik, Kenan (1996), *The idea of race*, Nueva York, Palgrave.

Mallon, Florencia E. (1983), *The defence of community in Peru's central highlands: peasant struggle and capitalist transition, 1860-1940*, Princeton, Princeton University Press.

—— (1995), *Peasant and nation: the making of postcolonial Mexico and Peru*, Berkeley, University of California Press.

Mandel, Ernest (1972), *Der Spätkapitalismus*, Frankfurt, Suhrkamp Verlag [ed. en esp.: *El capitalismo tardío*, México, ERA, 1979].

Mann, Charles C. (2006), *1491. New revelations of the Americas before Columbus*, Nueva York, Knopf [ed. en esp.: *1491: una nueva historia de las Américas antes de Colón*, Madrid, Tarus, 2006].

Mann, Michael (1987), "Ruling class strategies and citizenship", *Sociology*, XXI (3): 339-354.

Manning, Patric (2006), "African connections with American colonization", en V. Bulmer-Thomas, J. Coastworth y R. Cortés-Conde (eds.), *The Cambridge economic history of Latin America*, vol. 1, *The colonial era and the short Nineteenth century*, Cambridge, Cambridge University Press.

Manovich, Lev (2002), *The language of new media*, Cambridge, MIT Press [ed. en esp.: *El lenguaje de los nuevos medios de comunicación*, Barcelona, Paidós, 2005].

Marcílio, Maria Luiza (1990), "La población del Brasil colonial", en L. Bethell (ed.), *Historia de América Latina*, vol. 4, *América Latina colonial: población, sociedad y cultura*, Barcelona, Crítica.

Marini, Ruy Mauro (1986), *Dialéctica de la dependencia*, México, ERA.

Marks, Robert B. (2007), *The origins of the modern world. A global and ecological narrative from the Fifteenth to the Twenty-First century*, Lanham, Rowman and Littlefield [ed. en esp.: *Los orígenes del mundo moderno. Una nueva visión*, Barcelona, Crítica, 2007].

Marshall, Thomas Humphrey (1950), "Citizenship and social class", *Citizenship and social class and other essays*, Cambridge, Cambridge University Press [ed. en esp.: *Ciudadanía y clase social*, Buenos Aires, Losada, 2005].

Martin, Emily (1991), "The egg and the sperm: how science has constructed a romance based on stereotypical male-female roles", *Signs*, XVI(3): 485-501.

Martínez Montiel, Luz María (2006), *Afroamérica I: La ruta del esclavo*, México, UNAM-PUMC.

Masuda, Yoshio, Izumi Shimada y Craig Morris (1985), "Andean ecology and civilization: an interdisciplinary perspective on Andean ecological complementarity", en *Papers from Wenner-Gren Foundation for Anthropological Research Symposium*, núm. 91, Tokio.

Mauro, Frédéric (1990), "Portugal y Brasil: estructuras políticas y económicas del imperio, 1580-1750", en L. Bethell (ed.), *Historia de América Latina*, vol. 2, *América Latina colonial: Europa y América en los siglos XVI, XVII, XVIII*, Barcelona, Crítica.

Mayer, Enrique (2002), *The articulated peasant: household economies in the Andes*, Boulder, Westview Press [ed. en esp.: *Casa, chacra y dinero*, Lima, IEP Ediciones, 2004].

_____ (2009), *Ugly stories of the Peruvian agrarian reform*, Durham, Duke University Press [ed. en esp.: *Cuentos feos de la reforma agraria peruana*, Lima, IEP, 2009].

McFadden, Patricia (2007), "Why women's spaces are critical to feminist autonomy", ISIS International, <www.isiswomen.org/index.php?option=comcontent&view=article&id=630%3Awhy-womens-spaces-are-critical-to-feminist-autonomy&catid=127%3Atheme-mens-involvement-in-womens-empowerment>, consultado el 11 de agosto de 2014.

McGee, Harold Franklin (1974), *Ethnic boundaries and strategies of ethnic interaction: A history of micmac-white relations in Nova Scotia*, Ann Arbor, University Microfilms.

McGee, Harold (1983), *Native peoples of Atlantic Canada: a history of indian-european relations*, Ottawa, Carleton University Press.

McLaughlin, Eleanor (1979), "Women, power and the pursuit of holiness in medieval christianity", en R. Reuther y E. McLaughlin (eds.), *Women of spirit: female leaders in the jewish and christian traditions*, Nueva York, Simon and Schuster.

McMichael, Philip (2009), "A food regime genealogy", *Journal of Peasant Studies*, XXXVI(1): 139-169.

McNeill, John R. (2000), *Something new under the sun: an environmental history of the Twentieth century world*, Nueva York, Norton [ed. en esp.: *Algo nuevo bajo el sol: historia medioambiental del mundo en el siglo XX*, Madrid, Alianza, 2011].

McNeill, William (1984), *Plagues and peoples,* Nueva York, Anchor Books [ed. en esp.: *Plagas y pueblos,* Madrid, Siglo XXI España, 2016].

Menzies, Gavin (2006), *1421: el año en que China descubrió el mundo,* México, Random House Mondadori.

Merchant, Carolyn (1989), *The death of nature: women, ecology, and the scientific revolution,* San Francisco, Harper and Row.

Micklethwait, John (2011), "Taming Leviathan. Special report: the future of the state", *Economist,* 17 de marzo, <www.economist.com/node/18359896>, consultado el 11 de agosto de 2014.

Mies, Maria (1986), *Patriarchy and accumulation on a world scale: women in the international division of labour,* Londres, Zed Books.

_____ (1998), "Decolonizing the iceberg economy: new feminist concepts for a sustainable society", en L. Christiansen-Ruffman (ed.), *Feminist perspectives: the global feminist Enlightenment: women and social knowledge,* Madrid, International Sociological Association.

Miles, Angela (1996), *Integrative feminisms: building global visions 1960-1990s,* Nueva York, Routledge.

_____ (ed.) (2013), *Women in a globalizing world: transforming equality, development, diversity and peace,* Toronto, Inanna Publications and Education.

Milanovic, Branko, Peter H. Lindert y Jeffrey G. Williamson (2007), *Measuring ancient inequality,* Washington, D. C., Banco Mundial, documento de trabajo 13 500 del National Bureau of Economic Research.

Miller, Toby *et al.* (2005), *Global Hollywood,* Londres, BFI Publications [ed. en esp. *El nuevo Hollywood,* Barcelona, Paidós, 2005].

Moore, Jason W. (2007), *Ecology and the rise of capitalism,* tesis de doctorado en geografía, University of California, Berkeley.

_____ (2010), "The end of the road? Agricultural revolutions in the capitalist world-ecology 1450-2010", *Journal of Agrarian Change,* x(3): 389-413.

Morán, Emilio F. (2007), "The human-environment nexus: progress in the past decade in the integrated analysis of human and biophysical factors", en A. Hornborg y C. Crumley (eds.), *The world system and the earth system: global socio-environmental change and sustainability since the Neolithic,* Walnut Creek, Left Coast Press.

Moreno, Segundo y Frank Salomon (eds.) (1991), *Reproducción y transformación de las sociedades andinas, XVI-XX,* 2 vols., Colección 500 Años, Quito, Movimiento Laico para América Latina.

Morin, Edgar (1977), *La Rumeur d'Orléans,* París, Seuil.

Morris, J. Bayard (1928), *5 Letters of Cortés to the emperor,* Londres, George Routledge and Sons.

Mulder, Nanno (2002), *Economic performance in the Americas. The role of the service sector in Brazil, Mexico and the USA,* Londres, Edward Elgar.

Murra, John V. (1975), *Formaciones económicas y políticas del mundo andino,* Lima, Instituto de Estudios Peruanos.

Neuwirth, Robert (2006), *Shadow cities: a billion squatters, a new urban world*, Londres, Routledge.

Newson, Linda A. (2006), "The demographic impact of colonization", en V. Bulmer-Thomas, J. Coastworth y R. Cortés-Conde (eds.), *The Cambridge economic history of Latin America*, vol. 1, *The colonial era and the short Nineteenth century*, Cambridge, Cambridge University Press.

Niveau, Maurice (1966), *Histoire des faits économiques contemporains*, París, Presses University de France [ed. en esp.: *Historia de los hechos económicos contemporáneos*, 3a. ed., Barcelona, Ariel, 1973].

Noble, David F. (1993), *A world without women: the christian clerical culture of western science*, Nueva York, Oxford University Press.

O'Connor, James (2007), "¿Qué es la historia ambiental? ¿Por qué historia ambiental?", *Caminos*, 44.

O'Faolain, Julia y Lauro Martines (eds.) (1973), *Not in god's image: women in history from the Greeks to the victorians*, Nueva York, Harper and Row.

Offen, Karen (2000), *European feminisms, 1700-1950: a political history*, Stanford, Stanford University Press [ed. en esp.: *Feminismos europeos 1700-1950. Una historia política*, Madrid, Akal, 2015].

Oliva de Coll, Josefina (1976), *La resistencia indígena ante la conquista*, México, Siglo XXI Editores.

Olsen, Kirstin (1994), *Chronology of women's history*, Westport, Greenwood Press.

Omvedt, Gail (1990), *Feminist concepts*, vol. 1, *Patriarchy and matriarchy*, Bombay, Research Centre for Women's Studies, SNDT Women's University, Juhu.

O'Regan, Tom (1991), "From piracy to sovereignty: international VCR trends", *Continuum: The Australian Journal of Media and Culture*, IV(2).

Overton, Marc (1996), *Agricultural revolution in England. The transformation of the agrarian economy, 1500-1850*, Cambridge, Cambridge University Press.

Pagden, Anthony (2001), *Hernan Cortés, letters from Mexico*, New Haven, Yale University Press.

Pateman, Carole (1989), *Democracy, feminism and political theory*, Cambridge, Polity Press in association with Basil Blackwell.

Paul, Daniel N. (2000), *We were not the savages: a mi'kmaq perspective on the collision between European and native american civilizations*, nueva ed., Halifax, Fernwood Press.

Pilon, André Francisco (2010), *"The right to the city": an ecosystemic approach to better cities, better life*, documento MPRA núm. 25572 (Munich Personal RePEc Archive), 10 de octubre, <http://ideas.repec.org/p/pra/mpra-pa/25572.html>, consultado el 11 de agosto de 2014.

Platt, Tristan (1982), *Estado boliviano y ayllu andino*, Lima, Instituto de Estudios Peruanos.

Pollard, Sidney (1989), *Britain's prime and Britain's decline. The British economy, 1870-1914*, Londres, Edward Arnold.

Pomeranz, Kenneth (2000), *The great divergence, China, Europe and the making of the modern world economy*, Princeton, Princeton University Press.

Prigogine, Ilya (2006) [1988], *El nacimiento del tiempo*, Buenos Aires, Tusquets.

Przezworski, Adam (2009a), "Conquered or granted? A history of suffrage extensions", *British Journal of Political Science*, xxxix(2): 291-321.

_____ (2009b), "Constraints and choices: electoral participation in historical perspective", *Comparative Political Studies*, xlii(1): 4-30.

Qian, Hang y Zai Zheng (1998), *Jiangnan social life in 17th century*, Taipei, South Sky Press.

Red Amazónica de Información Socioambiental Georeferenciada (raisg) (2012), *Amazonía bajo presión*, Brasil, raisg.

Reich, Emil (1908), *Woman through the ages*, 2 vols., Londres, Methuen.

Reid, John (2009), *Nova Scotia: a pocket history*, Halifax, Fernwood Publishing.

Ricciutellil, Luciana, Angela Miles y Margaret H. McFadden (2004), *Feminist politics, activism, vision: local and global challenges*, Londres, Zed.

Rivera Cusicanqui, Silvia (1987), *Oppressed but not defeated: peasant struggles among the aymara and qhechwa in Bolivia, 1900-1980*, Ginebra, United Nations Research Institute for Social Development.

Roesdahl, Else (1998), *The vikings*, 2a. ed., Londres, Penguin.

Rogers, Katharine M. (1966), *The troublesome helpmate: a history of misogyny in literature*, Seattle, University of Washington Press.

Romero, José Luis (2001), *Latinoamérica. Las ciudades y las ideas.*, México, fce.

Rose, Mark (1993), *Authors and owners: the invention of copyright*, Cambridge, Harvard University Press.

Rowan, Mary M. (1980), "Seventeenth century French feminism: two opposing attitudes", *International Journal of Women's Studies*, iii(3): 273-291, mayo-junio.

Rubin, Miri (1998), "The languages of late-medieval feminism", en T. Akkerman y S. Stuurman (eds.), *Perspectives on feminist political thought in European history: from the middle ages to the present*, Londres, Routledge: 34-49.

Ruether, Rosemary Radford y Eleanor T. McLaughlin (1998), *Women of spirit: female leadership in the jewish and christian traditions*, Eugene, Wipf and Stock Publishers.

Saari, Peggy, Tim y Susan Gall (eds.) (1997), *Women's chronology: an annotated history of women's achievements*, vol. 1, *4000 B.C. to 1847*; vol. 2, *1850 to present*, Detroit, uxl.

Sala-Molins, Louis (1987), *Le code noir, ou, le calvaire de Canaan*, Toulouse, Presses University de France.

Sampson, Anthony (1973), *The sovereign state of itt*, Londres, Hodder and Stoughton [ed. en esp.: *El estado soberano de la itt*, Madrid, Círculo de Lectores, 1975].

Sánchez Albornoz, Nicolás (1990), "La población de la América colonial española", en L. Bethell (ed.), *Historia de América Latina*, vol. 4, *América colonial: población, sociedad y cultura*, Barcelona, Crítica.

Sassen, Saskia (2001), *The global city*, Princeton, Princeton University Press [ed. en esp.: *La ciudad global*, Buenos Aires, Universidad de Buenos Aires, 1999].

_____ (2005), "When national territory is home to the global: old borders to novel borderings", *New Political Economy*, x(4): 523-541, diciembre.

Sauer, Carl O. (2005), *La gestión del hombre en la Tierra y otros ensayos*, selección y notas de Guillermo Castro, Panamá, s. e.

Saul, John Ralston (2008), *A fair country: telling truths about Canada*, Toronto, Viking Canada.

Schumpeter, Joseph A. (1942), *Capitalism, socialism and democracy*, Nueva York: Harper and Row [ed. en esp.: *Capitalismo, socialismo y democracia*, Barcelona, Folio, 1984].

Scott, James C. (1998), *Seeing like a state*, New Haven, Yale University Press.

_____ (2009), *The art of not being governed*, New Haven, Yale University Press.

Scully, Pamela (2004), "Race and ethnicity in women's and gender history in global perspective", en B. G. Smith (ed.), *Women's history in global perspective*, vol. 1, en colaboración con la American Historical Association, Urbana, University of Illinois Press: 195-228.

Séjourné, Laurette (1971), *América Latina*, vol. i, *Antiguas culturas precolombinas*, México, Siglo XXI Editores.

Sen, Gita y Karen Grown (1987), *Development, crises, and alternative visions: third world women's perspectives*, Nueva York, Monthly Review Press.

Serulnikov, Sergio (2008), "The politics of intracommunity land conflict in the late colonial Andes", *Ethnohistory*, lv(1): 119-152.

Shiba, Yoshinobu (2000), *An economic historical study on Sung Jiangnan (Songdai Jiangnan jingjishi yanjiu)*, Nanjing, Jiangsu People's Publishing House.

Shiva, Vandana (1988), *Staying alive: women, ecology and development*, Nueva Delhi, Kali for Women [ed. en esp.: *Abrazar la vida: Mujer, ecología y desarrollo*, Madrid, Horas y Horas, 1995].

_____ (1997), *Biopiracy: the plunder of nature and knowledge*, Toronto, Between the Lines [ed. en esp.: *Biopiratería: El saqueo de la naturaleza y el conocimiento*, Barcelona, Icaria, 2001].

Sitas, Ari (2004), *Voices that reason. Theoretical parables (imagined South Africa)*, Pretoria, University of South Africa Press.

_____ *et al.* (2014), *Gauging and engaging deviance, 1600-2000*, Delhi, Tulika Books

Smith, Bonnie G. (2004), *Women's history in global perspective*, vol. 1, publicado con la American Historical Association, Urbana, University of Illinois Press.

_____ (2005), *Women's history in global perspective.*, vols. 2 y 3, publicado con la American Historical Association, Urbana, University of Illinois Press.

_____ (2008), *The Oxford encyclopedia of women in world history*, Oxford, Oxford University Press.

Smith, Dorothy (1987), *The everyday world as problematic: A feminist sociology*, Toronto, University of Toronto Press.

Smith, Joan, Immanuel Wallerstein y Hans-Dieter Evers (eds.) (1984), *Households and the world-economy*, Beverly Hills, Sage.

Smith, Robert Freeman (1991), "América Latina, los Estados Unidos y las potencias europeas, 1830-1930", en L. Bethell (ed.), *Historia de América*

Latina, vol. 4, *América Latina: Economía y sociedad, c. 1870-1930*, Barcelona, Crítica.

Sogyal, Rimpoche (1996), *Destellos de sabiduría*, Barcelona, Urano.

Sokoloff, Kenneth L. y Stanley L. Engerman (2000), "Institutions, factor endowments, and paths of development in the New World", *Journal of Economic Perspectives*, XIV(3): 217-232.

Solnit, Rebecca (2009), *A paradise built in hell: the extraordinary communities that arise in disasters*, Nueva York, Viking Press.

Starhawk (2002), *Webs of power: notes from the global uprising*, isla Gabriola, New Society Publishers.

Starnes, Colin (2012), *Augustine's conversion*, Waterloo, Ontario, Wilfrid Laurier University Press.

Stavig, Ward y Ella Schmidt (eds.) (2008), *The Tupac Amaru and catarista rebellions: an anthology of sources*, Indianápolis, Hackett Publishing.

Stern, Steve (ed.) (1987), *Resistance, rebellion and consciousness in the Andean peasant world, 18th to 20th centuries*, Madison, University of Wisconsin Press [ed. en esp.: *Resistencia, rebelión y conciencia campesina en Los Andes: siglos XVIII al XX*, Lima, IEP, 1987].

Sumner, Claude (1986), *The source of African philosophy: the Ethiopian philosophy of man*, en S. Uhlig (ed.), *Aethiopistich Forschungen*, vol. 20, University Hamburg, Abteilung Afrikanistik und Athiopistik (incluye traducción al inglés de Hetata por Zera Yacob y el tratado de Walda Heywat).

Sundaram, Ravi (2008), "Revisiting the pirate kingdom", *Third Text*, XXIII(3): 335-345.

Sydie, R. A. (1994), *Natural women, cultured men: a feminist perspective on sociological theory*, Vancouver, University of British Columbia Press.

Tandeter, Enrique (1995), "Población y economía en los Andes (siglo XVIII)", *Revista Andina*, XXV(1): 7-22.

Tauger, Mark B. (2011), *Agriculture in world history*, Londres, Routledge.

Taylor, Peter J. (1999), *Modernities: a geohistorical introduction*, Cambridge, Polity.

_____ (2004), *World city network*, Londres, Routledge

_____ (2013), *Extraordinary cities: millennia of moral syndromes, world-systems and city-state relations*, Cheltenham, Edward Elgar.

Taylor, Peter J. *et al.* (2010), "Explosive city growth in the modern world-system: an initial inventory derived from urban demographic changes", *Urban Geography*, XXXI(7): 865-884.

_____ *et al.* (eds.) (2011), *Global urban analysis: a survey of cities in globalization*, Londres, Earthscan

Thoen, Erik (2001), "A commercial survival economy in evolution. The Flemish countryside and the transition to capitalism (middle ages-19th century)", en P. Hoppenbrouwers y J. L. van Zanden (eds.), *Peasants into farmers? The transformation of rural economy and society in the Low Countries (middle ages-19th century) in light of the Brenner debate*, CORN Publication, serie 4, Turnhout, Brepols: 102-157.

Thompson, Edward P. (1974), *The making of the English working class*, Harmondsworth, Penguin [ed. en esp.: *Formación de la clase obrera en Inglaterra*, Madrid, Capitán Swing, 2012].

_____ (1977), *Whigs and hunters: the origins of the Black Act*, Londres, Allen Lane [ed. en esp.: *Los orígenes de la ley negra. Un episodio de la historia criminal inglesa*, Buenos Aires, Siglo XXI Editores, 2010].

_____ (1989), *Tradición, revuelta y consciencia de clase*, Barcelona, Crítica.

Thompson, Grahame (1997), "'Globalization' and the possibilities for domestic economic policy", *Internationale Politik und Gessellschaft*, 2.

Thompson, Kenneth (1998), *Moral panics*, Londres, Routledge.

Thurner, Mark (1997), "From two republics to one divided: Contradictions of postcolonial nationmaking in andean Peru", en Ileana Rodríguez (ed.), *Latin America otherwise: languages, empires, nations*, Durham, Duke University Press.

Tilly, Charles (1998), *Durable inequality*, Berkeley, University Of California Press [ed. en esp.: *La desigualdad persistente*, Buenos Aires, Manantial, 2000].

Tucker, Richard P. (2000), *Insatiable appetite: the United States and the ecological degradation of the tropical world*, Berkeley, University of California Press.

Tucker, Ruth A. y Walter Liefeld (1987), *Daughters of the Church: women and ministry from New Testament times to the present*, Grand Rapids, Academie Books.

Turok, Ivan (2009), "The distinctive city: pitfalls in the pursuit of differential advantage", *Environment and Planning A*, 41(1): 13-30.

Urioste, Miguel *et al.* (eds.) (2007), *Los nietos de la reforma agraria: tierra y comunidad en el altiplano de Bolivia*, La Paz, Fundación TIERRA y CIPCA.

Urteaga, Horacio H. (1916), "Instrucción del Inca don Diego de Castro Titu Cusi Yupanqui al licenciado don Lope García de Castro", en *Colección de libros y documentos relativos a la historia del Perú*, vol. 2, *Relación de la Conquista del Perú y hechos del Inca Manco II*, Lima, Imprinta y Librería San Martín y Compañía.

Vallée, Brian (2007), *The war on women: Elly Armour, Jane Hurshman, and criminal violence in Canadian homes*, Toronto, Key Porter.

Van Bavel, Bas (2010), *Manors and markets. Economy and society in the Low Countries, 500-1600*, Oxford, Oxford University Press.

_____ y Richard W. Hoyle (eds.) (2010), *Rural economy and society in north-Western Europe, 500-2000. Social relations: property and power*, Turnhout, Brepols.

Van der Linden, Marcel (2008), *Workers of the world: essays toward a global labor history*, Leiden, Brill.

Van der Ploeg, Jan Douwe (2010), "The peasantries of the Twenty-First century: the commoditisation debate revisited", *Journal of Peasant Studies*, XXXVII, 1: 1-30.

Vanhaute, Eric (2008), "The end of peasantries? Rethinking the role of peasantries and peasant families in a world-historical view", *Review (Fernand Braudel Center)*, XXXI(1): 39-59.

—— (2011), "Peasants and depeasantization", en S. Babones y C. Chase-Dunn (eds.), *Routledge international handbook of world-systems analysis*, Nueva York, Routledge.

Vanhaute, Eric *et al.* (eds.) (2011), *Rural economy and society in North-Western Europe, 500-2000. Making a living: family, income and labour,* Turnhout, Brepols.

Vaughan, Genevieve (2007), *Women and the gift economy: a radically different worldview is posible,* Toronto, Inanna Publications and Education.

Vaupel, James W. y Joan P. Curhan (1974), *The world's multinational enterprises,* Cambridge, Harvard University Press.

Verger, Antoni (2003), *El sutil poder de las transnacionales,* Barcelona, Icaria.

Von Werlhof, Claudia (1984), "The proletarian is dead: long live the housewife?", en J. Smith *et al., Households and the world-economy,* Beverly Hills, Sage Publications: 131-147.

—— (2004), "Using, producing and replacing life? Alchemy as theory and practice in capitalism", en I. Wallerstein (ed.), *The modern world-system in the longue durée,* Boulder, Paradigm Publishers: 65-78.

—— (2007), "No critique of capitalism without a critique of patriarchy! Why the left is no alternative", *Capitalism, Nature, Socialism,* xviii(1): 13-27, marzo.

Wagner, Sally Roesch (2004), "The indigenous roots of United States feminism", en L. Ricciutellil, A. Miles y M. H. McFadden (eds.), *Feminist politics, activism, vision: local and global challenges,* Londres, Zed: 267-284.

Walby, Sylvia (1990), *Theorizing patriarchy,* Oxford, Blackwell.

—— (2009), *Globalization and inequalities: complexity and contested modernities,* Londres, Sage.

Waldmann, Peter (2008), "Politische und kriminelle Gewalt in Lateinamerika", presentación en la conferencia de la Sociedad Suiza de Americanistas, *Zwischen Neoliberalismus, Dritten Weg und Neopopulismus: diagnosen der politischen Wende in Lateinamerika,* Universidad de Friburgo, 14-15 de marzo.

Wallerstein, Immanuel (1974a), *The modern world-system: capitalist agriculture and the origins of the European world-economy in the Sixteenth century,* Nueva York, Academic Press [ed. en esp.: *El moderno sistema mundial,* i, *La agricultura capitalista y los orígenes de la economía-mundo europea en el siglo XVI,* México, Siglo XXI Editores, 2011].

—— (1974b), "The rise and future demise of the world capitalist system: concepts for comparative analysis", *Comparative Studies in Society and History,* xvi(4): 387-415.

—— (1979), *The capitalist world-economy,* Cambridge, Cambridge University Press.

—— (1980), *The modern world-system,* vol. 2, *Mercantilism and the consolidation of the European world-economy, 1600-1750,* Nueva York, Academic Press [ed. en esp.: *El moderno sistema mundial,* vol. ii, *El mercantilismo y la consolidación de la economía-mundo europea, 1600-1750,* México, Siglo XXI Editores, 2012].

—— (1984a), "Cities in socialist theory and capitalist praxis", *International Journal of Urban and Regional Research,* viii(1): 64-72, marzo.

_____ (1984b), *Politics of the world-economy: the states, the movements, and the civilizations*, Cambridge, Cambridge University Press

_____ (1989), *The modern world-system*, vol. 3, *The second era of great expansion of the capitalist world-economy, 1730-1840s*, San Diego, Academic Press [ed. en esp.: *El moderno sistema mundial*, vol. III, *La segunda era de gran expansión de la economía-mundo capitalista, 1730-1850*, México, Siglo XXI Editores, 2012].

_____ (1999), "Ecology and capitalist costs of production: no exit", en W. L. Goldfrank *et al.*, *Ecology and the world-system, studies in the political economy of the world-system*, vol. 21, Westport, Greenwood Press: 3-12.

_____ (2000), *The Wallerstein reader*, Nueva York, New Press.

_____ (2003), "Citizens all? Citizens some! The making of the citizen", *Comparative Studies in Society and History*, XLV(4): 650-679.

_____ (2004), *World-systems analysis. An introduction*, Durham, Duke University Press [ed. en esp.: *Análisis de sistemas mundo*, México, Siglo XXI Editores, 2005].

Walls, Martha Elizabeth (2010), *No need of a chief for this band: the maritime mi'kmaq and federal electoral legislation, 1891-1951*, Vancouver, University of British Columbia Press.

Wang, Qisheng (2003), *Comrades, control and contention of the Kuomintang, 1924-1949 (Dang yuan, dang quan yu dang zheng: 1924-1949* nian Zhongguo guo min dang de zu zhi xing tai), Shanghai, Shanghai Bookstore Publishing House.

Weaver, J. C. (2006), *The great land rush and the making of the modern world, 1650-1900*, Montreal, McGill University Press.

Weber, Adna Ferrin (1899), *The growth of cities in the Nineteenth century America*, Nueva York, Macmillan.

Weber, Max (1922), *Wirtschaft und Gesellschaft*, Tubinga, Mohr [ed. en esp.: *Economía y sociedad*, México, FCE, 2014].

_____ (1991), *From Max Weber: essays in sociology*, H. H. Gerth y C. Wright Mills (eds.), Nueva York, Oxford University Press.

Weiss, Linda (1997), "Globalization and the myth of the powerless state", *New Left Review*, 225: 3-27, septiembre-octubre.

_____ (1998), *The myth of the powerless state: governing the economy in the global era*, Cambridge, Polity Press.

Wiesner-Hanks, Merry (2007), "World history and the history of women, gender and sexuality", *Journal of World History*, XVIII(1): 53-67.

Williamson, John (1990), "What Washington means by policy reform", Washington, D. C., Peterson Institute for International Economics.

Woodmansee, Martha y Peter Jaszi (eds.) (1994), *The construction of authorship: textual appropriation in law and literature*, Durham, Duke University Press.

Wright, Gavin (2006), *Slavery and American economic development*, Baton Rougek, Louisiana State University Press.

WWF (World Wildlife Fund) (2010), *Planeta vivo informe 2010, Biodiversidad, biocapacidad y desarrollo*, <www.magrama.gob.es/es/ceneam/recursos/ma-

teriales/conservacion-medio-ambiente/planeta-vivo-informe-2010.aspx>, consultado el 11 de agosto de 2014.

Yepes Del Castillo, Ernesto (1972), *Perú: 100 años de desarrollo capitalista (1820-1920)*, Lima, Instituto de Estudios Peruanos.

Zinsser, Judith y Bonnie S. Anderson (2004), "Women in early and modern Europe: a transnational approach", en B.G. Smith (ed.), *Women's history in global perspective*, vol. 3, Urbana, University of Illinois Press: 111-144.

ÍNDICE